योगदीक्षा

व अन्य लेख

(आध्यात्मिक जीवन का परिचय)

योगदीक्षा व अन्य लेख

(आध्यात्मिक जीवन का परिचय)

लेखक

श्री श्री कृष्ण प्रेम

प्राक्कथन लेखक

श्री श्री माधव आशीष

Initiation into Yoga

(An introduction to the spiritual life)

का

जगदीश चन्द्र नौटियाल

द्वारा

अनुवाद

2022

ALLIED PUBLISHERS PVT. LTD.

New Delhi • Mumbai • Kolkata • Chennai • Bangalore • Hyderabad

ALLIED PUBLISHERS PRIVATE LIMITED

1/13-14 Asaf Ali Road, **New Delhi**–110002
Ph.: 011-23239001 • E-mail: delhi.books@alliedpublishers.com

17 Chittaranjan Avenue, **Kolkata**–700072
Ph.: 033-22129618 • E-mail: cal.books@alliedpublishers.com

15 J.N. Heredia Marg, Ballard Estate, **Mumbai**–400001
Ph.: 022-42126969 • E-mail: mumbai.books@alliedpublishers.com

No. 25/10, Commander-in-Chief Road, Ethiraj Lane (Next to Post Office)
Egmore, **Chennai**–600008
Ph.: 044-28223938 • E-mail: chennai.books@alliedpublishers.com

P.B. No. 9932, No. 15, 3rd Floor (Next to Vijaya Bank), 5th Cross, Gandhinagar,
Karnataka, **Bangalore**–560009. Ph.: 080-41530285 / 22386239
• E-mail: bngl.journals@alliedpublishers.com / apsabng@airtelmail.in

Sri Jayalakshmi Nilayam, No. 3-4-510, 3rd Floor (Above More Super Market)
Barkatpura, **Hyderabad**–500027
Ph.: 040-27551811, 040-27551812 • E-mail: hyd.books@alliedpublishers.com

Website: www.alliedpublishers.com

ISBN: 978-93-90951-13-0

Initiation into Yoga: An introduction to the spiritual life
सर्वप्रथम 1976 में *B.I. Publications* द्वारा बम्बई, कलकत्ता,
मद्रास व दिल्ली से प्रकाशित हुई ।

Published by Sunil Sachdev and printed by Ravi Sachdev
at Allied Publishers Pvt. Ltd., D-5, Sector-2, Noida–201 301

अनुवादक के दो शब्द

श्री श्री कृष्ण प्रेम की *भगवद्गीता का योग* पूरा करने के बाद ऐसा लगा कि उनकी *Initiation into Yoga,* जिसमें दो आरम्भिक लेखो के साथ कुछ अन्य का सम्पादन व संकलन श्री श्री माधव आशीष ने किया था, सर्वसाधारण में लोकप्रिय हो सकती है । इसमें अति सरल शब्दों में मनुष्य की आध्यात्मिक खोज का सार दिया गया है । जिन्होंने अभी तक इस विषय पर गम्भीरता से सोचना आरम्भ न किया हो या सोचना शुरू ही किया हो उनके लिए तो यह सोने की खान साबित हो सकती है ।

अनुवाद कार्य 1988 में पूरा तो हो गया था परन्तु टाइप करना 1996 में ही सम्भव हुआ जब कम्प्यूटर आसानी से मिलने लगे और मैं रिटायर हो गया । मैं अपने मित्र और गुरुभाई श्री सतीश दत्त पाण्डेय् का आभारी हूँ जिन्होंने इस अनुवाद को सँवारने सजाने में बहुत सार्थक योगदान किया । पाण्डुलिपि को अन्तिम स्वरूप देने में प्रोफ़ेसर डगलस डाउन ने अपनी कम्प्यूटर जानकारी से अति महत्वपूर्ण सहायता दी जिसके बिना यह कार्य सम्पन्न न हो पाता । आशा है पाठकगण इस पुस्तक को पढ़ कर प्रेरणा पायेंगे और त्रुटियों के लिए क्षमा करेंगे ।

टोरोंटो कैनेडा   जगदीश चन्द्र नौटियाल
जुलाई, 2022

अनुक्रमणिका

प्राक्कथन

एक शिष्य की दृष्टि में श्री कृष्ण प्रेम

असाधारण वेषभूषा आजकल असाधारण मनुष्य की पहचान नही रह गई है – अटपटे कपड़े पहनना फ़ैशन जो हो गया है । इन दिनों भारत, वस्त्र धारण या वस्त्र हीनता की विभिन्न स्थितियों में, सिर मुड़ाये या जटा जूट बढ़ाये, विदेशी औघड़ों से भरा पड़ा है जिन में से बहुत से तो, कमोबेश ईमानदारी के साथ, घुमक्कड़ साधु संन्यासी की वृत्ति अपनाए होते हैं । परन्तु इस शताब्दि के तीसरे दशक में, जब रॉनल्ड निक्सन (जो बाद में श्री कृष्ण प्रेम हुए) लखनऊ विश्वविद्यालय में पढ़ाने के लिए इस देश में आए तब, साहबी समाज की सुदृढ़ता के दायरे को तोड़ सकने वाले यूरोपयि इने गिने ही थे । हिन्दुस्तानी कपड़ों में गोरी चमड़ी का दृश्य आमतौर से एक वीभत्स अजूबा लगता था जैसे कोई बेचारा धवलकुष्ठ का रोगी हो ।

सन् 1942 तक, जब कि मैं भारत पहुँचा, सामाजिक विधि निषेध व्यवस्था में दरारें पड़ने लगी थीं । हज़ारों की संख्या में अंग्रेज़ नवयुवक युद्धकार्यों के लिये इस उप-महाद्वीप भर में फैले हुए थे । उनके चालचलन पर क़ाबू रखने में अब पुरानी पीढ़ी के पहरेदार असमर्थ हो गये थे । उन दरारों में से हो कर हम में से कुछ भारत के संतों, अर्धसंतों और निरे पाखंडियों के विचित्र संसार में प्रवेश कर पाये । हम जैसों ने अपने को बिना किसी दिशासूचक यंत्र के एक ऐसे महासागर पर तैरते पाया जिसका कोई नक्शा भी हमारे पास नही था, जिस पर चलती आत्मपवन के झोंकों से भाग्यशाली पार हो जाते, और अभागे डूब जाते हैं । यद्यपि मैं ऐसे यूरोपीयों से मिल चुका था जिन्होंने भारतीय रहन सहन अपना लिया हो, और कभी कभी स्वयं मैंने भी भारतीय कपड़े पहने थे, परन्तु अब तक मैंने किसी ऐसे अ-भारतीय को नही देखा था जो परम्परागत भारतीय संसार में बिल्कुल ही निमग्न हो गया हो ।

एक दिन अल्मोड़ा के एकमात्र विदेशी ढंग के होटल में, जहाँ मैं एक बड़ी अंग्रेज़ वृद्धा के साथ बड़ी अंग्रेज़ी चाय पी रहा था, जब श्री कृष्ण प्रेम नंगे पाँव लम्बे लम्बे डग भरते आ पहुँचे तो मैंने उस मूर्ति को अपनी समझ के बाहर पाया, और इसलिए मैं उस पर ग़ौर

करने के लिये एक आत्मरक्षात्मक मुस्कान के पीछे हो लिया । छह फुट का कद, बड़ी बड़ी हड्डियाँ पर नरम पेशियाँ, नीली आँखें, गुम्बदनुमा घुटा हुआ सर जिस पर सफ़ेद बालों की एक चुटिया, और प्रचुर मात्रा में वह गुलाबी गोरी ऐंग्लो-सैक्सन चमड़ी जो धूप में लाल हो कर वस्त्रों में से झाँक रही थी – ऐसा रूप, चौंका देने वाला न सही, विलक्षण तो था ही । अपनी वेषभूषा और होटल के वातावरण की असमानता के बावजूद चालीस से ऊपर की उम्र वाले इन सज्जन में पूरी तरह सहज नैश्चित्य था और वे दूसरों में भी वही माने हुए थे ।

उन्होंने बातें की ः प्रतिभाशाली, विद्वतापूर्ण और चुटकीली । बड़ा प्रभावशाली था उनका बोलना, और मैंने उस में एक ऐसे व्यक्ति की वाक्पटुता को पहचाना जिसने कक्षा के विद्यार्थियों या प्रश्नकर्ताओं के समूह का ध्यान अपनी ओर खींचे रखने का अभ्यास कर रखा हो । श्रोताओं की सँख्या बहुत कम थी – बस हम दो – और उन की नीली आँखें हम में से कभी एक कभी दूसरे पर ठहरती – हमें न देख कर हमारे पार देखती हुई । बाद में तो यह जान लेने पर कि वे आँखें सचमुच किसी के आर पार देख लेती हैं, मैं उनसे डरने लगा था । उस समय मैं खीसें निपोरे सतर्क बना रहा और यद्यपि मैं उनके सुस्पष्ट पाण्डित्य से प्रभावित हुआ था, मुझे लगा कि उनकी प्रतिभा हमारे बीच एक चमकदार कवच की तरह आ खड़ी होती थी । उसके पीछे जो मानव था उसे मैं नही देख पाया ।

उनके बारे में मैंने पहली बार कोई तीन साल पहले सुना था जब मैं अल्मोड़ा से तीस मील दूर, सैनिक छावनी रानीखेत में, छुट्टियाँ बिता रहा था । ब्रिटिश लोग उन्हें अब भी उनके अंग्रेज़ी नाम "निक्सन" से पुकारते थे । मैं जिनके यहाँ ठहरा था उन्होंने उनका विवरण "पहाड़ों के अन्तर्देश में रहने वाले दो केम्ब्रिज बुद्धिजीवी" कह कर दिया और यह भी कहा कि "वे आगन्तुकों को पसन्द नही करते" । फिर कलकत्ता में मेरी मुलाकात कुछ ऐसों से हुई जो आश्रम में आ चुके थे और मैंने उनके बारे में कुछ अनादरपूर्ण शब्द सुने – "बुद्धिजीवी", "कर्मकाण्डी", "रूढ़िवादी हिन्दू", "भगत" इत्यादि । फिर भी ऐसा लगता था जैसे प्रभावित तो सब ही हुए थे, और निन्दात्मक रवैया अपना कर वे लोग उस चुनौती को अशक्त कर देना चाह रहे थे जो उन्हें उस व्यक्तित्व में मिली । कुल मिला कर मुझे लगा कि कृष्ण प्रेम कोई ऐसे वैसे नही, विलक्षण व्यक्ति थे ।

बहरहाल जैसा कि मैंने कहा, हम बिना यंत्र के तैर रहे थे। हम नाक की सीध में चलते थे, और, कृष्ण प्रेम के समान, ब्रिटिश उत्कृष्टता पर आधारित आचरण की खुले आम की गई अवज्ञा ने कितनी ही नाकें टेढ़ी कर दी थी। श्री कृष्ण प्रेम "देसी" तो हो गये थे पर ऐसे उत्कृष्ट ढंग से कि अंग्रेज़ चाहे कितनी ही कीचड़ क्यों न उछालें वह उन पर चिपकती नहीं थी। प्रथम महायुद्ध में उन्होंने अपने हिस्से की लड़ाई लड़ ली थी। अंग्रेज़ी साहित्य के वे सफल प्रोफ़ेसर रह चुके थे और उनके भारतीय विद्यार्थी उनका मान करते थे। उनके शिष्य व साथी, मेजर अलॅक्ज़ाण्डर, इण्डियन मेडिकल सर्विस के बहुत योग्य डाक्टर थे जिन्होंने, समय पूर्व लखनऊ मेडिकल कॉलिज के प्रिन्सिपल पद से अवकाश ले कर, लखनऊ की जनता को हक्का-बक्का कर दिया था। कृष्ण प्रेम की गुरु, श्री यशोदा माई, लखनऊ विश्वविद्यालय के भूतपूर्व उपकुलपति की पत्नी श्रीमती चक्रवर्ती थी।

सुदूर पूर्व मे युद्ध समाप्ति के साथ मेरा विमान टेक्नीशियन का काम भी धीरे धीरे ख़त्म हो गया। सामने कई रास्ते थे। मैं छब्बीस साल का था और मेरी चार महीने की छुट्टियाँ बाकी थी। अपने को यह सोचने का समय देने के लिये कि जीवन में मेरे लिये नौकरी के अलावा कुछ और विकल्प भी है या नही, मैं अल्मोड़ा के लिये चल पड़ा। वहाँ सैनिक छावनियों से दूर बसे सस्ते व हिमालय की चोटियों को निहारते शांत बँगलों ने कितने ही पाश्चात्य लोगों को आकर्षित किया था और उनके सनकीपन ने उस जगह को ही "क्रैन्क्स रिज" का नाम दे दिया था।

वे सब वयोवृद्ध लोग थे, जिनकी समान रुचियाँ कला, साहित्य, धर्म इत्यादि विभिन्न विषयों में थी, और वे सब शांतिपूर्वक जीवन यापन के इच्छुक थे। उनकी बुद्धिमत्ता ऊँचे किस्म की और उनके जीवन के अनुभव भरपूर व विभिन्न थे। अपने यौवन में वे "आसमान के तारे तोड़ लाने वाले" या अन्धभक्ति के प्रभाव में आने वाले भले ही रहे हों परन्तु अब प्रत्येक अपने अपने ढँग से पक्की तरह उस अरूप "पथ" पर आरूढ़ था जो सब धर्मों के सामान्य शिक्षण के निचोड़ से बनता है। मेरी जिज्ञासा को सब ने बढ़ावा दिया पर किसी ने मुझे अपने मार्ग विशेष में शामिल करने की कोशिश नही की, और मैंने देखा कि जब कभी भी मैंने ऐसे सवाल पूछे जो उनके अनुभव के बाहर थे तो उनमें से प्रत्येक ने बड़ी शांति और सौम्यता से कहा "जब श्री कृष्ण प्रेम लौटें तो उनसे पूछिये"।

श्री कृष्ण प्रेम नीचे गये हुए थे और शीघ्र ही आश्रम को लौटने वाले थे। दो वर्ष पूर्व अपने गुरु के देहावसान के बाद वे उस आश्रम के प्रधान हो गये थे। आश्रम क्रैन्क्स रिज पर नहीं बल्कि वहाँ से एक गहरी घाटी के पार, पैदल सड़क द्वारा बीस मील दूर, था – एक वनाच्छादित पहाड़ी पर एक सफ़ेद सा बिन्दु। सनकियों की बस्ती के कुछ निवासी कृष्ण प्रेम को अच्छी तरह जानते थे, परन्तु औरों की उन से थोड़ी सी मुलाकात भर थी, और इसलिए उनकी अलग अलग दी गई राय और भी प्रभावशाली हो जाती थी। जब तक वे लौटें मैं उन्हें एक अर्धदेव मानने को तैयार बैठा था। परन्तु उस होटल बरामदे की पहली मुलाक़ात के अन्त तक मुझे अपने मित्रगणों की राय के सही होने में शक होने लगा था।

अल्मोड़ा में एक और तीसरे पहर की चाय पर, कृष्ण प्रेम की प्रथम शिष्या और उनकी गुरु की सब से छोटी पुत्री, मोतीरानी से मेरी पहली भेंट हुई। वे नाटी और मोटी थी, बंगालियों वाला विशेष गोल सिर, साँवला रंग, भारतीय सौन्दर्य के आदर्श से मामूली नाक नक्श, पर कमाल की आँखें, सुन्दर त्वचा, और हाथ ऐसे कि कलाकार उन्हें उधार लेना चाहें। उनके जन्म से टेढ़े पाँव बाद में इलाज से सीधे किये गए थे और सामान्य दिखते थे, परन्तु उनकी चाल मे एक ऐसी डगमगाहट थी कि ज़रा से इशारे से ही वे टीन के सिपाही की तरह गिर सकती थी। उनका संक्षिप्त वैवाहिक जीवनकाल अपने पति के लिये दूसरी पत्नी ढूँढने पर समाप्त हो गया था, और अपने पिता के देहान्त के बाद वे अपनी माँ के आश्रम में ही रहने लगी थीं। कृष्ण प्रेम, जो कि उन्हें तब से जानते थे जब वे "गुलाबी फ्राक में छोटी सी बच्ची" थी, उनके *छोटो बा* थे – और मोती उनसे जिस स्नेहमय घनिष्टता का व्यवहार करती थी उससे स्पष्ट हो जाता था कि उनकी प्रतिभा का चमकदार कवच अभेद्य नही था।

साथ यात्रा करने के लिये उन दो की जोड़ी अटपटी सी लगती थी। मोटी सूती खादी के अधधुले कपड़ों में श्री कृष्ण प्रेम, केवल सोमवार व शुक्रवार को दाढ़ी बनाने वाले, फटे घट्टे पड़े पाँव लिए, शहर की पटरी पर बैठे महादेव के नन्दी की तरह अविक्षुब्ध, पाइप पर कश लगाते – जिसमें वह अपने कथनानुसार तम्बाकू नही दियासलाइयाँ पीते थे – और इस तरह अपना एकमात्र असाध्य शौक पूरा करते; और सहज अधिकार से सब के आकर्षण की सहज केन्द्र-बिन्दु, बनारसी ज़री

की साड़ी में, गहने पहने, कटे बाल वाली, सुकुमारी, गतिमय, चंचल मोती ।

हमारी मुलाक़ात के दस मिनट के अन्दर ही मोती, पहाड़ की रूखी हवा के कारण अस्तव्यस्त होती मेरे सामने के बालों की लट को लेकर, मुझे छेड़ने लगी थी । मैंने खिसिया कर कुछ बहाना बनाया और चमकीले रंगों वाली गद्दियों की कतार के पीछे छिप जाने की कोशिश की लेकिन वे गद्दियाँ चीड़ की नुकीली पत्तियों से भरी थीं । अंग्रेज़ वयोवृद्धा ऍस्टर मर्सटन, जिनके यहाँ मैं रिज पर ठहरा था, अपने नपे तुले हठीले ढँग से लगातार सूक्ष्म बौद्धिक चहचहाहट लगाये रहीं । जब कभी बात रुकती तो मोती फिर उस कमबख़्त बालों की लट पर उतर आती और खिलखिला कर कहती "अच्छा यह तो बताओ तुम इसे काट क्यों नहीं डालते" । आख़िर जब वह ज़ालिम बाज़ आई तब मैंने सुना कि ऍस्टर अपने को, और मुझे, एक सप्ताह आश्रम मे रहने का निमंत्रण दे रही थी ।

जिस दौरान हम वहाँ जाने की प्रतीक्षा में अल्मोड़ा रुके हुए थे कृष्ण प्रेम के मित्र, जिन्हें कोई रॉबर्ट डडली अलॅक्ज़ाण्डर, आइ॰ एम॰ एस॰, कोई डाक्टर साहब या कोई अधिक बेतकल्लुफ़ी से बॉब कह कर जानते थे, अपनी बद्रीनाथ की यात्रा पर जाते उधर आये । लगभग कृष्ण प्रेम के ही बराबर लम्बे, घनी भवों के पीछे गहरी नीली धँसी आँखों वाले, दुबले पतले वे अगले पखवाड़े में नंगे पाँवों, एक सौ बीस मील का रास्ता एक तरफ़, और उतना ही वापसी में, तय करने निकले थे । प्रथम महायुद्ध के ठीक बाद उनकी मुलाकात रॉनल्ड निक्सन से केम्ब्रिज की एक किताबों की दुकान में हुई थी जहाँ वे दोनों एच॰ पी॰ ब्लावात्स्की की एक थियोसॉफ़िकल पुस्तक की तलाश कर रहे थे । बॉब का कहना था कि "उसी शाम मुझे लगा कि मैं एक ऐसे व्यक्ति से मिला हूँ जिसका अनुसरण मैं बाकी जीवन भर कर सकता हूँ" । और उनका अनुसरण बॉब ने किया भी, लेकिन डाक्टरी की अपनी लम्बी पढ़ाई के कारण उनका भारत आना उस वर्ष तक रुका रहा जब तक निक्सन वैराग्य लेकर श्री कृष्ण प्रेम न हो गये और – जैसा कि यशोदा माई ने उनसे पहली बार मिलने पर भविष्यवाणी की थी – उनके आश्रम में आ बसने में दस साल और लगे ।

बॉब ने आश्रम से अल्मोड़ा की दूरी पाँच घण्टों में तय की थी । मेरी मेहमानदारिन और मुझे उस ही में लगभग नौ घण्टे लग गये –

अल्मोड़े के एकमात्र उम्रदार घोड़े पर सवार बुजुर्ग ऐस्टर, और आश्रम के विभिन्न अंग्रेज़ निवासियों का अनुकरण करने की कोशिश में नंगे पाँव मैं। वह थका देने वाली यात्रा थी। पहले घाटी के एक ओर नौ मील की उतार, फिर दूसरी ओर अनवरत चढ़ाई। बलखाती, धूलभरी, गरम पगडंडी सीढ़ीनुमा खेतों के बीच से गुज़रती, जिनमें औरतें पीला मँडुवा और लाल चौलाई काट रही थी। फिर सड़क हमें चीड़ के जंगलों में ले आई जो आगे चल कर बाँज में बदल गए, और जहाँ हवा ठंडी और विरल सी हो गई थी।

कृष्ण प्रेम ने हँसते हुए हमें राय दी थी कि हम "मध्यम मार्ग" से आयें ताकि सबसे खड़ी चढ़ाई से बच जाएँ। लेकिन गायों के चलने से बनी पगडंडियों की भूलभुलैया में हम उसे पा न सके और अंत में ऊपर चोटी पर स्थित एक टूटे फूटे अकेले मकान पर पहुँचे जहाँ दो तगड़े कुत्तों ने भौंक-भौंक कर हमारा स्वागत किया। जो आदमी मकान से बाहर निकला उसने हिचकिचाते हुए माना कि कुत्ते आश्रम के थे और वह हमें उजाड़ खेतों से होते हुए एक मन्दिर की ओर ले गया जिसका शिखर अब पेड़ों के बीच से दिखने लगा था।

आमतौर से मैं यह मानता हूँ जो छाप मन पर पहले पहल पड़ती है वह सार्थक होती है। लेकिन उन दिनों या तो मेरी अल्प अन्तर्दृष्टि प्रसुप्त थी या फिर वे नए असर इतने अजीब और अधिक थे कि मैं उन्हें सम्भाल नही पा रहा था। कृष्ण प्रेम के प्रति मुझमें संशय था, मोती से मैं शर्माता था, और अब मन्दिर के शिखर के प्राणहीन स्लेटी सीमेन्ट, उससे लगी एक ऊपरी मंज़िल की जंग लगी टीन की छत, और बरामदे के बादामी रंग, तथा टीन की चद्दरों से तो मैं और भी उखड़ गया था। वह सब मुझे फीका सा लगा। लेकिन वह फीका-फीका मन्दिर एक उच्छृंखल फैले हुए बाग़ के फूलते कॉसमॉस और गेंदे के आठ फुट ऊँचे समुद्र से उठ रहा था।

हमें पठाल की छत के एक बँगले में ठहराया गया जिसे तब से स्कूल कहा जाता था जब वहाँ कृष्ण प्रेम की गुरु गाँव के बच्चों को उन दिनों रोज़गार पाने के लिये आवश्यक पढ़ना लिखना और थोड़ी बहुत अंग्रेजी सिखाया करती थी। अब यह मकान अतिथिगृह के रूप में इस्तेमाल होता था, पर अतिथि कम ही आते थे। कमरों में गीली देवदार की लकड़ी की गंध थी और दुनिया भर का अनावश्यक फर्नीचर, अनचाहे चित्र व पुरानी पत्रिकायें वहाँ भरी पड़ी थी।

मैं आश्रम की कट्टर रूढ़िवादिता के बारे में इतना सुन चुका था कि मुख्य मन्दिर के पास जाने में हिचकिचाया। यह डर लगा कि कहीं मुझे अछूत मान कर खदेड़ न दिया जाए। और इसलिए मैंने वहाँ की पहली आरती दूर से ही देखी। घंटे घड़ियाल और नगाड़े का कोलाहल और धूप के धुँये से घिरे पंचमहाभूतों के प्रतीकों से आरती करते कृष्ण प्रेम की धूमिल छवि, दोनों ही भावोत्तेजक थे। मन्दिर का गर्भ उस अक्टूबर की रात किसी दिव्य गुफा के समान प्रकाशित लगता था। फिर धूप व पंचप्रदीपिका बाहर गुरु व आश्रम की प्रतिष्ठात्री की नवनिर्मित समाधि पर लाकर अर्पित की गई। शाम की आरती के बाद उन्होंने मन्दिर के अग्रकक्ष में भजन गाए–पहले हार्मोनियम बजाते कृष्ण प्रेम गाते थे और फिर, जैसा कि इन कीर्तनों में होता है, मोती प्रत्येक पंक्ति को दोहराती थीं। यह कृष्ण प्रेम का दूसरा ही रूप था। दिमाग़ी दीवारें हट गई थी और वे ऐसे भाव से ओतप्रोत थे जो पूरे मन्दिर में स्पन्दित हो रहा था। यह वैसा हिस्टीरिया जैसा स्व-आवेशीकरण नहीं था, जो अधिकतर कीर्तन सभाओं में होता है। यह तो अपने दैवी प्रियतम से मिलन के लिए आकुल एक जीव के हृदय से निकलता विरह गीत था। कभी ऐसा भी होता था कि वे गायन में खो जाते और जब तक उनकी साधारण चेतना जागरा ना आती तब तक दीप्त नीरवता में बैठे रहते। बाद में मैंने मोती से सुना कि कभी कभी वे उछल कर नाचने लगते और नाचते नाचते मूर्छित हो कर गिर पड़ते थे। शुरू में इन सब के प्रति मेरी प्रतिक्रिया यह होती थी कि मैं अपने को भीतर समेट लेता था कि कहीं मेरी अपनी अवरोधित भावनायें भी बह न निकलें।

फिर हम लोग काफ़ी देर तक एक हवादार कमरे में इन्तज़ार करते रहे और उसी बीच कृष्ण प्रेम ने पहले अपनी संध्या की और फिर शाम का भोजन बनाया। जब भोजन बरामदे में से होकर मन्दिर में ले जाया गया तो हमें अलग हट जाना पड़ा कि कहीं अपनी भूखी नज़रों से हम उसे जूठा न कर दें। भोग लगाते समय की एक और लम्बी इन्तज़ारी के बाद आख़िर हमें खाने के लिये बुलाया गया। स्थानीय आटे की रोटी, आलू और थोड़े से दूध का भोजन।

भोजन के अभाव या आदत वाले ठीक समय पर न मिलने से जैसी उथल पुथल मनुष्य के अस्तित्त्व में होती है, वैसी शायद ही और किसी चीज़ से होती हो। जिसका अंग भारत आज भी है उस पुरानी

दुनिया में व्रत, उपवास और घड़ी के स्थान पर सूर्य से काम लेने के कारण पाचन प्रणाली काफ़ी लचीली बनी रहती थी । मैं उन अभागे छोकरों में था जो स्कूल में सुबह की प्रार्थना के समय ही भूख के मारे गश खाने लगते थे । अब मुझे उस अविक्षुब्ध व्यक्ति, कृष्ण प्रेम से चिढ़ने का खूब अवसर मिल रहा था जिसे, लगता था, न तो इस की फ़िक्र थी कि उसे खाने को क्या मिल रहा है, न ही इसकी परवाह कि उसे कुछ खाना भी है या नहीं । सुबह की आरती से पहले नहा सकने के लिये पाँच बजे उठ कर फिर तब तक चाय के लिये बैठे रहना पड़ता था जब तक कृष्ण प्रेम अपना सुबह का ध्यान पूरा न कर लें, और इसमें दस भी बज सकते थे । रात का भोजन उनके शाम के ध्यान और मन्दिर में भोग लगने के बाद मिलता था । बस एक मध्यान्ह का भोजन था जो काफ़ी कुछ समयानुसार होता था । मोती तो एक प्याला चाय बनाने को भी बड़े साहसिक काम की तरह मानती थी और उन्हें खाने की देरी पर मेरी चिड़चिड़ाहट असह्य लगती थी । मन्दिर में श्री कृष्ण का भोग लगने, और गुरु के तैयार होने से पहले आश्रमवासी एक घूँट पानी भी नहीं पी सकते थे । अपने चकराते सिर और गुड़गुड़ाते पेट को लिए मैं रूखे मन से इन नियमों का पालन करता रहा । वापस चले जाने के अलावा और कोई रास्ता भी तो न था ।

इस पहली भेंट में मन्दिर के बारे में बहुत सी बातें हुई । कृष्ण प्रेम ने मन्दिर को इस संसार और दैवी शक्तियों के बीच पारस्परिक क्रिया का अलौलिक बिन्दु बताया जो सामञ्जस्य की अंतःप्रेरणा देता है और मानव हृदय में स्थित आत्मा की ज्योति को हवा देकर और जगाता है । पूजा के प्रतीक और विधियाँ अलौकिक ढँग से दैवत्व का आह्वान करते और उनके साक्षी मनुष्यों के हृदय में उसकी प्रतिध्वनि उभारते हैं । उन्होंने कहा कि आरती में सिंहासन पर विराजमान मूर्तियों के चारों ओर पंचतत्त्वों का सुग्रथित रूप से गोल घुमाया जाना विचारों का मानव हृदय में स्थित ईश्वर के चारों ओर सुग्रथित रूप से घुमाने के सदृश्य हैं । उन्होंने ईश्वर को अर्पित तथा मन्दिर की प्रतिमाओं पर केन्द्रित कर्मों के सुग्रथन प्रभाव के बारे में भी कहा ।

मैं ऐसे लोगों से मिल चुका था जिन्होंने बड़ी सरगर्मी के साथ मुझे आश्वस्त करना चाहा था कि मंत्र शक्ति से सब कुछ बस में किया जा सकता है, यद्यपि वे स्वयं उन मंत्रों से अनभिज्ञ थे; कि किन्ही

विशेष मणियों को पहनने से अरिष्ट टल जाते हैं, यद्‌यपि वे स्वयं भाग्य की मार से त्रस्त थे; कि नौली आदि क्रियाओं से सब दैविक और दैहिक कष्ट दूर हो जाते हैं, यद्‌यपि उनकी अपनी आँखे बाहर निकली पड़ती थी । वे सब कुछ बहके हुए से मालूम पड़ते थे । ऐसे कट्टरपंथी दूसरों से वह मनवाना चाह रहे थे जिस पर वे स्वयं भीतर ही भीतर संदेह कर रहे थे या सूक्ष्म बातों की जगह उनके स्थूल प्रतिरूपों को ही माने बैठे थे । लेकिन कृष्ण प्रेम कोई मिशनरी नही थे, उन्होंने मुझे या और किसी को यह दर्शाने की कोशिश नही की कि उनके पास इन या अन्य किन्ही रहस्यों की कुञ्जी है । उन्होंने मुझे तेजपूर्ण आँखों से अपने बस में करने की चेष्टा नहीं की । न तो उनकी आँखें बाहर को निकली आती थी और न ही कभी वे भक्तिमय होकर गुमसुम हुए । यदि कोई उनके किसी कथन को बढ़ाचढ़ा मान कर आपत्ति करता तो वे बिना किसी रहस्य सृजन और उच्चतर ज्ञान का दावा किये अनुभव जन्य उदाहरण देकर उसकी पुष्टि करते । अगर उन्हें किसी प्रश्न का उत्तर नही आता था तो अधिकतर धर्म उपदेशकों के विपरीत वे सिर्फ़ "मुझे मालूम नही है" कह देते थे । उस आदमी को जहाँ आज़माओ वहाँ खरा निकलता था । पर अब इतने दिनों बाद – पच्चीस साल से ऊपर – मैं न तो उनके शब्दों को और न विचारों को ही वैसे का वैसा दुहरा सकता हूँ । जैसे जैसे समय बीतता गया उनके विचार परिवर्तित व परिपक्व होते गये परन्तु उस समय मैं परमोत्कृष्टता के पीछे नही था । दो वर्ष पूर्व मैं दक्षिण भारत के महात्मा रमण महर्षि को देख चुका था जिनकी उपलब्धि की दीप्ति लगभग इन आँखों से ही दिख जाती थी । परन्तु मेरी अपनी उलझी मनोस्थिति से वे इतनी दूर थे कि मैं उनके शिक्षण का सामान्य जीवन यापन से सम्बन्ध नही जोड़ सका । उस समय मैने कृष्ण प्रेम में वह नही देखा जो रमण में देखा था । लेकिन शायद इसीलिये मैंने अपने को उनके इतने निकट महसूस किया कि उनकी बातों का व्यावहारिक जीवन से तालमेल कर सका ।

सैनिक विमानों के इन्जनों के शोर और अपने सहयोगियों की ओछी जालसाज़ियों से तंग, युद्ध से परेशान और अपनी ब्रिटिश धरोहर के बारे में ग़लतफ़हमी से दूर मेरे लिए कृष्ण प्रेम द्वारा प्रस्तुत एक अन्ततः सार्थक जीवन का नमूना बहुत प्रेरक था । वे ऐसे दीप्त प्रतीकचित्र प्रस्तुत करते थे जिनसे मुझे नये संसार दृष्टिगोचर होने लगे । लेकिन क्या यह सच था? क्या वे अपने अनुभव की बात कह रहे थे या मात्र चमचमाते शब्दों से खिलवाड़?

एक सुबह मन्दिर के पास की एक चट्टान पर बैठे उन के सामने मैंने वे प्रश्न रखे जिन्हे अभी तक पूछने को बचा रक्खा था । वे उत्तर दे रहे थे और मैंने उन्हें चुनौती दी "इस सब की आपके लिये – स्वयं अपने आप के लिए – क्या सार्थकता है?" एक क्षण वे चुप रहे और जो लाली उनके चेहरे पर आई उससे उन की आँखें और भी नीली लगने लगी । उन्होंने मुझे एक बहुत सीधा सादा आसान सा जवाब दिया । अब मैं यह कभी याद नही कर पाता कि उन्होंने उस समय क्या कहा था । शाायद मैंने वे शब्द सुने ही नही, क्योंकि एक झटके के साथ मैंने यह महसूस किया कि मैं उनके बाहरी कवच को भेद कर क्षण भर के लिए उसके पार जो मानव था उसे देख सका । वह ऐसा मानव था मैंने जिसे पहले कभी नही देखा था, सुलझा, स्वच्छ, कोमल और सूर्य के समान । अपनी उस अनाधिकार चेष्टा की झेंप और अपनी आत्मा को वह सौंदर्य जी भर निहारने देने की इच्छा की कशमकश में मैं फँसा रहा । अगले कुछ दिनों में मेरी हालत कहानियों के उस गँवार की सी रही जो अचानक परीदेश में भटक आता है ।

मोती टीन के सिपाही वाली एक और हरकत करके अपने घुटने में मोच ले आयी और मुझे उनकी चलती फिरती छड़ी नियुक्त कर दिया गया । तीस वर्ष की आयु मे ही वे रोगग्रस्त थी और अगले पाँच वर्ष के अन्दर गुर्दे की बीमारी से उनकी मृत्यु होने को थी । लेकिन इस तथा अन्य कई छोटी मोटी बीमारियों के बावजूद वे स्पंदित जीवन से ओतप्रोत थी । शुरु में तो वे एक हँसती छेड़ख़ानी करती ज़िन्दादिल लड़की लगती थी, और मन में सवाल उठता था कि भला ऐसी रंगीन व्यक्ति का सुदूर हिमालय में क्या काम । बड़ी चंचल चित्त की थी वे । क्षण में हँसती क्षण में नाराज़, अभी नरमी से फुसलाती अभी शाहाना हुक्म चलाती । जितने उत्साह से वे प्लेटो को पढ़ती उतने से ही *विनी द पू* को, और मैने उन्हें कृष्ण प्रेम और दर्शनशास्त्र के एक प्रोफ़ेसर को दार्शनिक बहस में चित करते देखा है – अंत में यह कह कर अपनी विजय घोषित करते हुए कि "स्कूल में मुझे तर्कशास्त्र में स्वर्ण पदक मिला था" ।

जैसे कृष्ण प्रेम अपने बौद्धिक कवच के पीछे छिपे रहते थे ठीक वैसे ही मोती अपने स्वभाव के सौन्दर्य को हँसी के पर्दे में छिपाये रहती थी । जलालुद्दीन रूमी की तरह उनके मज़ाक, मज़ाक नहीं, नसीहत होते थे । मोती के इस पहलू को स्वीकारने और यह समझने में मुझे

बहुत समय लगा कि कृष्ण प्रेम अपने गुरु की पुत्री को भी उतना ही क्यों मानते थे जितना अपनी गुरु को । यद्यपि कृष्ण प्रेम आश्रम के अध्यक्ष थे, शिक्षण देते थे और लेखक भक्त व काफ़ी पहुँचे हुए व्यक्ति के रूप में विख्यात थे तथापि अपने जन्मजात हिन्दू अधिकार के कारण मोती ही रोज़मर्रा के कामों को चलाती थी । इसे तो यूँ भी समझा जा सकता था कि महाराज जी को एक ऐसे व्यक्ति की आवश्यकता थी जो दुनियादारी की बातों को निभा ले ताकि स्वयं उनका निर्बाध मन असीम में विचरण कर सके । परन्तु यह समझ पाना इतना आसान नही था कि मोती ऐसी भावनात्मक स्थितियाँ उत्पन्न कर देती थी जिन में कृष्ण प्रेम द्वारा अपेक्षाकृत शान्त वातावरण में दिए गए शिक्षण को व्यवहार में लाने के लिए विवश होना पड़ता था ।

कथनी और करनी में इतना अन्तर होता है कि जो घटित हो रहा था उसको कुछ ही लोग समझ पाते थे । हम सब कृष्ण प्रेम का आदर करते थे, और मोती से स्नेह, फिर भी हम सब को लगता था कि साथ रहने के लिये मोती एक विकट व्यक्ति थी । असल में मैं केवल एक ही ऐसे व्यक्ति को जानता था जो मोती के व्यवहार के मर्म को समझता था । वे थे अल्मोड़ा में बसे एक प्रसिद्ध वैज्ञानिक डा॰ बोशी सेन । एक बार मोती जब मुझे उनके सामने लताड़ रही थी तो वे उस दृश्य को देख कर प्रसन्नता से हँसते रहे जब कि अधिकतर लोग उससे या तो परेशान होते या भयभीत । उनके अपने गुरु ने उनसे ऐसा ही बर्ताव किया था । मोती को सिद्धियों के क्षेत्र में अति विलक्षण क्षमता प्राप्त थी । और एक बार मैने उनसे बड़े खेद के साथ इस मामले में अपनी कमी की चर्चा की । "इन चीज़ों से तुम्हें क्या करना है?" उन्होंने उत्तर दिया "वे तो चन्द्रमा की तरह छली, कपटी और औरताना होती हैं । कृष्ण प्रेम के ही समान बनने का प्रयत्न करो । मैं उनमें सूर्य की सी निष्कपटता और सच्चाई देखती हूँ" । फिर भी चन्द्रमा की सुन्दरता और आकर्षण से इन्कार नहीं किया जा सकता । मोती का आन्तरिक सौन्दर्य कभी कभी तूफ़ान के बादलों से घिर भले ही जाता हो पर मैं उन्हें जितना ही अधिक जानता गया उतना ही मुझे मालूम हुआ कि उनकी उत्कट भावमय प्रकृति पूर्ण रूप से *आत्मन्* को समर्पित थी, और उन्हें इस बात की लेशमात्र भी चिन्ता न थी कि इसका मूल्य क्या हो सकता है । यदि उन्होंने किसी को उसके पथ पर चलने में सहायता देने का बीड़ा उठा लिया तो फिर

उसका स्वभाव बदलने के प्रयास में "उसे चूर चूर करने और फिर हृदय की इच्छा के अनुसार ढालने में" न अपने आप को और न उसे ही बख्शती थी। यद्यपि उनके तरीके भिन्न थे परन्तु कृष्ण प्रेम और मोती दोनों के ही हृदय में एक ही आकांक्षा की ज्योति प्रज्वलित थी।

कृष्ण प्रेम के हाथ में कटार और मोती के हाथ में तलवार। और दोनों ही के अन्दर हँसी निर्मल, शीतल जल के स्रोत की तरह फूटी पड़ती थी। बहरहाल जब तक मैं अच्छी और पूरी तरह फँस नही गया तब तक यह सब मुझे नहीं दिखाया गया। अभी तो मैं चकराया सा और सुधबुध खोये बैठा था। समुद्र के भग्नपोत व्यक्ति को हवा के झोंके भाग्यवानों के द्वीप के तट पर उड़ा ले आये थे। बादलों से ऊपर, वह एक जादुई द्वीप था या सपना, और वह सपना समाप्त हो सकता था। मोती मेरे लिये एक स्वेटर बुनने लगीं।

एस्टर और मैं कुछ पड़ोसी मित्रों से मिले तथा उसके बाद हमने दक्षिण की ओर जाने की योजना बनाई जहाँ रमण महर्षि के आश्रम में यात्रा समाप्त कर मैं अपने आगे के जीवन की रूपरेखा के बारे में निश्चय करने वाला था – या यूँ कहिये कि ऐसा मैंने सोचा था। लेकिन एस्टर को अपनी तैयारी करने के लिये पंदरह दिन चाहिए थे और इसलिए उन्होंने सुझाव दिया कि मैं इस दौरान कृष्ण प्रेम के आश्रम चला जाऊँ। आगंतुकों को नापसंद करने के लिये विख्यात कृष्ण प्रेम सहमत हो गये।

अक्टूबर के पहाड़ों के निर्मल वातावरण में पचास मील पैदल यात्रा कर जब मैं आश्रम पहुँचा तो मोती ने मुझे इस बात पर डाँटा कि मैने उन्हें अपने आने के बारे में दूरानुभूति संदेश क्यों नही भेजा। स्वेटर तैयार हो चुका था। मुझे लगता है कि उन्होंने मुझे ही उसमें बुन डाला था। पखवाड़े के अन्त में मुझे अनिश्चित काल तक वहाँ रहने की अनुमति दे दी गई।

वह छोटा सा आश्रम अपने चार पाँच अतिथियों से ही भरा हुआ था। और बॉब बद्रीनाथ से वापस आ गये थे। मैं अब मन्दिर की पहली मंज़िल में एक आठ फुट लम्बी व छह फुट चौड़ी कोठरी पर कब्ज़ा किए था। परन्तु आश्रम के जीवन के अधिक निकट होने पर भी मैं उससे अब और अलग हो गया था, क्योंकि अधिकतर वार्तालाप बंगाली में होता था जो कृष्ण प्रेम बेखटक बोल लेते थे और जिससे

उनके बंगाली मित्र मुग्ध हो जाते थे। मैने देखा कि अंग्रेज़ी की अपेक्षा बंगाली में वे अपने को अधिक भावमय ढँग से व्यक्त कर पाते थे। और वे लोगों की आवश्यकता के अनुसार अपने आप को ढाल लेने में सक्षम मालूम होते थे। एक देहाती बुढ़िया के साथ भी वे वैसे ही आसानी से बातचीत कर लेते थे जैसे किसी मँजे हुए विद्वान के साथ। उनके संस्कृत भाषा के ज्ञान की बड़ी प्रसिद्धि थी परन्तु वे अपने को उसके योग्य नहीं मानते थे। उनका कहना था कि उन्हें संस्कृत अच्छी तरह नहीं आती थी। जो थोड़ी बहुत आती थी उसका प्रयोग वे अच्छी तरह कर लेते थे। केम्ब्रिज में उन्होंने पाली का अध्ययन किया था और वहीं थियॉसफ़ी का अंग होने के नाते उनकी बौद्ध धर्म में रुचि हुई और उन्होंने बौद्ध दीक्षा भी ली। वहाँ उन्होंने अपने कमरे बौद्ध साज सामान से भर रखे थे जिन में एक बुद्ध मूर्ति व तिब्बती *तङ्का* भी थे जो उन्हे उनके पिता ने दिये थे।

अपने पुत्र की इन विचित्र रुचियों को पिता थोड़ा बहुत बढ़ावा देते थे परन्तु उनकी क्रिश्चियन साइंटिस्ट माता को उनके कमरे में भरी इतनी अधिक "गड़बड़" ज़रा नहीं भाती थी।

केम्ब्रिज के बारे में काफ़ी बातें सुनने में आई। महायुद्ध के बाद के वर्षों में किंग्स कॉलेज में उन्हें व उनके मित्रों को अपनी रुचियों का भरपूर विकास करने का अवसर मिला। वे लोग सीधे स्कूल से निकले अपरिपक्व नौजवान नहीं थे बल्कि ऐसे लोग थे जिन्हें युद्ध की कठिनाइयों और कष्टों ने समय से पहले ही बड़े हो जाने के लिए विवश कर दिया था। शायद बुद्धिमान व्यक्तियों के लिए स्वाभाविक ही है कि मृत्यु चिन्तन करने के लिए बाध्य होने पर वे जीवन का अर्थ खोजने लगें। चाहे कारण जो भी रहा हो, एक ही प्रकार की रुचियों के सूत्र में गुंथे मित्रों की एक मण्डली वहां बन गए थी, और ये लोग थियोसॉफ़िकल सोसाइटी की विभिन्न शाखाओं के सदस्य बन गए थे या बौद्ध, मेसॉनिक, लिबरल, कैथॉलिक चर्च इत्यादि कुछ अन्य आन्दोलनों में शामिल हो गये थे – इन में से एक तो रोग निवारक संघ था जो अपने कई "रोगियों" के मर जाने पर अचानक टूट गया था। और हाँ, एक ध्यान लगाने वालों का गुप्त संघ भी था जिसे चलाने वाली "एयरी फेयरी लिलियन" थी जो विचारों के मूर्त रूप बनाती अर्थात सदस्यों को सूक्ष्म की यात्रायें करवाती थी। वे लोग जिस किसी आन्दोलन में भी शामिल हुए उसी की ज्योति से उन्होंने अपना दीपक

जलाया, और फिर उसे जीवन भर साथ रखा । भले ही कोई दीपक टिमटिमाता और कोई बहुत उज्ज्वल जला हो, पर ऐसा लगता है कि जलते तो वे सब ही रहे ।

एक मायने में ये लोग आज के उस विश्वव्यापी आन्दोलन के प्रवर्तक थे जिसके प्रभाव से हज़ारों लोग किस्म किस्म के मत मतांतरों में जीवन की आध्यात्मिक सार्थकता ढूँढने का प्रयत्न करते हैं । उन्ही की तरह रॉनल्ड निक्सन ने भी एकपक्षीयता, युद्ध की निरर्थकता और भौतिकवादी मान्यताओं के ख़िलाफ़ विद्रोह का झण्डा उठाया था । उन्ही की तरह इन्होंने भी समाज सुधार के थोथे वायदों को अस्वीकार कर उनके बजाय जीवन की समस्याओं का व्यक्तिगत हल ढूँढ निकालने की कोशिश की, और ऐसे ही अनेक व्यक्तियों की तरह उनकी दृष्टि तयाना निवासी अपोलोनियस के रहस्यमय ब्राह्मणों, सिकन्दर के जिमनोसोफ़िस्टों, ब्लावात्स्की की थियोसॉफ़िकल सोसाइटी के महात्माओं, उपनिषदों, योग और बुद्ध के देश, भारत की ओर गई ।

टॉन्टन के एक स्वतंत्र स्कूल से रॉनल्ड को किंग्स कॉलेज में विज्ञान के अध्ययन के लिये वज़ीफ़ा मिला । लेकिन तभी महायुद्ध शुरु हो गया और वे रॉयल फ़्लाइंग कोर से छूटने के बाद ही केम्ब्रिज जा सके । अपने वज़ीफ़े, पढ़ाई में हुए विघ्न के लिये मुआवज़े के रूप में मिली सरकारी धनराशि, और कॉलेज द्वारा दी गई उदार सहायता के कारण उन्होंने अपने परिवार से कुछ लिए बिना ही अपनी पढ़ाई पूरी कर ली ।

उनके शिक्षक ने बताया था कि केम्ब्रिज में क्लास के लेक्चरों में जाना उनके वहाँ के जीवन का सबसे गौण अंश था और रॉनल्ड ने इस राय पर बड़े ध्यान से अमल किया । यह बात नही कि उन्होंने कुछ काम ही न किया हो, परन्तु उनकी याददाश्त ऐसी कमाल की थी कि किसी पुस्तक को एक बार पढ़ कर ही वे यह बता सकते थे कि उसमें कौन बात कहाँ लिखी है । युद्ध की विभीषिका ने उनके व्यावहारिक विज्ञान के शौक को पूरा कर दिया था । कॉलेज ने उन्हें अपना अध्ययन क्रम मानसिक व नीति शास्त्र के "ट्राइपॉस" में बदलने की अनुमति दे दी और बड़े उत्साह के साथ वे दर्शनशास्त्र और साहित्य के संसार में निकल पड़े ।

जिस घटना से उनके आन्तरिक जीवन का प्रारंभ हुआ जान पड़ता है वह थी उनका एक दिन ब्रिटिश संग्रहालय में जाना, जहाँ उनका सामना चीनी लोहान बुद्ध की एक मूर्ति से हुआ जो उन दिनों बड़े प्रभावशाली ढंग से मुख्य प्रवेश कक्ष में रखी रहती थी। इस सादी सी मूर्ति के नितान्त शांत संतुलन में उन्होंने एक ऐसी उपलब्धि की वास्तविकता देखी जिसके ऊपर वह अपना समस्त जीवन न्योछावर कर सकते थे। उन दिनों अभी इस बात पर बहस जारी थी कि भगवान बुद्ध का अस्तित्त्व ऐतिहासिक है या निरा मिथक। रॉनल्ड का कहना था कि बुद्ध के देहावसान के सैकड़ों वर्ष बाद बनाई गई मूर्ति में जो दर्शाया गया है उसका ऐतिहासिकता से कोई आवश्यक सम्बन्ध नही है। कोई कलाकार अपने माध्यम में वही अभिव्यक्त कर सकता है जो मनुष्य के हृदय में प्रत्यक्ष या सम्भाव्य रूप से मौजूद हो। यदि कोई मनुष्य किसी आकृति में अन्तर्मुखी आत्मा का शांत संतुलन अभिव्यक्त कर सकता है तो ऐसी अवस्था मनुष्य द्वारा प्राप्य है। उनका मुद्दा था कि जो प्राप्त हो सकता है वह अनन्त काल में किसी न किसी ने अवश्य पाया होगा – चाहे बुद्ध ने चाहे किसी और ने। जो एक मानव प्राप्त कर सकता है वह दूसरा भी कर सकता है। और इस प्रकार उन्होंने आत्मा की यात्रा पर पाँव उठाया।

केम्ब्रिज में अपना समय पूरा होने पर वे भारत आने के साधन ढूँढने लगे क्योंकि उन्हें लगा कि वहाँ शायद अब भी ऐसे लोग मिल सकें जो अपने अनुभव से बुद्ध के अलौकिक संतुलन के मार्ग की शिक्षा देते हों। भारत में अध्यापन कार्य के लिये दिए आवेदन पत्रों के उत्तर में उन्हें लन्दन में इन्टरव्यू के लिये बुलाया गया। साक्षात्कार करने वाले ने आवेदन स्वीकार किया। भारत जैसे देशों में नित्य जुलाब लेने की ख़तरनाक राय दी और नितान्त धनहीन रॉनल्ड को लखनऊ जाने के लिये पेशगी दी, जहाँ उन्हें विश्वविद्यालय के अंग्रेज़ी विभाग में रीडर बनना था। उनकी माता ने असंतोष व्यक्त किया – ये विदेशी नियुक्तियाँ उन्ही के लिये ठीक बताईं जिनके घर-बार नाते-रिश्ते न हों। और रॉनल्ड ने मन ही मन कहा "इन नातों की शक्ति के कारण ही तो मेरे लिये चला जाना ज़रूरी है"।

लखनऊ आते ही रॉनल्ड को भारत और भारतवासियों से प्रेम हो गया। वे अपने विद्यार्थियों से, जिनमें कई से वे उम्र में छोटे थे, और अपने भारतीय सहकर्मियों से तो मिलते जुलते थे, लेकिन ब्रिटिश

बिरादरी की उन्होंने उपेक्षा की। यह देखकर कि ऐसे रवैये के कारण वह मेधावी, अदम्य युवा प्रोफ़ेसर ब्रिटिश समाज द्वारा बहिष्कृत कर दिया जायेगा, बंगाली उपकुलपति डा॰ चक्रवर्ती ने रॉनल्ड को अपने अतिथिगृह में स्थायी रूप से रहने को निमंत्रित किया। चक्रवर्ती स्वयं एक निष्ठावान थियोसॉफ़िस्ट थे और उन्हें रॉनल्ड की आध्यात्मिक खोज के प्रति गहरी सहानुभूति थी।

भारतीयों, और उनकी जीवन शैली, से अपने बन्धुत्व के कारण रॉनल्ड एक अजीब सी स्थिति में पड़ गये। भारत का ब्रिटिश समाज एक अलिखित आचार संहिता से बँधा हुआ था। नवागंतुकों से अपेक्षा की जाती थी कि वे व्यवस्था की परिपाटी के अनुसार चलें। रहन-सहन, खान-पान में ब्रिटिश तौर-तरीके बरतें, ब्रिटिश क्लब के सदस्य बनें और अपने पहले अफ़सर से लेकर प्रदेश के गवर्नर तक सब वरिष्ठ लोगों से रस्मी मुलाकात किया करें। भारतीयों के साथ क्या सम्बन्ध होने चाहिये यह यथोचित धृष्टता या चतुराई के साथ इस पर निर्भर था कि दोनों पक्ष किस वर्ग के हैं। सम्बन्धित व्यक्ति के ऊपर बिरादरी कितना ज़ोर चला सकती थी इसके अनुसार सीमा लाँघने वाले के प्रति बेरुख़ी का बर्ताव किया जाता, उसे क्लब से निकाल दिया जाता, ब्रिटिश ग्राहकों द्वारा छोड़ दिया जाता या यथाशीघ्र वापस घर भेज दिया जाता था। फलस्वरूप, आम तौर से होता यह था कि हर नया आने वाला या तो मर्यादा स्वीकार करता या वापस चला जाता। रॉनल्ड ने ऐसा कुछ भी नही किया। ब्रिटिश नाराज़गी के बावजूद उनका टिक पाना काफ़ी कुछ इसलिए हो सका कि उन्हें उपकुलपति की छत्रछाया प्राप्त थी, क्योंकि डा॰ चक्रवर्ती प्रान्त के गवर्नर सर हारकोर्ट बटलर के मित्र थे जो कि ख़ुद एक बहुत आज़ादाना तबियत के पदाधिकारी थे। ब्रिटिश लोग युवा प्रोफ़ेसर निक्सन के ख़िलाफ़ अपने सामाजिक रीति रिवाज़ों की अवहेलना करने के लिये कोई कारगर कार्यवाही तो नही कर सके लेकिन जिन्होंने ब्रिटिश राज वाले भारत को नही देखा है वे मुश्किल से ही यह अंदाज़ लगा सकते हैं कि तत्कालीन व्यवस्था के उत्पीड़क दबावों से बचे रहने के लिये कितनी स्वतंत्रता और नैतिक साहस की आवश्यकता रही होगी।

रॉनल्ड ने कई भारतीय मित्र बनाये। उनका दीप्त मुख मण्डल उन सभी का मन मोह लेता था, और मुझे अभी भी ऐसे बुजुर्गवार मिलते हैं जिनके चेहरे अपने प्रोफ़ेसर निक्सन का ज़िक्र करते समय चमक

उठते हैं । यद्यपि वे स्वयं विज्ञान की तीन सौ विद्यार्थियों वाली कक्षा मे थे, और रॉनल्ड के लेक्चर हफ़्ते में बस एक बार सुनते थे, पर जो बात उन्हें बखूबी याद रही वह है रॉनल्ड का अपनी मोटर साइकल पर बहुत तेज़ रफ़्तार से भागना । लेकिन ऐसे लोगों की रॉनल्ड की पुरानी पड़ गई याद कुछ इतनी अस्पष्ट है कि, जब में दूध पीता बच्चा था तब जो लोग उनके विद्यार्थी थे, वे अकसर मुझे ही अपना हीरो मान बैठते हैं ।

अपने सशक्त व्यक्तिवाद ने रॉनल्ड को ऐसे प्रभावों से बचाया जो साधारणतया अंग्रेज़ युवकों को "पक्के साहब" वाले साँचे में ढाल देते थे । फिर भी वे कभी कभी अधिकारी वर्ग के कोपभाजन बन बैठते थे, जैसे कि तब हुआ जब एक बार वे अपनी मोटर साइकल को बेधड़क लखनऊ के पुलिस कप्तान की मोटर साइकल से आगे निकाल ले गए – उन्हें धमकी दी गई कि उनका पासपोर्ट रद्द कर दिया जायेगा । वे किसी लड़ाकू किस्म के विद्रोही नही थे, सिर्फ़ अपनी मनचाही राह चलते थे । इस आदमी में कोई ज़हर नहीं था । इसलिये उनके ब्रिटिश साथी उनके सनकीपन को स्वीकार करने लगे । केम्ब्रिज में वे एक तत्पर व निर्भीक वाद-विवाद करने वाले रहे थे, और उन्हें उकसाये जाने पर भी गुस्सा नही आता था इसलिये विरोधियों के द्वारा कसी गई फ़ब्तियाँ वापस उन्ही पर जा लगती थी । क्योंकि उन्हे ब्रिटिश क्लब का सदस्य बनने का कोई शौक नहीं था इसलिये वे लोग उन्हें क्लब से निकाल कर कोई ख़ुशी हासिल नही कर सकते थे । क्योंकि वे उनकी संगत चाहते ही नहीं थे ब्रिटिश समाज उनका बहिष्कार करता भी तो कैसे? चूँकि रॉनल्ड अपने काम में निश्चय ही निपुण थे इसलिये वे लोग उन्हें जाति मूलक भेदभाव बर्तते, ब्रिटिश मापदण्डों के अनुरूप आचरण न करने के लिये, एक बंगाली के उप-कुलपति होते, नौकरी से निकलवा भी नही सकते थे । क्योंकि उनका बर्ताव द्वेषहीन था आख़िर वे लोग भी उनके साथ ख़ासी दोस्ती बरतने लगे ।

रॉनल्ड अपना समय पाली ओर संस्कृत का अध्ययन करने, विद्यार्थियों के नाटक संयोजन करने और इधर उधर आध्यात्मिक गुरु की तलाश करने में बिताते । चक्रवर्ती परिवार के साथ उनकी घनिष्टता इस हद तक बढ़ी कि वे उनके दत्तक पुत्र के समान माने जाने लगे और ज्यों ज्यों यह सम्पर्क बढ़ता गया त्यों त्यों वे डा॰ चक्रवर्ती और उनकी पत्नी के असाधारण गुणों को पहचानते गये । लम्बे क़द के भव्य

डा॰ चक्रवर्ती, जो अपनी नीली आँखों और गोरे रंग के कारण बंगाली से ज़्यादा काश्मीरी लगते थे, एक अजीब सा दोहरा जीवन जीते थे। उनका निजी कक्ष व खाने की मेज़ पाश्चात्य ढँग से सज्जित थी। वे न सिगरेट पीते थे न शराब। उनके थियोसॉफ़ी से प्रभावित हिन्दू आंतरिक जीवन से एक छोटी सी मित्रमण्डली का ही सम्पर्क था। अपने जीवन भर जहाँ कहीं भी वे रहे वे सुबह तीन बजे उठते और छह बजे तक ध्यान में रहते थे। वे मैडम ब्लावात्स्की से मिले थे, थियोसॉफ़िकल सोसाइटी के सदस्य बने थे और इसकी भारतीय शाखा के महासचिव रहे थे। ऐनी बेसेन्ट से उनकी अच्छी दोस्ती थी और वे उनसे बहुत प्रभावित थीं। पत्नी मोनिका ने उन्हें इस बात के लिए राज़ी तो कर लिया था कि अपनी खोज के सिलसिले में वे उन दिनों के जितने साधु संतों से चाहें मिलें, लेकिन फिर भी दीक्षा उन्होंने अपने पति से ही ली क्योंकि मोनिका का कहना था कि डा॰ चक्रवर्ती जैसा और कोई उन्हें मिला ही नही।

एक बार रॉनल्ड ने चक्रवर्ती महोदय से पूछा कि ब्लावात्स्की किस तरह की महिला थी। उस उग्र व प्रचण्ड स्वभाव को जानने पर ही उनके उत्तर को समझा जा सकता है। पास ही बैठी अपनी पत्नी की ओर इशारा करते हुए उन्होंने कहा "मैंने उनकी तरह बस एक ही और स्त्री देखी है"। मोनिका चक्रवर्ती के स्वभाव का एक पहलू यह था कि जो भी उनके हृदय में करुणा जगाते, उन्हें माँ का वात्सल्य देती थी, चाहे वे मुसीबत के मारे इन्सान हों या यतीम कुत्ते के पिल्ले – एक बार तो उन्होंने ऐसे पिल्लों को अपना दूध भी पिलाया था। श्रीमती उपकुलपति का पार्ट भी वे बखूबी अदा करती और अपने पति के गणमान्य अतिथियों का सत्कार करती। दूसरी तरफ़ वे अजीबों ग़रीब साधु संन्यासियों की संगत करती। और उनके पास देहाती औरतों वाली उजड्ड कहावतों का पूरा ख़ज़ाना था जिसका वे बड़ा अच्छा इस्तेमाल करती थी। अपने पति के विचारों के विपरीत उनका अपना ख़याल था कि यदि किसी व्यक्ति में कुछ भी आध्यात्मिक तत्त्व है तो वह बाहर भी दिखाई देगा। अतएव न तो उन्होंने स्वयं अपना दीपक रस्म-रिवाज़ की आड़ में छिपाया और न ही अन्य साधकों की विचित्र वेषभूषा या अटपटे व्यवहार से नाराज़गी दिखाई। एकबार युरोप में अपने पति व ऐनी बेसेन्ट के साथ यात्रा करते हुए रोम के सेंट पीटर गिर्जाघर में भीड़ ने उन्हें घेर लिया। चाँदी के सितारों वाली नीली

साड़ी पहने इस विशालाक्षी सुन्दरी को लोग कुमारी मरियम मान बैठे, उनके कपड़ों के टुकड़े फाड़ फाड़ कर लोग पुण्य स्मृति चिह्नों की तरह ले गये। ऐनी ने किसी तरह उन्हें एक टैक्सी में धकेला तथा उस साड़ी को फिर कभी न पहनने की सख़्त हिदायत की। फिर जब 1902 की पेरिस की प्रदर्शिनी में वे अपने सुन्दर वस्त्राभूषण पहन कर गईं तो उन्हें मैडागास्कर की रानी समझा गया। इतना ही नही, महारानी विक्टोरिया ने विंडसर में अपनी बग्घी से मोनिका को देख कर उन्हें महल में आने का संदेश भिजवाया।

रॉनल्ड डा॰ चक्रवर्ती का बहुत मान करते थे परन्तु उन्हें लगता था कि उन दोनों में श्रीमती चक्रवर्ती अधिक महान थी। अपने गुरु के प्रति उनकी भक्ति जिस घटना से शुरु हुई वह उन दिनों घटी जब वे चक्रवर्ती परिवार के साथ अल्मोड़ा मे्र छुट्टी बिता रहे थे। श्रीमती चक्रवर्ती उन्हे हिन्दी पढ़ाने को राज़ी हो गईं थीं और उन्होंने रॉनल्ड से हिन्दी में लिखे कृष्ण चरित्र को पढ़ने को कहा। रॉनल्ड पढ़ते जाते और वे समझाती व समीक्षा करती जाती। "जब वे श्रीकृष्ण का ज़िक्र करती थीं", उन्होंने मुझे बताया, "तो ऐसा लगता था जैसे कृष्ण बग़ल वाले कमरे में ही हों। वे दिखते तो नही थे पर थे वहीं"। कुछ ही महीने बाद रॉनल्ड ने उन से दीक्षा माँगी। शाकाहार के अतिरिक्त, जो कि कृष्ण सम्प्रदाय के अनुयायियों के लिये अनिवार्य होता है, उन्होंने एक ही और शर्त रखी – कि वे जमें रहें। गुरु के प्रति आत्मसमर्पण और उनकी आज्ञा पालन की प्राचीन भारतीय धारणा दीक्षा को एक गुरु गम्भीरता प्रदान करती थी। थियोसॉफ़ी के प्रभाव में आकर यूरोपीय लोग प्राच्य दीक्षा लेने लगे थे परन्तु वे दीक्षितों से अपेक्षित एकाग्र गुरुभक्ति को नही समझते थे। जब एक दीक्षा का जोश ठंडा पड़ने लगता तो वे कहीं और जा कर दूसरी ले लेते। इसी कारण दीक्षा माँगने वाले बहुत से योरोपीयों को डा॰ चक्रवर्ती ने साफ़ इन्कार कर दिया था। उनका कहना था कि "वे टिकते नही हैं। इस चक्कर में रहते हैं कि जो कुछ मिले उसे जेब में रख कर वापस यूरोप चले जाएं"। इसीलिये उनकी पत्नी ने इस बात पर इतना ज़ोर दिया था। शाकाहारी होने में रॉनल्ड को कोई कठिनाई नही थी क्योंकि उनकी माँ ने यह उन्हें बचपन से ही सिखा रखा था।

इसके कोई एक साल बाद मोनिका चक्रवर्ती को सार्वभौमिक एकता का एक महान आत्मदर्शन मिला जो उनके लिए आंतरिक पथ के प्रति

उनके आत्मसमर्पण का चरमोत्कर्ष था । अगले दिन उन्होंने रॉनल्ड को हिन्दी में एक पर्चा भेजा "जो तुम खोज रहे हो वह मैने पा लिया" ।

1926 में डा॰ चक्रवर्ती की अवकाश प्राप्ति पर रॉनल्ड के लिये ऐसी स्थिति पैदा हुई जिसमें उन्हें यह तय करना था कि उनकी प्राथमिकताएं क्या हैं । चक्रवर्ती दम्पति अब बनारस में रहने वाले थे । रॉनल्ड की लखनऊ वाली नौकरी में वेतन अच्छा था और उनकी अध्यापन कुशलता के कारण आगे और भी तरक्की निश्चित थी । लेकिन अगर वे वहीं बने रहते तो अपने गुरुओं से कम ही मिल पाते । अगर वे गुरुजनों के साथ बनारस जाते तो एक तिहाई वेतन पर काशी हिन्दू विश्वविद्यालय में नौकरी करनी पड़ती । उनके सहयोगियों ने न जाने की ज़ोरदार राय दी । डाक्टर व श्रीमती चक्रवर्ती ने साफ़ इन्कार कर दिया कि वे इस मामले में उनके फ़ैसले को प्रभावित नही करेंगे । लेकिन डा॰ चक्रवर्ती ने एक राय दी ः "जब कभी भी मुझे अपने जीवन में कोई अहम फ़ैसला करना होता है तो मैं उस का अनुसरण करने की कोशिश करता हूँ जो मुझे अपने अन्दर सर्वोच्च महसूस होता है । मैं ऐसा कर पाने में सदा सफल नही हुआ हूँ पर जब भी हुआ हूँ तब मुझे पछताना नही पड़ा और जब कभी मैं ऐसा नही कर पाया तब बाद में हमेशा पछताया" । रॉनल्ड के लिये बस इतना ही काफ़ी था और वे बनारस चले गये ।

अट्ठारह महीने बाद डाक्टरों ने श्रीमती चक्रवर्ती को बताया कि उनके फेफड़े मैदानों की एक और गर्मी बर्दाश्त नही कर सकेंगे और इसलिये उन्हें पहाड़ों पर चले जाना चाहिये । एक माँ स्वरूपा स्त्री के लिये, जिसने चालीस गोद लिये बच्चों को पाला पोसा था और जिसके चार अपने बच्चे थे, यह एक बड़ा धक्का था । लेकिन ऐसा लगता है कि जो दर्शन उन्हें हुआ था उसके गहरे प्रभावों के कारण उसकी तुलना में अर्थहीन लगती पारिवारिक जीवन की क्षुद्रता को सराहना उनके लिए रोज़ ब रोज़ और मुश्किल होता जा रहा था । रक्तचाप के कारण उनके पति साथ नही आ सकते थे और इसलिये उन्होंने संन्यास लेने के लिये उनकी अनुमति मांगी । यदि परिस्थिति वश घर छोड़ना ही था तो वे उसे पूरी तरह छोड़ कर और श्रीकृष्ण का एक मन्दिर बना कर वहीं उनकी सेवा में रह कर अपने जीवन की सबसे बड़ी अभिलाषा पूरी करना चाहती थी । एकबार फिर अपनी जीविका और गुरु के बीच चयन करने की स्थिति में पड़े रॉनल्ड इस बार ज़रा नही हिचकिचाए और

श्रीमती चक्रवर्ती के साथ वे भी निकल पड़े। उन्होंने अल्मोड़ा जाने का निश्चय किया जहाँ उनके पति के कुछ मित्र थे। गुरु की हैसियत से डा॰ चक्रवर्ती ने अपनी पत्नी को वैष्णव वैरागियों के गेरुवा वस्त्र दिये और अब उनका नाम श्री यशोदा माई हुआ। फिर श्री यशोदा माई ने अपने शिष्य रॉनल्ड निक्सन को संन्यास दे कर उन्हें श्री कृष्ण प्रेम का नाम दिया। जो दो साल उन्हें मन्दिर ढूँढने व ख़रीदने में लगे उनमें कृष्ण प्रेम को भोजन के लिए घर घर भीख माँगनी पड़ी और कट्टर हिन्दू नियमों का पालन करना पड़ा। 1930 तक वे आश्रम में बस गए थे और एक वर्ष के अन्दर ही मन्दिर का निर्माण तथा श्रीकृष्ण व राधारानी की मूर्तियों की प्रतिष्ठा हो गई। मुट्ठीभर शिष्य भी एकत्रित हो गए और कुछ ने वहाँ अपने लिए कुटीर बना लिए। सीढ़ीनुमा खेतों से उनकी अधिकतर मुख्य आवश्यकताएँ पूरी होने लगी।

अपने अनुयायियों से यशोदा माई परम्परागत हिन्दू साधना करवाती थी। यह व्यवस्था इतनी जटिल व गहन है कि अगर ईमानदारी से उसका पालन किया जाए तो एक भी कर्म, भाव या विचार ऐसा नहीं रह जाता जिसे जीवन यापन मात्र को पुण्य मानने वाले भाव से अलग किया जा सके। इसके अभ्यास से आत्मानुभूति की एक प्रखर भावना उत्पन्न हो सकती है क्योंकि साधक को सदैव अपनी सांस्कारिक शुद्धता का ख़याल रखना पड़ता है। यह अनुभूति तभी हो सकती है जब वह साधारण से साधारण कर्मों व सम्पर्कों के प्रति भी सतर्क रहे, और इसे बनाए रखने के लिए साधक को शुद्धि के लिए यथोचित उपाय करने को तत्पर रहना ज़रूरी होता है। जब आश्रम में कई फुट बर्फ़ होती थी तब स्नान करना वैसा सुखद नहीं होता था जैसा मैदानों की गर्मी में किसी मन्दिर के कुण्ड में डुबकी लगाना होता है।

यशोदा माई ढीले ढाले तरीके से काम लेने वाली नही थी। वे स्वयं ही मानती थी कि युवावस्था में अपने तेज़ मिजाज़ के कारण उन्हें काफ़ी कठिनाई होती थी और एक परिपक्व प्रौढ़ा होने पर भी वे तमाशा खड़ा कर सकती थीं। बेटी को आग बबूला होते मैंने देखा था और इससे ही अन्दाज़ा लग सकता था कि माँ क्या चीज़ रही होगी। लेकिन कृष्ण प्रेम के साथ उन्होंने बराबर ऐसा सौम्य व्यवहार किया कि वे शिकायत करते थे कि माँ उनके साथ बहुत ज़्यादा नरमी बरत रही थीं।

मातृ सुलभ वात्सल्य के साथ यशोदा माई किसी व्यक्ति को अपने निर्देशन में आश्रम में आ बसने की अनुमति देती व उसकी सुविधा का उचित प्रबन्ध करती परन्तु, कृष्ण प्रेम के शब्दों में, उसके बाद वे उसे कसना शुरु कर देती। आश्रम के नियमों का पालन न करने, नाक में उँगली डालने जैसी निजी आदतों से बाज़ न आने, आलस्य करने, गुरु का उचित मान न करने और यहाँ तक कि साधारण बातचीत में भी गलती करने पर भोंडी गालियों के साथ तीखी आलोचना सुनने को मिलती। वे कमर के नीचे चोट करने में भी न चूकती और ऐसी बातें कह डालती जो अन्य लोग सिर्फ़ अपने मन में ही रखते हैं, गोया शिष्टाचार का मिथ्या आडम्बर नाम की कोई चीज़ हो ही नहीं। अगर किसी ने पलट कर जवाब दिया तो उसके दोषों का ब्योरेवार विवरण सुनाया जाता था और उस से यह भी कहा जा सकता था कि उसके जैसे घिनौने व्यक्ति का आसपास रहना ठाकुर जी को कितना बुरा लगता है। क़रीब क़रीब हर बार ही जब ऐसा होता था बेचारा सुनने वाला अपनी घिनौनियत को ले चलता बनता था। कृष्ण प्रेम कभी पूरी तरह न समझ सके कि यशोदा माई ऐसा क्यों करती थी।

सामान्य मापदण्ड से कृष्ण प्रेम का जीवन आसान नहीं था। उनकी गुरुभक्ति की ख्याति शायद इसलिये हुई कि वे उस जीवन को आसान मानते थे जब कि अन्य लोग उसे कठिन समझते थे। वे सदा अपने गुरु की सेवा में रहते थे। यशोदा माई की लगातार बढ़ती बीमारियों के दौरान उनकी सुश्रुषा करते, मन्दिर का काम करते जिसमें भोग लगाना, आश्रम का प्रबन्ध चलाना और आगन्तुकों को अपने गुरु की शिक्षा समझाना शामिल था। और जाड़ों की लम्बी शामों को बुनती, कढ़ाई करती या गलीचे बनाती यशोदा माई को वे पुस्तक पढ़ कर सुनाते थे।

1930 में जब मन्दिर बन रहा था और यशोदा माई वहाँ से कुछ ऊपर पहाड़ी पर एक टूटे फूटे कुटीर में रह रही थी तो डा॰ अलॅक्ज़ाण्डर आश्रम में आये। यशोदा माई ने अपने को उन्हें दिखाया और राय पूछी कि अभी कितने दिन और जीवित रहने की आशा की जा सकती थी। वे अस्वस्थ थी और जानना चाहती थी कि अपने शिष्यों को कुछ बना सकने के लिये उनके पास कितना समय बाक़ी था। डाक्टर ने उन्हें अधिक से अधिक दो वर्ष दिए लेकिन आठ साल बाद जब बेचारे अलॅक्ज़ाण्डर ख़ुद आश्रमवासी बने तब वे जीवित

थी और 1944 में कृष्ण प्रेम को अपना उत्तराधिकारी नियुक्त कर वे परलोक सिधारी।

कृष्ण प्रेम ने आश्रम व शिष्यों का उत्तरदायित्व स्वीकार तो अवश्य किया लेकिन एकबार उन्होंने मुझे बताया कि उनकी अपनी इच्छा तो घुमक्कड़ संन्यासी होने की थी। मैं उन्हें कभी कभी खिन्न चित्त पाता था और इससे मुझे आश्चर्य होता था। यह गुत्थी तब सुलझी जब मैने यह देखा कि उनकी खिन्नता का दौर और छुट्टियों का मौसम साथ साथ आते थे, जब उन्हें आश्रम में आने वाले शिष्यों व अन्य लोगों की माँग पर उनकी ओर ध्यान देना पड़ता था। उन दिनों मिलने वाले थोड़े ही होते थे – अट्ठारह मील की पैदल यात्रा का साहस करने वालों के अलावा सब ही डरते थे।

मैं पहले इंगित कर चुका हूँ कि किस प्रकार कृष्ण प्रेम और मोती रानी ने पारस्परिक परिपूरक ढंग से आश्रम को चलाने की ज़िम्मेदारी बाँट रक्खी थी। कृष्ण प्रेम मौखिक शिक्षण देते थे और मोती आचरण द्वारा। लेकिन मेरे कहने का अभिप्राय यह नही है कि कृष्ण प्रेम की शिक्षा केवल सैद्धान्तिक थी। आश्रम की मेरी एक सब से पुरानी याद क़ुछ ऐसी है कि मैं एक दिन तीसरे पहर मोती के बरामदे में लेटा हुआ था। कृष्ण प्रेम के पास डाक से एक ऐसी पुस्तक आई जैसी भारत के बीसियों साधु अपने विशेष मत, या समाज के लिये अपने संदेश का प्रचार करने को लिखा करते हैं। उन्होंने उसे मेरी तरफ़ फेंक कर कहा "ज़रा इसे देखो"।

जब मैं पढ़ चुका तो वे बोले "क्यों? है इस मे वह?"
"है किसमें? क्या?" मैं हड़बड़ाया।
"असली चीज़", उन्होंने कहा,
"वह चीज़, तत्त्व, इस पुस्तिका में है?"
"मैं क्या जानू" मैंने जवाब दिया।

"मगर तुम्हें जानना चाहिये। तुममे यह पहचान सकने की क्षमता होनी ही चाहिए कि लेखक ने अपने अनुभव से लिखा है या ये केवल शब्द हैं – केवल सुनी सुनाई बातें"।

"जो बातें लिखी हैं वे तो सच लगती हैं" मैंने हिम्मत करके कहा। उनके उत्तर ने मुझे धराशायी कर दिया, "यह विषय ही ऐसा है कि इस पर जो कुछ भी लिखा जायेगा उसमें कुछ न कुछ तो सच

होगा ही। तुम्हें तो यह देखना चाहिये कि शब्दों के माध्यम से सत्य चमकता है या वे पिष्ट पोषण मात्र हैं – रटी रटाई बकवास। शब्दों के पीछे देखो, महसूस करो" । मुझे ऐसा लगा जैसे किसी जन्मान्ध को एकाएक देखने का आदेश दे दिया गया हो। मैंने अपने को दो पैर के गधे की तरह लाचार पाया। अगर वे मुझ से कहते "उड़ो" तो भी मेरी हालत वैसी ही होती।

मेरे साथ इस प्रकार व्यवहार करके वे मुझे यह देखने को बाध्य करते थे कि बात इतनी ही नही कि उनका दिमाग़ ऊँचे किस्म का था या मैं बड़े बड़े शब्दों से अपरिचित था, बल्कि यह कि अनुभूतियों के विस्तार की एक अन्य कोटि भी थी जो उन्हें उपलब्ध थी और मुझे नहीं। और क्योंकि वे कभी एक साधारण मनुष्य के अतिरिक्त और कुछ होने का दावा नही करते थे, मैं इस दलील का भी आसरा नही ले सकता था कि वे तो असाधारण थे और मुझ जैसे मामूली मरणधर्मा व्यक्ति से भला क्या आशा की जा सकती थी। बात इसकी उल्टी थी। वे मुझे अपनी तरह साधारण बना कर अपने दिन प्रति दिन के अनुभव-तत्त्वों में हिस्सा लेने को कह रहे थे। इसीलिये मैं अपने आप को इतना मूर्ख महसूस कर रहा था। वे तो मुझे देने को हाथ बढ़ाए हुए थे और मैं था कि यह भी नही देख पा रहा था कि मेरे लिए लेने को था क्या।

कुछ दिनों बाद एक शाम मैं उनके कमरे मैं बैठा था। "उन पुस्तकों की आंतरिक विषयवस्तु देखो", उन्होंने कहा और पीले रंग में पुती चीड़ की अलमारी की ओर इशारा किया जो एक पूरी दीवार को भरे खड़ी थी। मैनें देखा और पहले की तरह इस बार फिर मेरा दिमाग़ सुन्न होने लगा जिस के प्रभाव से मैं "हाँ, हूँ" के अलावा और कुछ कह पाने में असमर्थ हो जाने वाला था। "उनकी आंतरिक वस्तुविषय देखो", उन्होंने फिर कहा और मैं समझ गया कि वे कागज़ और छपाई की बात नही कर रहे थे और न ही उन में दी गई जानकारी की। और फिर वे प्रतीकों व उनके सादृष्यों, ग्रहों व जड़ी बूटियों, चेतना व नामरूप, विश्व के विभिन्न स्तरों, भूत प्रेतों, स्वप्नों, महात्माओं, कर्मकाण्ड की मुद्राओं व अनेक जादुई परिणामों, सिद्धियों इत्यादि के बारे में बोलते रहे और आख़िर ऐसा लगने लगा कि जिन लकड़ी के तख़्तों पर हम बैठे थे वे भी केवल बाहर की दिखावट, विभिन्न स्तरों की चेतना द्वारा निर्मित, माया के बुलबुले ही थे।

वे धारणाओं को बटोर कर उन्हें दीप्त कर देते थे, दार्शनिकता को हँसी से हल्का कर देते थे। श्रोताओं से गहन विषयों पर गंभीर वार्ता करते थे, फिर इधर उधर की गप्पें करने लगते थे और जहाँ मौक़ा पाया कोई सूत्र पकड़ कर बातचीत को फिर ऊँचाइयों पर ले आते। ऐसे वार्तालाप दोहराए नही जा सकते, और अगर कोई दोहरा भी ले तो उस से कोई फ़ायदा नही होगा। इन मौकों पर उनका उद्देश्य शिक्षा देना नहीं, प्रेरणा देना होता था। कितने ही लोग कैसे कैसे विषयों पर बोल सकते हैं, और विद्वता तथा वाक्चातुर्य के प्रदर्शन से श्रोताओं को मुग्ध किये रह सकते हैं। जैसा कि कृष्ण प्रेम कहते थे, विश्वविद्यालयों के प्रोफ़ेसर तो ऐसा कर अपनी जीविका ही चलाते हैं, और योगियों की तरह केवल हवा, गरम हवा, का सेवन कर जीवित रहते हैं। कृष्ण प्रेम का अध्यात्म के प्रति भावपूर्ण आत्म समर्पण उनके प्रत्येक शब्द को सजीव कर देता था। उनसे मिलकर वापस जाने वाले लोग जैसे उनके नवीन व रोचक विचारों के क्रीड़न से ही नही, बल्कि उनकी अपनी अडिग असंशयता की चिंगारी से आवेशित होकर भी जाते थे। जब कभी ऐसा होता था कि कोई अतिथि वापस जाकर उनसे पत्र द्वारा अनुरोध करता कि वे अपनी वार्ता को लिख कर देदें तो कृष्ण प्रेम बस खिन्नता से मुस्कुरा देते थे क्योंकि वह बेचारा असली मर्म को पकड़ ही नही पाया था। जो कुछ वह कहते थे वह नही, बल्कि जो उनके शब्दों के माध्यम से झलकता था वही महत्वपूर्ण था। यदि कोई प्रेरणा की चिंगारी को सँजोए रख उनके नैश्चित्य को पकड़ पाता तो मौका मिलने पर कृष्ण प्रेम उसे अपेक्षाकृत छोटा व व्यावहारिक शिक्षण देते थे।

वे एकतर्फ़ा बोलने वालों की तरह भाषण नही देते थे। उनकी बातें पारस्परिक वार्तालाप के रूप में होती थी और आगंतुकों से उनमें भाग लेने की अपेक्षा की जाती थी। ज़बरदस्ती गढ़े हुए प्रश्नों का दो टूक सा जवाब दिया जाता था क्योंकि उनका कहना था कि वे यह नही चाहते थे कि लोग उन्हें उस तुच्छ नुमायशी मशीन की तरह बरतें जिसमें पैसा डाल कर लोग उसके पहिए घूमते देखा करते हैं। और अगर कोई लिखित प्रश्नों की सूचि पेश करता या, जिसे वे और भी बुरा समझते थे, उत्तर लिखने के लिए कागज़ पेंसिल निकाल लेता, तो वे बात करने से ही इंकार कर सकते थे। लेकिन जब लोग अपने निजी सवालों व समस्याओं के साथ आते थे तो वे तब तक अपने आप को

उनके हवाले किये रह सकते थे जब तक स्वयं बिल्कुल पस्त न हो जाँय। वे कितना देते थे यह तो व्यक्ति विशेष पर निर्भर था क्योंकि लगता था कि वे प्रश्नकर्ता की ईमानदारी को भाँप लेते थे और शब्दों के पर्दे के पार अपने हृदय की कसौटी पर उसे परख लेते थे। मैं यह नही कह रहा हूँ कि वे कोई त्रिकालदर्शी अलौकिक पुरुष थे जो अपनी एक्स-रे वाली दृष्टि से सब कुछ देख सकते थे। अपना काम सीखने वाले किसी भी व्यक्ति के समान वे भी ग़लतियाँ करते थे लेकिन उनको धोखा कोई बिरला ही दे पाता था, क्योंकि वे स्वयं अपने आप को धोखा नही देते थे।

इस तरह की अंतर्दृष्टि निरी वैज्ञानिक प्रवीणता से कुछ बढ़ कर थी क्योंकि कृष्ण प्रेम जैसे व्यक्ति अपने अस्तित्त्व में एक और आयाम जोड़ लेते हैं और दूसरों को एक श्रेष्ठतर पद से देखते हैं। डाक्टरों की तरह किसी मनुष्य का उसके भौतिक शरीर के साथ या मनोवैज्ञानिकों की तरह उसके मानसिक-भावात्मक क्षेत्र के साथ तादात्म्य न मान कर कृष्ण प्रेम मनुष्य को उसकी आत्मा रूप में देखते थे। यद्यपि ऐसा कहना अधिकांश जनों की समझ से परे है लेकिन है बिल्कुल सच। आध्यात्मिक आयाम प्रत्येक मानव में सम्भाव्य रूप से प्रसुप्त बीज की तरह मौजूद होता है। कभी कभी कृष्ण प्रेम जैसे किसी बीज को अंकुरित होते देखते थे और उस क्षण का आनन्द उनके लिये अपने वर्षों के परिश्रम का प्रतिफल होता था।

दूसरों को अपना मतावलंबी बनाने की प्रवृत्ति को वे घृणास्पद मानते थे। वे किसी को अपना अनुयायी या उस सम्प्रदाय का सदस्य नहीं बनाना चाहते थे जिससे वे स्वयं बाहरी तौर पर सम्बद्ध थे। यदि वे कुछ चाहते थे तो बस यह कि लोगों में सारभूत तथा मत सम्प्रदायों के पार जो सत्य है उसके प्रति भाव पैदा हो और अपने विशेष स्वभाव व प्रकृति वैशिष्ट्य के अनुकल साधनों द्वारा वे उस सत्य की ओर बढ़ने का प्रयत्न करें।

मोती और उनकी माँ में एक अंतर यह था कि यशोदा माई तो अपने प्रियपात्रों से अन्य शिष्यों के मुकाबले अधिक कोमलता का बर्ताव करती थी और मोती अपनी क्रोधाग्नि उन्हीं पर सबसे ज़्यादा बरसाती थी जो उन के निकटतम होते थे। जब कृष्ण प्रेम ने मोती को मेरी ओर मुख़ातिब होते देखा तो उन्होंने कहा "बेचारा लड़का"। परन्तु "बेचारे" तो स्वयं श्री कृष्ण प्रेम भी थे क्योंकि अपने जीवन के

अंतिम कुछ वर्ष मोती ने उन्हें वह रगड़ा देने में लगाये जो उनकी माँ नही दे पाई थी । ऐसा लगता था कि मोती का उद्देश्य बौद्धिक तटस्थता की उन दीवारों को तहस नहस कर देना था जिन्हें कष्टदायक सम्बन्धों से बचने के लिये श्री कृष्ण प्रेम अपने व दूसरों के बीच खड़ा कर लेते थे । जो यातना वे उन्हें देती थी उनको सहन करने की शक्ति श्री कृष्ण प्रेम में होगी इसके लिये वे अपने प्रति उनके स्नेह पर भरोसा करती थीं । यदि वह स्नेह बना रहा तो वे स्वीकार कर लेंगे कि पीड़ात्मक भावना जीवन का एक आवश्यक अंग होती है, और पूर्णत्व के आकांक्षी को उस यातना के मार्ग में रुकावटे नही खड़ी करनी चाहिएं । जो इस बात को स्वीकार नही कर सकता वह द्वंद्वों के पार नही जा सकता क्योंकि वह दैवत्व के कोमल पक्ष को ही स्वीकार करता है और कठोर से कतराता है ।

इस अग्नि परीक्षा से कृष्ण प्रेम अधिक कोमल, सहृदय और बहुत अधिक समझदार होकर निकले । अब दीवारें टूट चुकी थी और जिन लोगों ने उन्हें केवल उनके बाद के वर्षों में ही देखा वे उनकी आध्यात्मिक पथ की विद्वतापूर्ण व्याख्या की चमक से कही अधिक उनके अबाध प्रेम की उष्णता को याद करते हैं । चमक तो अब भी बाकी थी लेकिन अब वह एक मोती, उस अमूल्य मोती, की कोमल कान्ति थी, हीरामन की कठोर चमक नही । जैसा कि उन्होंने "प्रतीकवाद और ज्ञान" नामक लेख में कहा है – "भावना व विचार को पिघला कर एक रूप करना होता है" ।

मोती की मृत्यु के लगभग दस वर्ष बाद ही यह विलयन पूरा हो पाया । तब उस छोटे से आश्रम में लोग इस तरह आने लगे जैसे किसी चुम्बक से खिंचे चले आ रहे हों । वही श्री कृष्ण प्रेम जो पहले अपने निजी जीवन में थोड़ा सा भी दख़ल पसन्द नही करते थे, अब जीवन की धूल भरी राह पर चलने वाले पथिकों के लिए मुक्त हृदय से अपने को अनवरत निछावर करने लगे थे । जिन सत्यों को उन्होंने इतने स्पष्ट रूप से देखा था अब वे उन्ही के मूर्त रूप हो गए थे । इसीलिए जो लोग उन्हें मिलते थे वे उनके विचारों की अकाट्यता व स्पष्टता से ही नहीं बल्कि स्वयं उन से प्रभावित होते थे । अब तक वे सत्य को चमकते दमकते शब्दों में अभिव्यक्त करते थे परन्तु अब ऐसा लगता था जैसे शब्दमुक्त सत्य उनके माध्यम से विभासित हो रहा हो । इसीलिए अकसर लोग उनके साधारण कार्यकलापों व चेष्टाओं

में भी उतनी ही शिक्षा निहित पाते थे जितनी उन्होंने उनकी पुस्तकों में पाई थी ।

उन बीच के वर्षों में उन्होंने धार्मिक मार्ग की गौण बातों तथा उन सारभूत आवश्यकताओं का भेद जान लिया था जो सनातन धारणा में धार्मिक नही मानी जाती । धीरे धीरे उन्होंने उस परंपरागत हिन्दू अनुशासन का परित्याग करना शुरु किया जिसके अंतर्गत उनका प्रारम्भिक विकास हुआ था । मन्दिर की पूजा विधि इत्यादि को सरल कर उन्होंने उसमें केवल वही कर्म बचा रखे जिनका मानव आत्मा से सीधा सम्पर्क है । उन्होंने आश्रम के पुस्तकालय की अधिकतर पुस्तकें बाँट दी और केवल वही बचा रखी जिन्हें वे अपने शिष्यों के लिए विशेष उपयोगी समझते थे । और उन्होंने अपना निजी आचरण भी एकदम बदल दिया ।

जिस अनुशासन ने उनके क्रियाकलापों का पच्चीस वर्षों तक मार्गदर्शन किया था उससे अलग होना कोई आसान काम न था लेकिन उन्होंने जो कुछ पा लिया था उसके सामने किसी भी शास्त्रीय पद्धति के विधि विधान अनावश्यक और फ़िज़ूल के लगते थे । आने वाली उन साधक पीढ़ियों पर जिनका सामाजिक वातावरण न तो उनके अपने जन्मस्थान के और न ही उनके प्रवासस्थान के वातावरण के समान था, उन्होंने इस अनुशासन को थोपना बेकार समझा । पूर्व और पश्चिम दोनों ही बदल रहे थे । लोग अब अपनी खोज परम्परागत पौराणिक तरीकों के बजाय प्रत्यक्ष ढँग से करने लगे थे जो कि सामान्य धार्मिक पद्धति में उपलब्ध नही हो पाता था । वे सदा अपने श्रोताओं को इसके लिए प्रेरित करते थे कि वे सिद्धांतों और मतमतांतरों के अध्ययन के पार जा अंतर्मुखी होकर अध्यात्म के उस क्षेत्र में पहुँचने का प्रयत्न करें जिसके विवरण अलग अलग धर्मो ने दिए हैं । यद्यपि वे जो कुछ कहते थे उसके लिए शास्त्रों से प्रमाण नही देते थे फिर भी उनके शांत आत्मविश्वास व उनकी राय की व्यवहारिकता ही इस का प्रमाण थे कि उन्हें मार्ग का ज्ञान था क्योंकि वे स्वयं उसपर चल चुके थे ।

न तो उनमें परम्परागत गुरुओं का दर्प था और न ही झूठी विनम्रता । रसोई बनाना, बर्तन माँजना, झाड़ू बुहारी और मन्दिर व उद्यान के काम वे ऐसी सहजता से करते थे जैसे कोई भी साधारण से साधारण व्यक्ति करता है । अपने अंतिम दिनों तक वे दिमाग़ी तौर पर सक्रिय थे और फ़ारसी भाषा का इसलिए अध्ययन कर रहे थे ताकि

जलालुद्दीन रूमी की कृति मूल में पढ़ सकें। जिस ढंग से उन्होने सत्ताधिकार छोड़ा शायद उससे उनका एक उत्कृष्ट गुण सामने आया। आश्रम की ट्रस्टीशिप, एक पुस्तक की अधूरी पाण्डुलिपि, मन्दिर के प्रबन्ध का दायित्व और यहाँ तक कि अपना निजी पत्र व्यवहार और अपने शिष्यों की दीक्षा व शिक्षा का कार्य भी उन्होंने अपने एक शिष्य को सौंप दिया और इस प्रकार उसे बाध्य किया कि वह ऐसी ज़िम्मेदारियों को लेने की अपनी हिचक पर काबू करे। झुँझलाहट का दिखावा कर वे आगंतुकों के किसी दल से मिलने से इन्कार कर देते और मुझे उन से मिलने भेज देते थे। मैं आनाकानी करते हुए जाता – यह शिकायत करते हुए कि अंत में आना उन्हें ही पड़ेगा क्योंकि वे लोग उनकी जगह किसी अन्य से मिल कर वापस जाने को तैयार नही होंगे। और तब मैं बड़ी मुश्किल से अपने शर्मीलेपन पर काबू करने के प्रयत्न में पसीना पसीना होते लोगों के घिसेपिटे सवालों के घिसेपिटे जवाब देता जाता और श्रोतागण कनखियों से उधर देखते जाते जिधर से वे उनके आने की आशा रखते थे। और जब ऐसे एक अवसर पर वे चुपचाप कमरे में चले आए और वार्तालाप में खोए आगंतुक गणों ने उनकी उपस्थिति पर कोई ध्यान नही दिया तब वे वाक़ई बहुत प्रसन्न हुए।

यह सब कुछ उनकी शिक्षा का अंश था, और उनके पूर्णत्व के लक्ष्य के अनुसार। हालाँकि वे ध्यानाभ्यास पर काफ़ी ज़ोर देते थे और उसे साधना का परम आवश्यक मान मानते थे। फिर भी उनका कहना था कि कार्य तब तक सम्पन्न नही होता जब तक वह "पूर्ण" जिससे हर चीज़ का उद्भव हुआ है मानव की पूर्णता में प्रतिबिम्बित नही हो जाता। अन्तर्बाधाओं और विवशताओं से ग्रस्त मनुष्य को वे आंशिक या अपूर्ण मानते थे। यदि भय वश कोई मनुष्य संसार के किसी अनुभव क्षेत्र को अस्वीकार करता है तो ध्यान में उस भय के आंतरिक या मानसिक कारण सिर उठा कर उसकी प्रगति में बाधा पैदा करेंगे। इसलिए साधना को वे एक द्वंद्वात्मक प्रक्रिया के रूप में देखते थे जिसमें बाहरी चुनौतियों से जूझने से आंतरिक अनुभुतियों का रास्ता खुलता है और ध्यान में *आत्मन्* को आत्मसमर्पण करने से जीवन की चुनौतियों का सामना करने के लिए अलौकिक साहस मिलता है। वह आत्मसर्पण, वे कहते थे, प्रेम का आत्मसमर्पण है और वह साहस प्रेम का साहस है।

एक लम्बी और कष्टदायक बीमारी के बाद उनका देहावसान 1965 में हुआ। बीमारी के दौरान भी वे अपने शिष्यों का पथ प्रदर्शन करते रहे और इस तरह शब्दों से अधिक सबल ढंग से वे निरंतर यह दर्शाते रहे कि मानव की आत्मा शरीर के कष्टों के पार है।

दुबारा प्रकाशित ये लेख अधिकतर दूसरे विश्वयुद्ध से थोड़ा पहले या उसके आरम्भिक वर्षों में लिखे गए थे। अपनी मृत्यु के कुछ समय पहले श्री कृष्ण प्रेम ने इन लेखों को प्रकाशन के लिए सम्पादन के लिए चुना था लेकिन शिष्यों व मिलने वालों की बढ़ती हुई माँगों के कारण काम शुरु न हो सका। मैंने उन भागों को ही चुन कर रखने का प्रयत्न किया है जो मानव जीवन की समस्याओं पर लागू होते हैं, और शायद सदा होते रहेंगे, और ऐसे भागों को निकाल दिया है जो केवल तात्कालिक महत्व के थे। "धर्म और फ़िलॉसफ़ी" के आरम्भिक अंशों को छोड़, जो एक छोटी सी पत्रिका में 1925 के लगभग निकले थे, बाकी सब लेख *दि रिव्यू ऑफ़ फ़िलॉसफ़ी एण्ड रिलिजन* नामक इलाहाबाद से प्रकाशित होने वाली पत्रिका में सम्पादकीय अथवा लेखों के रूप में छपे थे। उस पत्रिका का श्री कृष्ण प्रेम और उनके मित्र प्रोफ़ेसर आर॰ एन॰ कौल सम्पादन करते थे। इन लेखों में से दो भारत में दो बार छपी एक छोटी सी पुस्तिका *इनीशियेशन इन्टु योगा* के वस्तु विषय हैं। ये इतने लोकप्रिय हुए कि फिर यहाँ सम्मिलित किए गए हैं।

यद्यपि ये लेख कृष्ण प्रेम के आरम्भिक वर्षों के हैं और इनमें उपलब्धि के नैश्चित्य के बजाय उनकी आकांक्षा ही प्रतिबिम्बित है फिर भी उनके मत में वे उनकी मूलभूत विचार धाराओं का अब भी पर्याप्त प्रतिनिधित्व करते हैं।

श्री माधव आशीष

1

योगदीक्षा

सत्य के मार्ग में एक बहुत बड़ी बाधा है धार्मिक व्यक्तियों में पाया जाने वाला यह विश्वास कि सत्य किसी एक या अधिक पुस्तक में, जिसे वे अपना पुनीत शास्त्र मानते हैं, लिखा पड़ा है ।

रूढ़िवादी ईसाई बाइबल को दैवी *इलहाम* मानते हैं, यद्यपि इसमें कितनी ही ऐसी बातें हैं जो यथार्थ में ठीक नहीं हैं । और परम्परावादी हिन्दुओं का कहना है कि वेद *अपौरुषेय* हैं, जिस का अर्थ शायद यही हो सकता है कि उनके रचयिता कोई मनुष्य नहीं हैं हालाँकि वे स्पष्टतः किन्हीं ऋषियों की कृतियाँ हैं । इसी तरह प्रत्येक धर्म व सम्प्रदाय के अपने पवित्र ग्रंथ हैं जिन्हें आँख मूँद कर मान्यता दी जाती है यद्यपि उनमें कही गई बातों का अन्य स्रोतों से प्राप्त ज्ञान के साथ तालमेल करने के लिए काफ़ी चतुराई लगानी पड़ती है ।

यहाँ उन प्राचीन ग्रंथों का अवमूल्यन करने की चेष्टा नहीं की जा रही है, जिनमें से कुछ मानव मस्तिष्क की महानतम प्रेरणादायक कृतियाँ हैं, और जिनमें ऐसी उपलब्धियाँ तथा अन्तःप्रेरणायें हैं जो जिज्ञासु जनों के लिए बहुत लाभप्रद हैं । परन्तु, इस बात पर जितना भी ज़ोर दिया जाए कम ही है कि आँख बन्द कर किसी पुस्तक में लिखी बात को मान लेने वाला रवैया निश्चय ही हानिकारक होता है और सत्य की प्राप्ति में कारगर रूप से बाधक होता है । कभी कभी यह दलील दी जाती है कि चाहे अमुक पुस्तकें ईश्वर (इसका जो भी अर्थ हो) द्वारा न भी लिखी गई हों, वे उन महान द्रष्टाओं की कृतियाँ तो हैं जिनका ज्ञान हमारे ज्ञान से बहुत अधिक था, और इसलिए उन पर यूँ ही विश्वास कर लेना चाहिए । परन्तु इससे भी काम नहीं चलेगा ।

सबसे पहले तो हमें यही नहीं मालूम कि ऐसी पुस्तकें सचमुच किसने लिखी । हो सकता है कि द्रष्टा ने स्वयं उन्हें लिखा हो, या फिर उनके किसी ऐसे शिष्य ने लेखन कार्य किया हो जिसे अपने गुरु के शिक्षण की थोड़ी ही समझ रही हो । यह भी हो सकता है कि किसी व्यक्ति विशेष ने अपनी बात लोगों तक पहुँचाने के लिए किसी महान

आचार्य के नाम से पुस्तक लिखने का तरीका अपनाया हो । उदाहरण के लिए, यह मान बैठना एकदम ग़लत होगा कि सारे के सारे पुराण व महाकाव्य, जिनमें इतनी पारस्परिक असंगतियाँ हैं कि उन्हें वाराणसी के पण्डितों का वाक्चातुर्य भी नही सुलझा सकता, महर्षि व्यास के लिखे हुए हैं ।

दूसरी बात यह है कि हम पक्की तरह जानते हैं कि मूल लेखकों और हमारे बीच की शताब्दियों में इन ग्रंथों में अनेक अशुद्धियाँ आ गई हैं । कितने ही महत्त्वपूर्ण अंश उनमें से निकाल दिए गए तथा नए परिच्छेद जोड़ दिए गए हैं ।

तीसरी बात यह है कि यदि यह मान भी लिया जाए कि किसी पुस्तक में मूलद्रष्टा के शब्द हूबहू रखे हैं तो भी उसे आँख मूँद कर स्वीकार नही करना चाहिए । पुस्तक के शब्द वह सत्य नही होते जो द्रष्टा ने देखा था । वे तो उस सत्य की ऐसी शाब्दिक अभिव्यक्ति हैं जिसे तत्कालीन देशकाल में उपयुक्त समझा गया था । हम हर रोज़ ही देखते हैं कि शब्दों का अर्थ विभिन्न व्यक्तियों के लिए अलग अलग होता है । यह मानना कि दो हज़ार वर्ष पहले शिष्यों को सम्बोधित शब्दों के आज भी वही मतलब निकलेंगे जो तब थे, एक बेतुका आशावाद ही है । और, फिर यह सोचना कि किसी पुस्तक में दिया गया कोई वक्तव्य ज्ञान हो सकता है एकदम ग़लत है । किताबों में तो सफ़ेद कागज़ पर काले निशान (या इसी प्रकार के अन्य चिन्ह) होते हैं और इन निशानों का मतलब हमारे लिए क्या होता है यह तो हमारे ही मन की धारणाओं पर निर्भर होता है । और यह धारणाएं आधारित होती हैं हमारे अनुभवों पर । उपयुक्त अनुभवों से खुद गुज़रे बिना हमारे लिए किसी भी पुस्तक में लिखी गई बातों को वास्तविक रूप से समझना नितांत असम्भव है, चाहे उसे लिखने वाला कोई भी क्यों न हो ।

मैं दोहरा दूँ कि मेरा इरादा प्राचीन ग्रंथों के अध्ययन का अवमूल्यन करने का नही है । मुझे तो ऐसे अध्ययन से बहुत लाभ हुआ है और मैं उन लोगों में नही हूँ जो सब शास्त्रों की पोथियों की होली जलाने की इच्छा रखते हैं । हाँ जिस बात की आवश्यकता है वह यह है कि अन्धविश्वास से नहीं अक़्लमन्दी से अध्ययन किया जाए । विश्वास शब्द का जो अर्थ आम तौर पर लगाया जाता है वह तो एकदम असंगत, निरर्थक व बाधा कारक होता है । मन विश्व का दर्पण होता

है । यदि इस दर्पण को साफ़ रखा जाए और विकृत न किया जाए तो यह संसार का ऐसा चित्रण करता है जो यद्यपि होता तो है तीन आयामों वाली वास्तविकता का दो आयाम वाले प्रतिरूप की भाँति, लेकिन फिर भी होता एकदम सही है । अपने स्तर पर मन बिल्कुल ठीक काम करता है । समस्त विश्व में व्याप्त यह एक अद्भुत दर्पण है परन्तु इसके उज्ज्वल प्रतिबिम्ब तथ्यों के समरूप तभी हो सकते हैं जब इसे किसी तरह विकृत न किया जाए । विकृत करने वाली प्रबल शक्तियाँ हैं आशा और आशंका, या दूसरे शब्दों में हम कह सकते हैं वह शक्ति है कामना, चाहे सकारात्मक हो या नकारात्मक ।

जब कभी कोई व्यक्ति यह कहता है कि उसका इस या उस में विश्वास है (मेरा मतलब समझ बूझ कर किए गए युक्तिपूर्ण विश्वास से नही है) तो यह कहना अधिक ठीक होगा कि वह यह आशा करता है कि वह बात सही होगी और, चूँकि क्रिया और प्रतिक्रिया बराबर तथा एक दूसरे की उल्टी होती हैं, उसे साथ ही यह डर भी लगा रहता है कि शायद ऐसा न हो । अतः प्रत्येक विश्वास के साथ उसका अनुरूपी संशय कही छाया में दुबका मौजूद होता है । यही कारण है कि प्रबल धार्मिक विश्वासों वाले लोग इतने कट्टर प्रवृत्ति के हो जाते हैं ।

संशयों के झुंड – शाम के झुरमुटों में बसने वाले प्रेत – होते तो बिल्कुल उन विश्वासों की ही तरह हैं जो दिन के उजाले में बच्चों की पतंगों की तरह उड़ा करते हैं, पर गुपचुप इन लोगों के हृदय को कुदेरते और उनके कानों में कपटपूर्ण खुसर-पुसर करते रहते हैं । उसी खुसर-पुसर को चुप करने, उन प्रेतों का हनन करने, के लिए ही निष्ठावान व्यक्ति अपनी पूरी शक्ति लगाकर औरों को अपना मतावलम्बी बनाने का प्रयत्न करता है । आलोचना वह इसलिए नही बर्दाश्त कर सकता क्योंकि उस से ऐसी गूँजें पैदा होती हैं जो उसकी शांति को भंग करती हैं । और इस प्रकार वह ज्यों ज्यों अपने विश्वासों को अधिक दृढ़ बनाता जाता है त्यों त्यों वह अपने आंतरिक तनाव को बढ़ाता जाता है और अपने ही प्रति घृणा से भरा वह अपना विस्फोटक क्रोध औरों पर निकालता है । इस तरह केवल धर्मान्ध ही न रह कर वह अत्याचारी बन जाता है । तो फिर प्राचीन ग्रंथों की ओर या पुस्तक मात्र की ओर हमारा क्या रवैया होना चाहिये? पुस्तकों को दो वर्गों में बाँटा जा सकता है । एक तो वे जो आंतरिक अनुभव पर आधारित होती हैं और दूसरी वे जो कम या

ज़्यादा प्रवीणता से किया गया शब्द गठन मात्र होती हैं। दूसरे वर्ग के बारे में तो सोचना ही बेकार है। अब यह प्रश्न पूछा जा सकता कि यदि स्वयं हम ही अज्ञानी हों तो यह कैसे पहचान पायेंगे कि कोई पुस्तक सच्चे अनुभव पर आधारित है या नही। उत्तर यह है कि सत्य तो हमारे अन्दर पहले से ही मौजूद है चाहे हमारा बाहरी व्यक्तित्त्व उससे कितना ही अनभिज्ञ क्यों न हो। यह तो एकदम पक्की बात है कि किसी गहन अनुभूति से उभरे शब्द यदि खुले मन से सुने जाएँ तो श्रोता के अन्दर प्रतिध्वनि उत्पन्न करते हैं। तब हम कह उठते हैं कि उन शब्दों में हमें सार प्रतीत होता है। कदाचित कुछ और पुस्तकें भी हो सकती हैं जो ऐसे ही किसी अन्य के अनुभवों का फल हों पर जो हमारे अन्दर प्रतिध्वनि नही उठातीं। तब कारण यह होता है कि सहानुभूति अथवा अनुभव की कमी, मन में असहिष्णुता की कोई गाँठ, हमारे हृदय को गुंजायमान होने से रोक देती है और हम उस पुस्तक को उठा कर अलग रख देते हैं। ऐसा होना निस्संदेह खेद का विषय होता है पर इसे रोका नही जा सकता। हम उस संदेश विशेष के लिए अभी तैयार नही हैं और उसके अध्ययन से हमें कोई लाभ नही हो सकता।

परन्तु यदि किसी पुस्तक में हमें कुछ सार मालूम पड़ता है, यदि कोई ऐसा कारण, आंतरिक कारण, यह मानने का दिखता है कि उसमें वास्तविक अनुभवों का ज़िक्र है, तो हमें ऐसे पचड़ों में नही पड़ना चाहिए कि उसका लेखन काल क्या है, लेखक कौन है, वह शास्त्र सम्मत है या नही, अन्य किन्हीं ग्रंथों के साथ उसकी सहमति है या नही, इत्यादि। बजाय इस सब के, हमें पूरा मन लगा कर उसका अध्ययन करना चाहिए और शब्दों के परे उन विचारों और अनुभवों तक पहुँचने की कोशिश करनी चाहिए जिन्हें व्यक्त करने के लिए वे शब्द चुने गए थे।

एक उदाहरण से शायद यह बात और स्पष्ट हो जाए। जैसा कि सर्वविदित है, शंकराचार्य ने इस बात की पुष्टि की कि सब कुछ आत्मा ही है ओर बुद्धदेव ने घोषणा की कि सत्य के नैरात्म्य स्वरूप की पहचान ही ज्ञान का सार है। साधारण पाठक या तो पहले ही किसी एक मत के पक्ष में निर्णय कर दूसरे को ग़लत मान लेता है या फिर वह यह समझता है कि इस बात का फ़ैसला वादविवाद से हो सकता है और इसलिए सत्य की खोज में वह या तो अपने आप से या अन्य

लोगों से बहस करता है । हमें यह याद रखना होगा कि सत्य पर उसके नाम की छाप नही लगी होती कि बस उसे देखने वाले ने नाम पढ़ा और बाकी सब कुछ ठीक हो गया । सत्य तो मन व उसकी छापों से परे है । ये छापें तो हम अपनी सहूलियत के लिए वस्तुओं पर लगाते हैं पर उन्हें बनाने वाले हम ही हैं और वे उन प्रतीकात्मक अंगुलिनिर्देशों से अधिक कुछ नहीं हैं जो और आगे की ओर इंगित करते हैं । और फिर हैं वे प्रतीक ही, जिनका अर्थ अलग अलग लोगों के लिए अलग अलग होता है ।

अतएव बजाय यह मानने के कि *आत्मा* और *अनात्मा* में से एक सच और दूसरा झूठ है, हमें यह याद रखना चाहिए कि ये दोनों ही शब्दों द्वारा "उस" के उन कुछ लक्षणों का चित्रण करने के प्रयास हैं जिन्हें बिना शब्दों के अनुभव किया गया था । यह पूछने के बजाय कि सच्चा विवरण कौन सा है हमें कोशिश कर यह समझना चाहिए कि अनुभूत सत्य का वह कौन सा लक्षण था जिसका चित्रण करने के लिए शंकर को एक शब्द विशेष इस्तेमाल करने की आवश्यकता प्रतीत हुई और वह लक्षण कौन सा था जिसके लिए बुद्ध को उसका एकदम विरोधी लगने वाला शब्द प्रयोग करना पड़ा । तब हम देखेंगे कि उन मे कोई अंतर्विरोध नही है क्योंकि दोनों एक ही लक्षण की चर्चा नही कर रहे थे ।

मैंने पुस्तकों के बारे में इतना अधिक इसलिए कहा है क्योंकि, कम से कम आजकल तो, अक्सर उन्ही से खोज का आरम्भ होता है और यह आवश्यक है कि हम उनका सही इस्तेमाल करें, ग़लत नही, वरना हम अपना दिमाग़ खोखली धारणाओं से ही भर बैठेंगे । सत्य तो हमारे ही अंदर निहित है और पुस्तकें केवल उस हद तक उपयोगी होती हैं जहाँ वे उसे सुस्पष्ट करती हैं जो अब तक धुँधला सा ही दृष्टिगोचर होता था । उदाहरण के लिए यह कथन, "ईश्वर ने सृष्टि की रचना की", तब तक बिल्कुल अर्थहीन है जब तक हमें "ईश्वर" या "रचना" के अर्थों का बोध न हो । यह कहने की शायद कोई ज़रूरत नही है कि जो लोग इस वाक्य का इतनी चपलता से उपयोग करते हैं उनमें से अधिकांश के लिए इन शब्दों का मतलब कुछ भी नही होता । ऐसे व्यक्ति से यदि कोई सृष्टि की उत्पत्ति के बारे में पूछे तो वह कहेगा "ईश्वर ने सृष्टि को बनाया" और फिर ईश्वर के बारे में पूछा जाए तो कहेगा कि वह सृष्टि की रचना करने वाला है ।

यह उदाहरण इतना हास्यास्पद है कि सही नही लगता लेकिन यह प्रायः सुनने में आता है और ऐसी ही अनेक घुमावदार बातों का अच्छा नमूना है ।

आइए अब पुस्तकों से हट कर गुरु के विषय पर चलें ।

भारत में एक विश्वास प्रचलित है कि आध्यात्मिक पथ पर कोई भी प्रगति गुरु की सहायता के बिना नही की जा सकती । इस विश्वास के कारण अनेक प्रकार की ग़लतियाँ की जाती हैं । एक प्रकार का व्यक्ति अपने कुल पुरोहित से झटपट दीक्षा ले लेता है, भले ही पुरोहित बस कर्मकाण्ड में कुशल वृत्तिजीवी हो या रटे रटाये शब्दाडम्बर को दोहराने वाला अज्ञानी । दूसरे प्रकार का व्यक्ति काशी, वृन्दावन या अयोध्या जैसे तीर्थस्थान में किसी सुप्रसिद्ध गुरु को उचित दक्षिणा देकर उसकी शिष्य सेना में भरती हो जाता है ।

एक तीसरे प्रकार का व्यक्ति पहले दो तरीकों के परिणामों से ठीक ही असंतुष्ट होकर साधुओं की तलाश में घूमता फिरता है । उसे इतने अधिक साधु मिलते हैं कि वह किसी एक के साथ टिक नही पाता और इस चक्कर में भटकता फिरता है कि कदाचित कोई एक ऐसा चमत्कारी महात्मा मिल जाए जो अपने हाथ के एक इशारे से उसकी कुण्डलिनि ऐसे जागृत कर दे जैसे किसी ने फ़व्वारा खोल दिया हो ।

यह बिल्कुल ग़लत है कि कोई व्यक्ति पथ पर बिना एक बाहरी गुरु की सहायता के कोई प्रगति, विशेष रूप से कोई असाधारण प्रगति, नही कर सकता । यद्यपि अच्छा गुरु निश्चित रूप से सहायक होता है फिर भी यह निर्विवाद है कि हम में से अधिकतर लोगों के लिए काफ़ी कुछ ऐसा होता है जो अपने आप बिना किसी सहायता के किया जा सकता है व किया जाना चाहिए, और उसके बाद ही किसी बाहरी गुरु की आवश्यकता या उपयोगिता हो सकती है । सद्गुरु कौन या क्या होता है यह जान लेने पर यह बात और स्पष्ट हो जायेगी ।

गुरु वह शुद्ध चैतन्य है जो हर एक प्राणी के हृदय में निवास करता है । विशेषकर मन के सब संशयों से परे निश्चयात्मक ज्ञान देने वाली सात्विक बुद्धि में प्रतिबिम्बित वह ज्योति ही गुरु होती है । वह ज्योति सब प्राणियों में स्थित होती है और हमारे हृदयों में आत्मा की आवाज़ के रूप में बोलती है (इसीलिये कुछ परम्पराओं में इसे लेगोस [Lagos] – the Word – वाक् या शब्द कहा गया है) हालाँकि अधिकतर

होता यह है कि हम भ्रमवश कई अन्य और ज़ोर ज़ोर से बोलती आवाज़ों को ही यह आवाज़ समझ बैठते हैं। यहाँ पर अकसर पाठक जातिगत गुण, आत्मज प्रभाव तथा फ्रॉयड के महत अहंभाव (Super Ego) की थ्योरियों के बारे में अपनी जानकारी दिखाते हुए मुस्कुरा उठता है। मुझे यहाँ इन उपमार्गों की चर्चा नही करनी है यद्यपि इनमें से कुछ काफ़ी रुचिपूर्ण अन्वेषण का विषय बन सकते हैं। इन सब के बावजूद यह एक निश्चित बात है कि हमारे अन्दर एक ज्योति होती है जो सत्य को पहचानती है, एक वाणी होती है जो परम नैश्चित्य से सत्य का निर्देश करती है। मैं अच्छी तरह जानता हूँ कि ऐसे मत के विरोध में कई ग्रंथ लिखे जा चुके हैं, परन्तु मत तो शब्दों के खेल होते हैं चाहे वे अच्छी तरह चुने हुए शब्द हों या बुरी तरह, और इसीलिए वे सही या ग़लत आलोचना के पात्र होते हैं। परन्तु तथ्य, वे तथ्य जिन्हें समझने के लिए मत चलाए जाते हैं, कुछ और ही चीज़ होते हैं – उनकी आलोचना नही की जा सकती। मैंने जो कुछ भी ऊपर लिखा है उसकी आलोचना केवल उपरोक्त शब्दों की ही आलोचना है। सत्य तो अपनी जगह क़ायम रहता है, आप चाहे जैसे उसकी व्याख्या करें।

इसीलिए शिव यानि *आत्मन्* को *जगद्गुरु* कहा जाता है और इसीलिए यह भी कहा जाता है कि गुरु ही परमेश्वर है, यद्यपि इस सत्य के बल पर कितने ही धूर्त पाखण्डी अपने चंगुल में फँसे मूर्खों से अपना देवतुल्य सम्मान करवाते हैं। गुरु को परमेश्वर इसलिए कहा जाता है क्योंकि वास्तविक गुरु हृदय में वास करने वाला अन्तर्यामी परमेश्वर ही होता है। गुरु को पाने के लिए जगह-जगह भटकने, तीर्थ स्थानों की यात्रा करने तथा तिब्बत के पर्वत शिखरों पर स्थित मठों की ख़ाक छानने की कोई आवश्यकता नही है। प्रतीकात्मक ढंग से ही नहीं, सचमुच ही गुरु अन्दर होता है लेकिन यद्यपि उसकी मूल वाणी हमें निरन्तर शिक्षा देती रहती है, हम उसे सुनते नहीं और इसी कारण एक बाहरी गुरु पथ पर सहायक होता है।

बाहरी गुरु ऐसा व्यक्ति होता है जिसने समस्त प्राणियों में स्थित *आत्मन्* से अपना तादात्म्य इतनी मज़बूती से स्थापित कर लिया हो कि वह इस *आत्मन्* की ही वाणी से बोल सके। बाहरी गुरु का चयन उसकी घोर तपस्या, महान पाण्डित्य या महान सिद्धियों के कारण नही किया जाना चाहिए बल्कि इसलिए कि उसके शब्द हृदय की गुहा के

अन्दर प्रवेश कर गुंजायमान हो जाते हैं । हम कामना यानि इन्द्रियों व पूर्वाग्रहों की आवाज़ों को सुनना इतना पसन्द करते हैं कि आन्तरिक अनाहत नाद सुनते ही नही । परन्तु बाहरी गुरु की वाणी कम से कम हमारे कानों तक तो पहुँच ही जाती है । यद्यपि ज़बरदस्ती तो बाहरी गुरु भी नही करता (क्योंकि कोई भी सद्गुरु शिष्य की स्वाधीन इच्छाशक्ति का अतिक्रमण नही करता) परन्तु वह इतना तो करता ही है कि सत्य को हमारे सामने बेदाग़ रख देता है ताकि यदि हम उसे मानने से इन्कार करें तो ऐसा पूरी जानकारी के साथ करें कि हम क्या कर रहे हैं । गीता के श्री कृष्ण की तरह वह भी हमसे यही कहता है कि "इस सब पर पूरी तरह सोच समझ कर फिर जैसी तुम्हारी इच्छा हो वैसे करो" । उसके शब्दों की सच्चाई को समझना, उन पर आचरण करना और इसके लिए आवश्यक यत्न करना हमारा काम है । पर इन्सान बुनियादी तौर से आलसी होता है । हम यह चाहते हैं कि कोई और हमारे लिए सब कुछ कर दे, हमें बिना उस लम्बे व कठिन परिश्रम के योगी बना दे जो कि इसके लिए आवश्यक होता है । इसलिए हम बहुत आसानी से यह मान बैठते हैं कि यदि कोई गुरु हमारे लिए यह सब नही कर सकता तो दोष उसी का है, हमारा नही ।

जैसा कि ऊपर कहा गया है, गुरु केवल राह दिखा सकता है, उस पर चलने को हमें बाध्य नही कर सकता और इसलिए इस से पहले कि किसी गुरु के वचन हमारे कुछ काम के हों हमें अपनी अनियंत्रित कामनाओं व इन्द्रियों पर थोड़ा बहुत अनुशासन करना तो आना ही चाहिए । इसके बिना गुरु के वचन बेकार होंगे क्योंकि हम उनका अनुसरण नही करेंगे । इस से भी बड़ी बात यह है कि जब तक हम आन्तरिक वाणी को सुनने की आदत नही डाल लेंगे तब तक हम गुरु को पहचान ही नही सकेंगे क्योंकि हमें यही पता नही चल सकेगा कि इन दोनों वाणियों में कोई भी अन्तर नही है । लेकिन अगर हम इन्द्रियों को मन के वश में करने का प्रयत्न करेंगे और मन में उसके पार से आने वाली आवाज़ को सुनने की कोशिश करेंगे तो यह बिल्कुल निश्चित है कि ज्यों ही बाहरी गुरु आवश्यक होगा वह अवश्य मिल जायेगा । जैसा कि एक पुरानी कहावत है ः "जब शिष्य तैयार होता है तब गुरु प्रकट हो जाता है" ।

परन्तु हाथ पर हाथ धरे उसके प्रकट होने की प्रतीक्षा करते रहने से काम नही चलेगा । आकांक्षी को अपने आप को तैयार करना और

अपने कर्मों व मन पर कड़ा अनुशासन करने का अभ्यास करना होगा। विशेष तौर से अपने मन पर, क्योंकि जैसा *धम्मपद* में कहा गया है "मन ही और सब से पहले आता है और उनका मुख्य तत्त्व होता है। सब कुछ मनोमय है"। यदि मन नियंत्रित है तो कर्म भी नियंत्रित होंगे, परन्तु यदि मन बिना सवार के घोड़े की तरह है तो कर्म के क्षेत्र में कठोर से कठोर अनुशासन भी किसी काम का नहीं होगा।

मन के नियंत्रण से हमारा मतलब उसे विचार रहित बनाये रहने का नहीं है – इस विषय की चर्चा बाद में की जायेगी – बल्कि उसे इस तरह नियंत्रित करने का है कि वह जो कुछ अन्दर ठीक जँचता है उस ही को माने या, जैसा *गीता* में कहा गया है, राग द्वेष के बजाय स्वधर्म यानि कर्त्तव्य भावना को अपना प्रेरणा स्रोत बनाए। यही वह परम महत्त्वपूर्ण कर्मयोग है जिसकी *गीता* के दूसरे अध्याय में चर्चा की गई है। और कुछ कर सकने से पहले साधक को इसका अभ्यास करना आवश्यक है। मन वह द्वार है जो सत्य के ज्ञान की ओर ले जाता है और कामनाओं के झाड़ झंकार को पूरी तरह साफ़ करने पर ही यह हो सकता है कि उस के पट खुलें और पथिक को उस पार के आश्चर्यमय संसार की झलक मिल पाए।

पहले कहा जा चुका है कि मन समस्त विश्व में व्याप्त एक अद्भुत दर्पण के समान है। दुर्भाग्यवश सामान्यतः इसका रुख़ केवल इन्द्रियों की ओर होता है और इसलिए उसमें केवल संसार का मायावी रूप ही प्रतिबिम्बित होता है। इस पेचीदा सवाल को छोड़िये कि संसार मिथ्या है या नही। इसी तरह के बहुत से और मसलों की तरह इसका ताल्लुक भी असलियत से नही शब्दों से है। असलियत तो यह है कि सामान्य इन्द्रिय बोध का संसार, ठोस भौतिक पदार्थों का संसार, भिन्न भिन्न अहं वाले प्राणियों का संसार सच्चा संसार नहीं है, आप उसे चाहे जो नाम दे दें। न तो कोई ठोस भौतिक वस्तुएँ होती हैं और न ही कोई पृथक अहंयुक्त जीव। ये सब भ्रम मात्र हैं और यह भ्रम इन्द्रियों में, या यूँ कहिये कि मन के उस पहलू में, स्थित होता है जो इन्द्रियों में लिप्त है। अब तो भौतिकशास्त्रविद् भी यह समझने लगे हैं कि तथाकथित भौतिक पदार्थों के संसार का निर्माता मन ही है। दार्शनिक, पाश्चात्य दार्शनिक भी, इस बात को बहुत पहले समझ चुके थे, यद्यपि जिन शब्दों में उन्होंने अपनी अंतर्दृष्टि को व्यक्त किया वे

हमेशा नही तो अधिकतर अपर्याप्त और इसी कारण आलोचना के पात्र रहे । फिर भी सत्य की खोज करने वाले को यह याद रखना चाहिए कि अंतर्दृष्टि की प्रामाणिकता अभिव्यक्ति के शब्दों पर निर्भर नही होती । इस बात को समझना हमारे लिए बहुत ज़रूरी है । जो उंगली चाँद की ओर इंगित करती है उसी को चाँद नही मान बैठना चाहिए । रहस्यवादियों के वचनों में जो परस्पर विरोधी लगते शब्दों का इतना प्रयोग मिलता है उसका एक कारण यही है । वे जानते हैं कि शब्दों की पकड़ से सत्य की पकड़ कभी नही हो सकती । इसलिए विरोधी बातों और उलटबाँसियों का प्रयोग करके वे ऐसे साधकों को शब्दों के जाल से निकालने का प्रयास करते हैं जिनसे आशा की जा सकती है कि वे कुछ सीख सकेंगे । वास्तव में वे उन पक्षियों की तरह व्यवहार करते हैं जो अपने बच्चों को घोंसले के बाहर धकेल कर उन्हें अपने पंखों का इस्तेमाल करने पर विवश कर देते हैं ताकि वे घोंसले की संकीर्णता छोड़ प्राणमय वायुमण्डल की विशाल स्वच्छंदता का वरण करें ।

आइए फिर वापस मन पर आएँ । कामना का बहिर्मुखी प्रवाह ही जीव व वस्तुओं का संसार निर्मित करता है । बुद्धदेव व अन्य प्राच्य ऋषियों ने बहुत पहले सिखाया था कि कामना ही संसार की रचयिता है और अब दार्शनिक व मनोवैज्ञानिक भी धीरे धीरे इस अनुभूति तक पहुँच रहे हैं । काण्ट (Kant) ने बताया था कि हम वास्तविकता को, यानि वस्तुओं को, उनकी यथार्थता में कभी नही जानते क्योंकि हमारा सारा ज्ञान हमारे मानसिक प्रवर्गों के साँचे में ढला होता है । विलियम जेम्स (William James) का मत था कि सत्य एकदम व्यावहारिक होता है, कि मन किसी बात को सच इसलिए मानता है क्योंकि व्यवहार में वह बात काम करती है, या दूसरे शब्दों में कामना को तुष्ट करती है । बर्गसन (Bergeson) ने भी दर्शाया कि दिमाग़ व्यावहारिक आवश्यकताओं का (यानि कामना का) अनुचर है और वास्तविकता को केवल अन्तःप्रेरणा द्वारा ही जाना जा सकता है । फ्रॉयड (Freud), युंग (Jung) व अन्य मनोवैज्ञानिक तो यह बताते नही थकते कि किस प्रकार मन के क्रियाकलापों का नियंत्रण कामना के ज्वार करते हैं जिनके उद्गम स्थान को वे अचेतित-मन[1] कहते हैं ।

---

[1] **"अचेतित-मन" से यहाँ हमारा तात्पर्य तथाकथित** unconcious mind **से है जिसके लिये फ्रॉयड ने जर्मन भाषा का** *unbewuuste* **शब्द चुना था जिसका अर्थ अंग्रेज़ी मे** *unconscioussed* **होना चाहिये था**

इस सब के बावजूद यथार्थ में ये विचारक अपनी इस धारणा में ही बँधे रहे हैं कि बाहर की दुनिया जड़ वस्तुओं की है । उनकी विचार प्रक्रिया में साहस की कमी रही है । यूँ वे कहते तो खूब रहे हैं कि वस्तुएँ असल में विचार ही हैं परन्तु स्वयं वे उन्ही के पाश में जकड़े रहे हैं । इनमें से एक भी उन विचार तरंगों को बदल नही सका है जिन्हें साधारण मनुष्य वस्तुएँ कहते हैं, जब कि ऐसा कर सकना सम्भव है । यह ठोस संसार हमारे देखते देखते "गल कर, पिघल कर, ओस की बूँद" बन जा सकता है, हालाँकि अगर कोई एक सुई की नोक को भी लुप्त कर दे तो दार्शनिक व विचारक अपने होश-ओ-हवास खो कर बेवकूफ़ों की तरह देवताओं और चमत्कारों की दुहाई देने लगते हैं । इन लोगों में उन दृष्टाओं तथा परमार्थ ज्ञानियों का अनुसरण करने का साहस नही हुआ जिन्होंने यह सिखाया और दिखाया है कि पहले मन को उस झूठे छाया लोक से हटा कर, जिसे ग़लती से वह जीवन का प्रवाह समझे होता है, उस आंतरिक अँधेरे क्षेत्र में ले जाना होता है जिसे कुछ ने रहस्यमय मृत्यु व कुछ औरों ने "आत्मा की अँधेरी रात" कहा है । इसके बाद ही मन के दर्पण को वास्तविकता की ओर मोड़ा, और उसमें अन्धकार के पार चमकते सत्य के सूर्य को प्रतिबिम्बित किया, जा सकता है ।

विश्व की अथाह गहराइयों में छिपी कोई भी वस्तु दिगन्तर में बहुत दूर नहीं होती, न ही काल के असंख्य कोटि वर्षों में कोई घटना इतने परे होती है कि उसे यहाँ और अभी न जाना जा सके । काँच के गोले में देख कर भविष्य बताने के खिलवाड़ से भी पता चलता है कि मानस दर्पण के लिए देशकाल की रुकावट नही होती । काँच का गोला या ऐसा कोई और उपकरण तो इस दर्पण का प्रतीक मात्र और बाहरी वस्तुओं पर बनी हमारी दयनीय आस्था के लिए रिआयत की तरह होता है । असली योगी को न तो किसी स्फटिक काँच की ज़रूरत होती

परन्तु भ्रमवश unconscious हो गया । यह गलती भले ही अग्रेज़ी में अब इतनी प्रचलित हो गई हो कि इसे ठीक करने की कोई चेष्टा नही की जाती परन्तु हिन्दी में ऐसा करने की कोई आवश्यकता नही है । अचेतित-मन, unconscious यानि चेतनाशून्य नही होता; परन्तु हमें उसकी चेतना नही होती अर्थात वह हमारे द्वारा *अचेतित* होता है । चेतित-मन हमारा वह अंश है जिससे हमें अन्य की चेतना होती है और जिसकी चेतना हमें होती है । (अनुवादक)

है न किसी स्याही के कुंड में झाँकने की। उसे तो जो कुछ भी वह जानना चाहता है उसकी ओर अपना मन लगाना भर होता है और वह उसके सामने होता है।

परन्तु योगी ऐसा ज्ञान चाहता नहीं। नामरूपों का ज्ञान, चाहे वे नामरूप देशकाल में कितनी ही दूर क्यों न हों, मिथ्या ज्ञान है। सत्य का क्षेत्र तो सब नामरूपों से बहुत दूर नित्य वसन्त के प्रकाश में सदा जगमगाता रहता है। इस क्षेत्र का कोई वर्णन नहीं कर सकता यद्यपि इसके वैभव की झलक मात्र से कवियों व विचारकों के शब्द कांतिमय हुए हैं और उन्होंने यदाकदा एक ऐसे सौन्दर्य की बात कही है जो सब शब्दों से परे है–एक ऐसा सौन्दर्य जो सत्य ही है।

इस सत्य तक पहुँचने के लिए आंतरिक पथ पर चलना होगा। सत्कर्म द्वारा परिशोधित होकर मन को फिर अपनी सब चेष्टाओं को नियंत्रित करना सीखना होगा। अपनी ज्योति को उस दीपक की लौ के समान निश्चल जलते देना होगा जो कामना की आँधियों से मुक्त स्थान में स्थित हो। केवल बलपूर्वक इस ज्योति को अविकल रखने की चेष्टा करना उतना ही व्यर्थ है जितना किसी दिये की लौ को चिमटी से जकड़ कर अचल रखने का प्रयास। योगी को मन के तौर तरीकों को समझना व कामना की उन धारणाओं को पहचानना चाहिए जिनसे हमारे मन में विचार शृंखलाएँ उत्पन्न होकर एक दूसरे से जुड़े अनंत जुलूसों की तरह चलती रहती हैं। किसी तथाकथित एकाग्रता के मनोबल द्वारा नहीं बल्कि शांत अन्तर्दृष्टि व वैराग्य से ही उमड़ती मनोरथ सृष्टि को रोका जा सकता है। और उसके रुकने पर ही, जैसा कि पतंजलि ने कहा है, मन "अपने स्वरूप में स्थित" हो जाता है और अपनी वृत्ति को पलट कर सत्य के क्षेत्र के शीतल प्राणदायक जल में पैठने को तैयार होता है।

इस तरह मन स्वयं अपने पार चला जाता है। बूँद दिव्य ज्योति के सागर में समा जाती है, परन्तु चूँकि बूँद में पूर्ण प्रतिबिम्बित होता है इसलिए बूँद ही सागर बन जाता है – अपनापन खो कर सम्पूर्णता को प्राप्त हुए।

पिछले पन्नों में यह आग्रहपूर्वक कहा गया है कि ऐसा एक मार्ग सचमुच है जिस पर चल कर सत्य का पूर्ण ज्ञान प्राप्त होता है। यह मार्ग सब देशों व कालों में रहा है हालाँकि इसके नाम अलग अलग रहे हैं। पावन ग्रेल की खोज (Quest of the Holy Grail), अमृत

अथवा पारस मणि की तलाश और देवयान, सब उस एक ही मार्ग के नाम हैं जिसके ज्ञान का अस्तित्त्व सदा बना रहा है और जो, पुण्य ग्रथों के प्रतीकों के पीछे, प्राचीन प्रस्तर स्मारकों के शिल्प में, कीमियागारों के मनगढ़ंत लगने वाले कथनों में चतुरतापूर्वक छिपा हुआ और मैसोनिक लॉज की क्रियाओं में धीमा सा प्रतिध्वनित, आज भी मिलता है ।

कुछ देशों में मान्यताप्राप्त धर्म के ठेकेदारों के निरंतर विरोध के कारण इसे छद्मवेष में रहना और जानबूझ कर अपने को जटिल रूपकों में छिपाये रहना पड़ता है । कुछ अन्य देशों मे इसे इस क़दर महान व पूज्य बना दिया गया है कि सुदूर काल के महात्माओं के अतिरिक्त उस पर कोई चलने ही न पाए और इस तरह आज के वास्तविक जीवन से उसे दूर हटा दिया गया है और उसके संदेश के तकाज़े को सहूलियत के अनुसार मद्धिम कर दिया गया है । हमारे आज के "प्रबुद्ध" युग ने तो सब से आसान तरीका निकाला है ः न तो अब इसे दबाने की ज़रूरत है, न पूजने की, बस इसकी "व्याख्या" कर दी जाए और काम ख़तम ।

परन्तु, *इन्क्विज़ीशनों (Inquisitions),* मन्दिरों और "पाण्डित्यपूर्ण बकवास विज्ञानों" के बावजूद ज्ञान अभी भी मौजूद है, उस तक ले जाने वाला मार्ग और उस मार्ग पर चलने वाले अभी भी हैं, और ऐसे लोगों की अपनी बिरादरी भी है भले ही वे एक दूसरे को न जानते हों । घृणा, लालच और मूढ़ता से पागल हुई दुनिया में आज शायद यही एक असली बिरादरी हो ।

यद्यपि यह मार्ग सब धर्मों का अदृश्य आधार है तथापि इसका किसी भी धर्म विशेष से कोई ख़ास सम्बन्ध नही है । इस बात का प्रमाण यह है कि इसके आचार्यों को संगठित मतवादी धर्म के नेताओं ने सदा अस्वीकार किया । उदाहरण के लिए बुद्ध को नास्तिक कहा गया, ईसा को धर्म निंदक, शंकराचार्य को प्रच्छन्न बौद्ध, सुकरात (Socrates) को युवाजनों को भ्रष्ट करने वाला, ऐकहार्ट (Eckhart) को धर्म विरोधी तथा संत जरमेन (St. Germain) को पाखण्डी । कम से कम इन लोगों के समकालीन रूढ़िवादियों का तो यही कहना था । जब शिक्षण की प्रखर धार मानव मूढ़ता से कुछ कुन्द हो चली, उपयोग और आवश्यकताओं ने जब इन्सानों को वह सामर्थ्य दी जिससे वे दिवंगत गुरु को दैवी सम्मान का चोग़ा पहना सके, तब जा कर ही

सर्वसाधारण उनके नाम पर गिरजे व मन्दिर बना सके, उस प्रचण्ड दैवी ज्योति को मासूम घरेलू लालटेनों के रूप में रख सके तथा *आत्मन्* की आग्नेय मदिरा की जगह घिसीपिटी धर्मभीरुता के शर्बत को ला सके ।

अगले पृष्ठों में योग शब्द को इस मार्ग का पर्यायवाची मान कर इस्तेमाल किया गया है । लेकिन अगर किसी को इस पर ऐतराज़ हो कि यह अर्थ उनके किसी प्रिय ग्रंथ विशेष की शिक्षा से मेल नही खाता तो निवेदन है कि वे इस कागज़ को आग में फेंक फ़ौरन अपनी पुस्तकों के पास चले जाएँ ।

अंत में यह साफ़ साफ़ कह देना चहिए कि यद्यपि यह पथ क्षुद्रधातु को स्वर्ण में परिणित कर देने वाले कीमियागारों का है फिर भी यह उम्मीद रखना बेकार है कि इस में कोई ऐसी सरल मानसिक तरकीबें हैं जिनके द्वारा द्वेष को प्रेम में, लालच को त्याग में और मूढ़ता को विज्ञता में बदला जा सके । ऐसे तत्त्वांतरण तो किये जा सकते हैं, और करने ही होंगे तथा हो भी सकेंगे, लेकिन इसके लिए कोई आसान, प्रयत्न रहित या यंत्रवत् किया जा सकने वाला तरीका नही है । यह तो ऐसा पथ है जिस पर जन्म जन्म तक चलना होता है और अगर हमने इसे इस दुनिया या किसी और दुनिया की हर चीज़ से कही अधिक नही चाहा तो हममें से किसी के लिए भी इस पर बहुत आगे बढ़ने की सम्भावना नही हो सकती ।

आगे आने वाले थोड़े से पृष्ठों में केवल प्रथम चरणों की रूपरेखा दी गई है परन्तु फिर भी हम में से अधिकांश को ये भारी पड़ेंगे । कमियों के लिए पाठक से क्षमा याचना की जाती है पर निस्सन्देह ही ये कमियाँ उसकी नही जिसके बारे में लिखा जा रहा है ।

जिस प्रकार यहाँ योग शब्द का प्रयोग हुआ है वह उस प्रक्रिया का द्योतक है जिसके द्वारा मानव अपने सीमित जीवात्मा को निस्सीम परमात्मा से जोड़ सकता है । जिनकी रुचि पतंजलि के योगसूत्रों अथवा अन्य शास्त्र सम्मत योग की पाठ्य पुस्तकों की पाण्डित्यपूर्ण विवेचना करने में हो उन्हें यहाँ अपने मतलब की कोई बात नही मिलेगी । यहाँ इंगित मार्गरेखा किसी शास्त्रीय अथवा अन्य प्रमाण पर आधारित नही है और वास्तव में वह किसी प्रमाण की अपेक्षा नही रखती – अलावा उसके जो स्वयं उसमें निहित है ।

योग का पथ एक आंतरिक पथ है और इस बात पर बहुत ज़्यादा ज़ोर देना कि दूसरों ने इस के बारे में क्या कहा या लिखा है – ख़ास

तौर पर जब वे पुस्तकें सैकड़ों या हज़ारों साल पहले लिखी गई हों – सहायता के बजाय बाधा ही बन सकता है । यह सच है कि संसार भर के महान योगियों ने अपने अपने ढंग से एक ही बात कही है लेकिन यह भी सच है कि उन्होंने इस बात को अधिकतर ऐसी भाषाओं में कहा है जो अब प्रचलित नही हैं और ऐसे शब्दों में कहा है जिनके अर्थ इस बीच गुज़री शताब्दियों में बदल गए हैं । पुस्तकों को पढ़ने से सामान्य किस्म का ज्ञान तो काफ़ी मिल सकता है लेकिन उन पर बहुत अधिक ध्यान देने से तथ्यों को वास्तविक अनुभव से जानने का प्रयत्न करने के बजाय शब्दों के अर्थों के बारे में ही नोक झोंक करते रहने की विकृति पैदा हो जाती है । जब असली साधना का समय आये तो पुस्तकों को छोड़ देना चाहिए – भले ही उन्होंने हमारे लक्ष्य को दिशाज्ञान देने में सहायता की हो – और उस मार्ग पर हिम्मत से अपने क़दम रखने चाहिए जिसका मुख्य द्वार हमारे हृदय में है ।

इस यात्रा पर चलने से पहले जो सब से ज़रूरी ध्यान देने योग्य बात है वह है यात्रा का उद्देश्य । जिन उद्देश्यों को ले कर लोग योगाभ्यास के लिए प्रेरित होते हैं वे तीन हैं । पहला है जीवन के भार से पलायन । ऐसा उद्देश्य, यद्यपि इसके पक्ष में कई प्रसिद्ध नामों का ज़िक्र किया जाता है, निकृष्ट होता है क्योंकि इस का आधार भय है और यह तो सर्वविदित ही है कि भय एक कमज़ोर करने वाला भाव है । इस खोज में तो पूरे आत्मबल की आवश्यकता होती है । जैसा कि *मुण्डक उपनिषद्* का कहना है "*नायमात्मा बलहीनेन लभ्यो* – यह आत्मा बलहीनों द्वारा प्राप्त नहीं होता" । साधक के लिए साहस एक अनिवार्य योग्यता है और संसार की परेशानी व खींचतान से डरने वाला पलायन की मिट्टी में पनप नही सकता ।

एक दूसरा उद्देश्य होता है सिद्धियों की प्राप्ति और अद्भुत अनुभवों की भूख । इस से भी असली लक्ष्य या रास्ता नही मिलता क्योंकि, यद्यपि यह वैसी दुर्बलता तो नही पैदा करता जैसी भय करता है फिर भी क्षुद्र अहं में आधारित होने के कारण यह उसी अहंभाव को सुदृढ़ करता है जिसके पार जाना योग का लक्ष्य है ।

तीसरा व एकमात्र सही उद्देश्य है नित्य सत्य का प्रेम – उस शुभ्र ज्योत्सना की ओर बढ़ने की लगन जो देवताओं के बहुरंगी प्रतीकों के पार से धुँधली सी आभासित होती है परन्तु जो होती है "हमारे सारे दिन के प्रकाश की उद्गम ज्योति" । भले ही हम भय से कछुए की

तरह सिकुड़ कर संसार से अपना सम्पर्क समाप्त कर लें, उत्सुकता भले ही हमारे अहं को बढ़ा कर प्रव्यक्त विश्व के कोने कोने तक ले जाए परन्तु केवल उत्कट प्रेम के पंखों से ही हम हंसपथ पर उड़ कर, अंधकार के पार वाले सूर्य की ओर जा सकते हैं ।

यहाँ जिस प्रेम का ज़िक्र किया गया है वह केवल शुद्ध सर्वातीत शाश्वत का प्रेम ही नहीं बल्कि विश्वरूप में प्रव्यक्त शाश्वत का प्रेम है । पथ के काफ़ी आरम्भ में ही साधक, चाहे धुँधला सा ही सही, यह देख लेता है कि समस्त प्राणियों के ही नही बल्कि जिन्हें हम मृत कहते हैं उनके हृदय में भी वह शाश्वत निवास करता है । इसलिए आत्मातीत मार्ग के आकांक्षी पथिक को, अकेले अपने मतलब के लिए, सदम्भ साधना पथ पर चलने के विचार को भूल जाना होगा । ऐसे भी बहुत हुए हैं जो अपने और अपने भाइयों के बीच अपने ज्ञान की दीवार खड़ी कर लेते हैं । यह तो वह पथ है जिस पर एक न एक दिन सब ही चलेंगे, चाहे किसी एक समय चलने वाले थोड़े ही हों । इसीलिए साधक को चाहिए कि जो कुछ भी उसने सीखा समझा हो उसे अपने बन्धुओं को उपलब्ध कराने को तैयार रहे वरना वह अपने चारों ओर पृथकता के उस महाभ्रम की दीवारें खड़ी कर लेगा जिसका बौद्ध लेखक इतना सबल विरोध करते हैं । समस्त जीवन एक है और जो केवल अपनी आत्मा को बचाने के चक्कर में रहेगा वह निश्चय ही उसे गँवा देगा ।

यह तो हुआ खोज के उद्देश्य के बारे में । अब हमें उपायों के बारे में सोचना है । बन्धन का कारण मन में होता है क्योंकि जैसा *मैत्रि उपनिषद्* में कहा गया है "संसार मन ही है, इसलिए मन को शुद्ध करने में पूरी तरह प्रयत्नशील रहना चाहिए । जैसे किसी का मन होता है वैसा ही वह बन जाता है, यही सनातन सत्य है" ।

यह परम सत्य है कि संसार का उद्भव मन में है । परन्तु इसका अर्थ कुछ मूढ़ आत्मिक वादियों के समान यह नही लगाना चाहिए कि संसार हमारे सिर के अन्दर है क्योंकि स्वयं सिर और मस्तिष्क भी तो संसार के अंग हैं । जिस मन से संसार उत्पन्न होता है और जिसके आलिंगन में बँधा होता है उसे यदि दिगंतर में स्थित समझा ही जाए तो उसे इस तारामय विश्व की सुदूराति दूर सीमाओं के भी पार व्याप्त समझना होगा । ऐसे इस मन के अन्दर, उस क्रिया द्वारा जिसे बौद्धों का योगाचार सम्प्रदाय सर्जनात्मक परिकल्पन (अमूर्त परिकल्पन)

कहता है, बाहरी वस्तुओं का सारा संसार शून्य में ऐसे तैरता रहता है जैसे ग्रीष्माकाश में बादल, या एक प्राचीन रूपक में वर्णित सूर्यास्त के बादलों में दीखती अट्टालिकाओं से भरी गंधर्व नगरी। उस दुःखपुंज का विकास जिसे हम संसार कहते हैं मन द्वारा ही किया जाता है। और मन में ही इस भयानक प्रेतच्छाया का अपसरण करना होगा ताकि उसकी जगह सामञ्जस्यपूर्ण वास्तविकता की झाँकी का उदय हो सके।

भाग्य का जाल हमारे मन में ही बुना गया है और अगर हमें अपने असली स्वरूप में स्थित होना है, और जिसे हर्मीस ने "भाग्य का जुलूस" मात्र कहा है वह नही बने रहना है, तो उसे काटा भी मन में ही जाना चाहिए। लेकिन यह काम ऐसा नही है कि एक ही झटके में पूरा कर दिया जाए। एक एक सूत को अलग अलग उधेड़ना पड़ता है। इसलिए इस संसार को बनाने वाले पर काबू पाने के लिए सबसे पहला काम जो हमें करना होता है वह है स्पष्ट विचार करने का अभ्यास – शुद्ध चैतन्य के प्रकाश को उन विचार प्रक्रियाओं पर डालना जो आपस में लिपटी, खुलती स्वयं ही स्वयं का जाल बुना करती हैं।

अधिकांश मनुष्यों के लिए विचार कामना का दास होता है। स्वयं अपने नियमों के अनुसार आचरण करने के बजाय उनके विचार उपमानसिक कामनाओं के इशारे पर आया जाया करते है। इस बात को समझने के लिए बस थोड़ी देर के लिए फ़्रॉयड की विश्लेषण प्रणाली का अभ्यास कर देखिए जिसमें विचार शृंखलाओं को खुल कर मन में आने दिया जाता है। अचूक रूप से विचार लगातार और अधिक नीचे धँसते चले जाते हैं अंत में तो सब शर्म खो नितांत मैथुनिक हो जाते हैं। इस तथ्य पर ही फ़्रॉयड का सर्वयौनवाद आधारित है।

परन्तु यह ज़रूरी नही है कि विचार इस तरह कामना का दास बना रहे। यदि उसे अपने उचित नियमों का पालन करना सिखा दिया जाय – उन नियमों का जो स्वयं उस ही की उच्च प्रकृति में निहित है – तो वह सत्य को प्रकाशित करने (कम से कम अपने स्तर पर क्योंकि उसके ऊपर भी कुछ होता है) और कामना सागर के प्रतिकूल प्रवाहों में से अपना रास्ता बना पाने में आत्मा का पथ प्रदर्शक बनने की सामर्थ्य रखता है। इसीलिए हमें चिन्तनशील जीवन जीने की शिक्षा दी जाती है ताकि धीरे धीरे मन स्वयं अपने घर का स्वामी बन सके। परन्तु ऐसा तब ही हो सकता है जब चिन्तन सदा स्वच्छ रहे। जैसे कोई टेढ़ी मेढ़ी रेखा किसी एक दिशा की ओर इंगित नही करती वैसे

ही कोई अस्पष्ट विचार विश्वसनीय पथ प्रदर्शक नही हो सकता । अपनी उस प्रवृत्ति को रोकना होगा जो मन में अस्पष्ट उलझे विचारों को भेड़चाल के समान जाने देती है । ऐसी विभ्रांत दिमाग़ी कार्यवाही एकदम बेकार होती है । प्रत्येक विचार ऐसा साफ़ होना चाहिए जैसी चटक धूप में देखी कोई वस्तु हो । ऐसा होने पर ही वह उस विनाशकारी अधोगामी खिँचाव को रोक सकता है, और कामना के उन राक्षसों से बच सकता है जो उसे नीचे की गहराइयों में घसीट ले आने के लिए सदा मुँह फाड़े तत्पर बैठे रहते हैं ।

साथ ही इस बात में भी सावधान रहना चाहिए कि कही वह अहंकारमय दम्भ हमें न पकड़ ले जो उस साधारण बुद्धिजीवी की प्रधान दुर्बलता होती है जो अपने को औरों से अलग एक विशिष्ट व्यक्ति समझने लगता है तथा अपने से नीचे प्रयत्नशील व्यक्तियों को तिरस्कारपूर्ण सहनशीलता से देखता है । शायद ऐसा कुछ कहते हुए –

"There is no better way
Than patient scorn, nor any help for man,
Nor any staying of his whirling wheel"

"एक धीर उपेक्षा के अलावा,
है ही नहीं कोई और रास्ता ।
मानव के लिए न तो कोई और सूरत है,
और न ही उसके भाग्यचक्र के रुकने की सम्भावना" ।

इसीलिए आकांक्षी साधक को, अपने आप को अपने बन्धुजनों से अलग मानने की, प्रवृत्ति से सावधानी के साथ बचना चाहिए । ऐसा वह कल्पनाशील सम्वेदना के प्रयत्न द्वारा ही कर सकता है । उसे सदैव यह चेष्टा करनी चाहिए कि वह अपने को उन व्यक्यिों के हृदय में रख सके जिन से वह अपने दैनिक जीवन में मिलता है; परिस्थितियों को उनके दृष्टिकोण से देख सके; घटनाओं, तथा विशेषकर उसके अपने कर्मों, का उन पर असर ऐसे महसूस कर सके जैसे वे महसूस करते । इस तरह वह उनकी बुराइयों का खाता खोलने के बजाय उन्हें समझने लगेगा और यह सीखेगा कि उसके दुश्मन वैसे बदमाश नही हैं जैसे वह सोचता था, बल्कि सिर्फ़ मूर्ख लोग हैं जो उस ही की तरह अपने ध्येय के बारे में अपने को धोखा दिया करते हैं ।

अपने को इस तरह सिखाता हुआ, साधक धीरे धीरे उन दीवारों को तोड़ता चला जाता है जो उसे उसके स्वजनों से अलग किये रहती हैं। अब उस में अहंकार रहित भाव से विचार व कर्म करने की शक्ति आ जायेगी, क्योंकि वह अब केवल अपने ही दृष्टिकोण में फँसा नही रहेगा। उस के कर्म ऐसे हो जायेंगे जो प्रत्येक सम्बन्धित व्यक्ति के लिए कल्याणकारी होंगे और इसलिए उसका शरीर अपनी स्वार्थी कामनाओं को तृप्त करने का उपकरण न रह कर सब की आवश्यकताओं को पूरा करने का साधन बन जायेगा। जो सबको आच्छादित किए है वही उसके द्वारा कर्म करेगा, चाहे वे, जिनका काम वह करता है, इससे अनभिज्ञ हों।

अब मन और उसकी विचार प्रणाली पर फिर ध्यान दिया जाए। क्योंकि जैसा *मैत्रि उपनिषद्* में और आगे कहा गया है "मन ही मनुष्य के बन्धन व मुक्ति का कारण है"। कामना की वाणी पर कान दे कर मन ही हमें हमारे दुःखों में ले आता है। इन्द्रियों के लालच में फँस कर उसकी उड़ान की स्वतंत्रता जाती रही है और उसके पैर कीचड़ में धँस गए हैं। चूँकि बात ऐसी ही है कुछ लोग बलात इन्द्रिय निग्रह कर अपने को मुक्त करने का प्रयास करते है और आत्मा को बचाने के लिए शरीर को यातना देते हैं। ऐसी अपने ऊपर थोपी यातना नाना प्रकार की होती हैं – भोंडे सनसनी खेज व्रत उपवासों व कीलों के आसन से लेकर ऐसे सूक्ष्मतर शुद्धिवाद तक जो शरीर के सब सुखों को पाप मान कर उनसे बचने को कहते है।

भोंडा हो या परिष्कृत ऐसा सब आत्मपीड़न अनुचित होता है। हमारे अस्तित्त्व के इस स्तर पर मन शरीर से कोई एकदम अलग चीज़ नही है। जैसा द्रष्टा-कवि विलियम ब्लेक (William Blake) ने कहा था "अपनी आत्मा से अलग मनुष्यों का कोई शरीर नही होता। जिसे शरीर कहते हैं वह आत्मा का ही वह अंग है जिसका बोध इन्द्रियों द्वारा हो सकता है और इन्द्रियाँ ही इस युग में आत्मा के 'मुख्य द्वार हैं'"।

यह सच है कि शरीर को दुर्बल कर कुछ अलौकिक दर्शन व अनुभव प्राप्त हो सकते हैं। परन्तु यह भी सच है कि ऐसे दर्शन अविश्वसनीय स्वप्न चित्र होते हैं जिन्होंने कितनों को ही मार्ग भ्रष्ट कर दिया है क्योंकि यातना पीड़ित शरीर मन पर प्रतिक्रिया कर उसकी दृष्टि को तोड़ मरोड़ देता है, और मन अपनी कामनाओं के विकृत चित्रों को ही

सत्य मान बैठता है । संसार के बहुत से ऊलजलूल व कट्टर सम्प्रदायों का आरम्भ ऐसे ही हुआ है और कितने ही असली योगी अपने को स्वनिर्मित भ्रमों में खो बैठे हैं ।

मन को मुक्त करने का सब से अच्छा तरीका शरीर को दुर्बल बनाना नही बल्कि मन को ही निरंतर अभ्यास से सबल बनाना है । जो कुछ भी अस्पष्ट हो, जो कुछ भी जीवन में पहेली सा लगता हो, उस पर लगातार तब तक मनन करना चाहिए जब तक उत्तर न मिल जाय । इस में बहुत समय लग सकता है, विशेष कर आरम्भ में, लेकिन मनन में डटे रहे तो उत्तर अंत में अवश्य आयेगा । परन्तु यह आवश्यक है कि मन में समस्या को स्पष्ट रूप से रखा जाए और उसका अभिप्राय साफ़ हो । ऐसे प्रश्न का कोई उत्तर नही हो सकता जो ऐसे ढंग से सामने रखा गया हो कि उसका अभिप्राय ही स्पष्ट न हो । परन्तु यदि प्रश्न स्पष्ट हो और उस पर अनवरत अथक मनन किया जाय तो उत्तर अवश्य मिलेगा और इस से भी अधिक महत्त्व की बात यह है कि इस अभ्यास से मन सबल होगा । लेकिन कठिन समझ कर यदि अभ्यास को छोड़ दिया जाय और प्रश्न को उलझी समस्याओं की सूची में डाल दिया जाय तो मन उतना ही दुर्बल हो जायेगा ।

मन को ऐसे सबल और सघन करना अत्याधिक महत्त्व का है क्योंकि वास्तविक चैतन्य की ओर जाने का मुख्यद्वार मन ही है, और जैसा कि *कठोपनिषद्* में कहा गया है "*मनसैवेदमाप्तव्यं* – यह (*आत्मन्*) मन के द्वारा प्राप्त करने योग्य है" । जो लोग सदा यह मानते आये हैं कि योग चित्तवृत्तियों का निरोध करना है या जिन्होंने यह पढ़ा है कि "मन सत्य का हनन् करने वाला है" उन्हें यह बात कुछ अजीब लग सकती है । परन्तु मन के दो पहलू होते हैं, एक उच्चस्तरीय और एक निम्नस्तरीय, जो इस बात पर निर्भर होते हैं कि मन कामना से मुक्त है या युक्त (*मैत्रि उपनिषद्* 6.34 देखिए) । कामनायुक्त निम्न पहलू ही "सत्य का हनन् करने वाला" होता है । जहाँ तक चित्तवृत्तियों के निरोध का सवाल है, बात यह है कि साधक जब अपनी चेतना को मानसिक द्वार से हो कर उस पार के उच्च स्तर पर ले जाने में समर्थ होता है तब ही यह निरोध हो पाता है । उस उच्च स्तर पर अविक्षुब्ध रूप से स्थित होने पर मानसिक हलचल कम होते होते बिल्कुल बन्द हो जाती है । परन्तु जिन्होंने भी मन को शांत करने का प्रयास किया हो वे जानते हैं कि नीचे से की गई कोशिश हमेशा असफलता ही प्रदान करती है ।

सबसे पहला कदम मन को ढूँढ निकालना है । यूँ करने को तो हर कोई अपने मन व अपने विचारों के बारे में बात कर लेता है परन्तु सच तो यह है कि जिसे हम मनन कहते हैं उसमें से अधिकांश केवल वह है जिसे व्यवहार शास्त्री (Behaviourists) "शाब्दिक वृत्ति" कहते हैं – कामना की तरंगों पर तैरते कल्पना के टूटे फूटे अंश । यद्यपि सब ही अपने को अपने मन का स्वामी मानते हैं तथापि इस वक्तव्य का अर्थ समझने वाले बिरले ही होते हैं । इसलिए पहला कदम अंतर्मुखी दृष्टि द्वारा यह ढूँढने का होता है कि "मन" से हमारा तात्पर्य क्या है । इस मन की परिभाषा दे डालने में समर्थ होना आवश्यक नही है परन्तु यह आवश्यक है कि ढूँढने वाला स्वयं इसे पहचान सके, इसे अलग कर सके, और अपने अनुभव में इसे जान ले, भले ही वह शब्दों में इसका पूरा विवरण न दे सके ।

मन को जान लेने के बाद, ऐसे जान लेने के बाद जैसे कोई लाल रंग को जान पहचान लेता है, यद्यपि लालिमा की परिभाषा नहीं दी जा सकती, अगला कदम अपने आप को मन से पृथक करना है । अपने से यह सवाल पूछना चाहिए "यह मन किसका है और यह 'मैं' कौन है जिसने इसे खोज निकाला है तथा जो इसके बारे में सोच रहा है?" यहाँ भी शाब्दिक उत्तर नितांत निरर्थक होगा । पहले तो मन को एक बिल्कुल अलग व स्पष्ट वस्तु के समान देख सकना चाहिए और फिर जैसे दृष्टि को मोड़ कर यह देख सकना चाहिए कि वह मन को देखने वाला कौन है । यहाँ हमारा इरादा उत्तर देने का नही है क्योंकि एक तो साधना का मुख्य अंग यह है कि हम उत्तर स्वयं निकालें, दूसरे जो कुछ भी उत्तर शब्दों में दिया जायेगा उसके अर्थ विभिन्न पाठक अलग अलग लगायेंगे । यह तो अपने आप देखने की बात है ।

अपने को मन से वियुक्त कर लेने के बाद अगला क़दम है उस में आने और जाने वाले विचार प्रवाह पर शांत भाव से नज़र रखना – वैसी ही तटस्थता से उन्हें देखना जैसे अपनी खिड़की के सामने आने जाने वालों को देखा जाता है । साधक को सावधानी से यह देखना चाहिए कि विचार कैसे एक दूसरे से जुड़ शृंखलाबद्ध होते हैं और किन नियमों का पालन करते हैं । ठीक जैसे सड़क पर एक विशेष प्रकार के बैंड के बाद सैनिकों की टोली और शव के बाद रोने वालों की भीड़ आती है, वैसे ही किन्ही विशेष मनोस्थितियों के बाद, जिनकी पहचान उसे कर लेनी चाहिए, कुछ अन्य विशेष प्रकार की मनोस्थितियाँ आती हैं, कोई लाभदायक कोई हानिकारक ।

उदाहरण के लिए, अवसाद की एक विशेष मनोस्थिति होती है – सब कुछ विधि के हाथ होने और संघर्ष की व्यर्थता का भाव – जो कभी कभी "हरि इच्छा की स्वीकृति" या "परमेश्वर के आगे समर्पण" जैसे "आध्यात्मिक" वेष में सामने आती है । परन्तु असली आध्यात्मिक मनोस्थिति की यह एक विकृत तामसिक झाँकी मात्र है क्योंकि इसके उपरांत आने वाली विचार शृंखला स्पष्टतः कमज़ोर करने वाली तथा निकृष्ट होती है । यह उदाहरण यह दिखाने के लिए दिया गया है कि प्रत्येक मानसिक दशा के फल को मानना आवश्यक है ताकि यह मालूम हो जाए कि वह लाभप्रद होता है या हानिकारक । यह याद रखना ज़रूरी है कि यह अभ्यास केवल ध्यान लगाने के समय ही करने के लिए नही है बल्कि हर समय किया जाना चाहिए। इस संदर्भ में यह भी कह देना चाहिए कि बौद्ध *अभिधर्म* साहित्य में मानसिक दशाओं के जटिल पाण्डित्यपूर्ण वर्गीकरण और विश्लेषण का आधार यही प्रक्रिया है । परन्तु किताबी ज्ञान से काम नहीं चलेगा । प्रत्येक व्यक्ति को अपनी मानसिक दशाओं की जानकारी अपनी प्रत्यक्ष अनुभूति से करनी होगी । और यदि कोई पाठक ऐसा समझते हों कि उन्हें बिना और अभ्यास किए इनका पहले से ही ज्ञान है तो वे विश्लेषणात्मक मनोविज्ञान का थोड़ा अध्ययन कर लें जिस से उन्हें शीघ्र पता चल जायेगा कि वे अपने मन में चलती ऊहापोह के बारे में कितना कम जानते हैं ।

विभिन्न विचारों व भावनाओं के विभिन्न फलों को देख लेने के बाद, स्पष्ट है, कि अगला क़दम यह है कि अपनी शक्ति लगा कर इन विचारों व भावनाओं का निर्देशन किया जाए। हानिकारक परिणाम पैदा करने वाली मनोस्थितियों को उनके प्रभावों के प्रत्यक्ष होने से पहले ही छाँट लेना चाहिए, और ऐसा करने का सब से सरल तरीका यह है कि उनकी ठीक विपरीत स्थितियों का आह्वान किया जाय। परन्तु जो विचार लाभदायक पाये गये हों उन्हें बढ़ावा देना चाहिए । एक बार फिर यह कहना आवश्यक है कि यह सब स्वयं करने का कार्य है । पुस्तकों में लिखे कोई क़ायदे क़ानून या कट्टर नैतिक नियम इस प्राणमय व्यक्तिगत अनुभव की जगह नही ले सकते। यदि इस अनुभव को निस्सार होने से बचाना है तो रुढ़िवादी पूर्वाग्रहों से पूरी तरह मुक्त होना आवश्यक है ।

जिस विशेष आदत को बहुत सावधानी से रोकना चाहिए, वह है मन को बिना किसी ध्येय के, एक विषय से दूसरे पर भटकने देना, एक से दूसरे पर बिना किसी नियंत्रण के यकायक उड़ने देना और फिर ऐसे ही

पहले पर वापस आने देना । मन की यह आदत योगाभ्यास के लिए घातक है क्योंकि ऐसा चलन कामना प्रेरित मन का होता है और कामना की बागडोर से उसे छुड़ाना ही तो योग का उद्देश्य होता है । ऐसी मुख्यतः अचेतित विचारधारायें गहरी व अँधेरी होती हैं, और जब मन उछलकूद में रत, या लक्ष्यहीन भटकता, होता है तो यह सदैव इस बात का द्योतक होता है कि कामनाओं का कुटिल षडयंत्र चल रहा है और उसे रोकना चाहिए । जिस किसी बात पर विचार किया जा रहा हो बस उसी को पूरी मानसिक प्रक्रिया का विषय होना चाहिए । चाहे कितनी ही बार मन को ज़बरन वापस लाना पड़े, तब तक समझने के प्रयास को नहीं छोड़ना चाहिए जब तक समस्या एकदम स्पष्ट न हो जाए । बहते या उछलकूद मचाते मन को वश में लाने का तरीका यह है कि उस से अपने को अलग कर यह देखा जाय कि वह कहाँ और क्यों जा रहा है । जब यह पता लग जाय तो अकसर फिर से नियंत्रण स्थापित करना काफ़ी आसान हो जाता है । केवल बलपूर्वक उसे पकड़े रहने से सफलता की अधिक आशा नहीं रहती । जैसे जापानी कला *ज्यू-जित्सू* में होता है, पाशविक बल नहीं बल्कि दक्षता से काम बनता है ।

अब जिस अगले विषय के बारे में चर्चा करनी चाहिए उसका ज़िक्र पिछले पन्नों पर दिया जा चुका है, परन्तु उसके महत्त्व, व विवेचन की पूर्णता, के लिए इसका उल्लेख फिर किया जाना आवश्यक है । जब भी मन के सामने दो रास्ते आते हैं तो ऐसा एक अन्तर्बोध, चाहे वह धुँधली सी भावना के रूप मे ही क्यों न हो, अवश्य मौजूद रहता है कि कौन सा रास्ता ठीक और कौन सा ग़लत है, या कम से कम यह कि दोनों में से कौन सा बेहतर है । जैसा कि *कठोपनिषद्* में कहा गया है "श्रेय" एक बात है और "प्रेय" दूसरी ।

यह अंतर्बोध सदा उपस्थित रहता है, परन्तु यदि इसका ठीक से परिपालन न किया जाए तो इसकी ज्योति मन्द ही रहती है और हमारी आँखों को नज़र नहीं आती । परन्तु होता यह परम महत्त्व का है, क्योंकि यह उस द्वार की कुञ्जी है जो निम्नस्तरीय *मनस्* से उच्चस्तरीय और उसके पार ले जाती है । इसलिए इसका बड़ी सावधानी से पालन-पोषण करना चाहिए जो कि इसे सदा ध्यान में रखने से और इसका अनुसरण करने से होता है । ठीक जैसे किसी इंजीनियर का सधा हुआ कान अपने इंजन में एक छोटी सी अटपटी

आवाज़ को भी पहचान लेता है, यद्यपि साधारण अप्रशिक्षित कान को कुछ सुनाई नहीं देता, वैसे ही जिज्ञासु को भी सूक्ष्म आंतरिक वाणी सुनने के लिए तत्पर रहना चाहिए और सुन कर इस अंतर्बोध को अपनी मानसिक प्रक्रिया का निर्देशन करने देना चाहिए। ऐसा करने पर ही वह अपने उच्चतर मानस को निरंतर सक्रिय बनाये रख सकता है। यह अति दुर्गम पथ है और कोई आश्चर्य की बात नहीं कि बहुत से मनोवैज्ञानिक हार मान लेते हैं और दावा करने लगते हैं कि मन अनिवार्य व स्थाई तौर पर कामना का दास होता है। परन्तु इस अवसाद के दलदल से बाहर निकलने का रास्ता है, और उक्तलिखित रीति से ध्यानाभ्यास करना ही इस रास्ते पर चलने का सब से अच्छा तरीका है।

अब हम इन्द्रियों को वश में करने की उस समस्या पर आते हैं जिसे कई लोग सब से पहले ही हल करना चाहते हैं। परन्तु साधना के चार चरणों के शास्त्रीय विवरण[2] में इन्द्रियों का नियंत्रण "*दम*" मन के नियंत्रण "*शम*" के बाद आता है, पहले नहीं। जैसा कि सांख्यवाद में बहुत पहले सिखाया गया था, इन्द्रियाँ मन रूपी इन्द्र से उत्पन्न होती हैं। मन को क़ाबू करने से पहले इन्द्रियों को क़ाबू करना ऐसा ही है जैसे किसी नाव की तली के छेद को बन्द किये बिना उसके पानी को उलीचते जाना।

परन्तु अब इन्द्रियों को भी वश में करना होगा, और ऐसा उन्हें आन्तरिक वाणी द्वारा नियंत्रित मन के नेतृत्व में रख कर किया जाता है। यह तरीका *कठोपनिषद्* में भी दिया गया है, जहाँ शरीर की रथ से, इन्द्रियों की घोड़ों से, मन की लगाम से, और बुद्धि (अन्तर्बोध, जिससे सही-ग़लत का निश्चयात्मक ज्ञान होता है) की सारथी से, तुलना की गई है और फिर कहा गया है कि "जो बुद्धिवान हो, जिसका मन सदैव (इस बुद्धि) से युक्त हो, उसकी इन्द्रियाँ वैसे ही नियंत्रण में रहती हैं जैसे किसी सारथी के उत्तम घोड़े"।

इस तरह यह बात समझ में आती है कि प्रायः सुनी जाने वाली वह राय, कि पहले इन्द्रियों का और फिर मन का नियंत्रण किया जाय, न केवल औपनिषदिक शिक्षा के बल्कि तथ्यों के विपरीत भी है। मन

---

[2] *साधना चतुष्टय* के चार चरण हैं : *विवेक, वैराग्य, षटसम्पत्ति* और *मुमुक्षुत्व*। छै सम्पत्तियाँ *शम, दम, उपरति, तितिक्षा, श्रद्धा* व *समाधान* मानी जाती है। (अनुवादक)

के नियंत्रण के बिना इन्द्रियों का नियंत्रण असम्भव है । लेकिन जब मन को आन्तरिक वाणी का कहना मानने की आदत पड़ जाय, तब यह काम काफ़ी आसान हो जाता है ।

इन्द्रियों को अपनी इच्छानुसार मनमानी करने की अनुमति नही देनी चाहिए । उनके द्वारा जो भी अनुभव प्राप्त होता है उसका कुछ निर्दिष्ट उद्देश्य होना चाहिए और इस उद्देश्य को स्पष्ट रूप से मन में स्थापित करने के बाद ही इन्द्रियों को अपना काम करने देना चाहिए । बाद में योगी स्वेच्छानुसार अपनी चेतना को इन्द्रियों से हटा कर उन्हें पूर्णतः निष्क्रिय कर सकेगा परन्तु इन प्रारम्भिक चरणों में साधक के लिये यह असम्भव न भी हो तो कठिन अवश्य होगा, और इसलिए उसे इन्द्रियों को अपने नियंत्रण में काम करने देने से ही सन्तुष्ट रहना पड़ेगा ।

और इन सब बातों से आवश्यक यह है कि साधक ज़बरदस्ती कर इन्द्रियों का हनन करने की चेष्टा न करे । दारुण दमन नहीं, सहज संयत आचरण आवश्यक होता है । दमन के परिणाम विनाशकारी होते हैं क्योंकि जैसे जैसे यातना द्वारा बाहरी इन्द्रियाँ सुन्न होती जाती हैं वैसे वैसे ही स्वप्न या कल्पना में प्रव्यक्त होने वाली आन्तरिक इन्द्रियाँ आपे से बाहर होती जाती हैं, और सारी मानसिक शांति को नष्ट कर देती हैं । इसलिये प्रसिद्ध संत एन्टनी (St. Anthony) जैसे तपस्वी सदैव इस भ्रम के शिकार होते हैं कि असुर उन्हें त्रास पहुँचाने, और उनकी साधना भंग करने, के प्रयत्नों में जुटे हुए हैं । इन्द्रिय दमन योग नही है और ऐसा करने वाले सामान्य तपस्वी की आँखों में वह शांत संतुलन व आंतरिक अविक्षुब्धता कभी नज़र नही आती जो सच्चे योगी की पहचान है । यह कभी नही भूलना चाहिए कि अपनी बाहरी संगिनियों के बलपूर्वक दमन का बदला आन्तरिक इन्द्रियाँ (कुछ आधुनिक मनोवैज्ञानिकों के अनुसार जो "अचेतित"[3] से सम्बन्धित होती हैं) बहुत भीषण रूप से लेती हैं । ऐसी उलटी सीधी क्रियाओं के फलस्वरूप मनस्ताप, और कभी कभी विक्षिप्ति भी हो सकती है । आन्तरिक शांति तो इस सब कुछ से मिल ही नही सकती ।

बाहरी दमन करने के बजाय साधक को यह समझने की चेष्टा करनी चाहिये कि इन्द्रियाँ किसी विशेष तरीके से क्यों काम करना चाहती हैं । अपने नियंत्रित मन को उनकी कार्यवाही पर केन्द्रित कर

---

[3]पहला फुट नोट देखिये ।

उसे तसल्ली से यह देखना चाहिये कि क्रिया विशेष के फल शुभ हैं या हानिकारक। यदि फल अच्छे हैं तो उस क्रिया को खुल कर कार्यान्वित होने देना चाहिए और इस बात से झिझकना नही चाहिए कि उससे जनित सुख ऐन्द्रिक हैं। यदि फल बुरे हैं तो उस क्रिया को अपने मन के बल द्वारा रोकना चाहिये। इस व अन्य कार्यो में उसे भगवान बुद्ध की इस गूढ़ सीख पर चलना चाहिए –

> "जब सुख या इन्द्रिय विषयों का अनुसरण करने से मैंने यह देखा कि दुर्गुणों में वृद्धि व सद्गुणों का क्षय हो रहा है तो, मैंने यह माना कि ऐसे सुख तथा इन्द्रिय विषयों से बचना चाहिए। जब मैंने इसमे विपरीत फल देखे तो इनका अनुसरण करना ठीक समझा" ।(*दीघ निकाय* 21, थोड़ा बहुत संक्षिप्त ।)

साथ ही स्वयं मन ही पर ऐन्द्रिक विचारों का आक्रमण और उनकी विजय नही होने देनी चाहिये। अनाड़ी मन तो अपने को कामना जगत से निकले ख़यालों के टिड्डीदल के हवाले करने को तैयार बैठा रहता है। परन्तु यह जान कर कि यह पतन का मार्ग ख़तरनाक है, अनुशासित मन सावधानी से अपने को इस स्थिति से बचायेगा, और चाहे वह आन्तिरिक व बाहरी इन्द्रियों को कितना भी क्रियाशील क्यों न रहने दे, अपनी सतर्कता को नीचे चलती ऐन्द्रिकधारा से अछूता तथा अविक्षुब्ध बनाए रखेगा।

एक और चेतावनी दे दी जाए। साधक कभी भी ऐसा न करे कि अपने अन्दर कोई डरावनी बात दिखाई दी और भाग खड़ा हो। उक्तलिखित अभ्यासों से उसे अपने (और दूसरों के) स्वभाव के बारे में गहन अन्तर्दृष्टि प्राप्त हो जायेगी, और उसे अपने अन्दर कई ऐसी बातें मिलेंगी जिनकी उसने पहले कल्पना भी न की होगी। जो कुछ वह देखेगा उसमें से बहुत सा अत्याधिक अप्रिय होगा, क्योंकि जहाँ यह सच है कि हमारे अन्दर एक देवता का निवास है, वहाँ यह भी कम सच नही कि वहाँ एक शैतान का भी घर है जो बड़े से बड़े संत पुरुषों में भी छद्मवेष में रहता है। परन्तु जो कुछ भी उसे अपने मन में दीखे वह चाहे कितना ही भयानक क्यों न हो, और उसकी उपस्थिति की अनुभूति होने पर साधक को चाहे कितना ही धक्का क्यों न लगा हो, उस सब का सामना पूर्ण निर्भीकता व ईमानदारी से करना चाहिए। यदि हम उस भयावहता से आँखें बन्द कर भाग जाते हैं, अथवा उस के अस्तित्त्व को अस्वीकार कर देते हैं तो आगे की सब

प्रगति रुक जाती है । ऐसे में हमारे हृदय वैसे नीरव मन्दिर नही रहेंगे जिनमें हम शांति व प्रसन्नता के साथ रह सकें, बल्कि भुतहे मकान हो जायेंगे, उन्ही भयावहता के भूतों से भरे जिनके बारे में जानते हुए भी हम उन्हें मानने को तैयार नहीं हो । अपने अन्दर जो कुछ भी हो उसे शांत दृष्टि से देखना चाहिए । यदि वह हानिकारक हो तो उसे क़ाबू में करके नष्ट कर देना चाहिए । परन्तु किसी भी दशा में उससे डर कर भागना व उससे इन्कार नही करना चाहिए, वर्ना जोब (जेब) के समान हमें भी कहना पड़ेगा "जिससे मैं बहुत डरता था वह मुझे हो ही गया" । और यह बात उन बाहरी भयास्पद स्थितियों के लिए भी उतनी ही सही है जितनी उन आन्तरिक प्रवृत्तियों के लिए जिनका सामना मन नही कर सकता । दोनों पर ही विजय प्राप्त करनी चाहिये ।

विजय प्राप्ति का तरीका ऊपर दिया जा चुका है । अन्तर्बोध निर्देशित मन द्वारा मार्गदर्शक व नकेल दोनों का काम लेते हुए आन्तरिक इन्द्रियों की उच्छृंखल मनोरथ सृष्टि को नियंत्रित करना चाहिए । ऐसा होने पर बाहरी ऐन्द्रिक जीवन भी नियंत्रित हो जायेगा, ठीक वैसे ही जैसे किसी घोड़े के पूरे शरीर का रुख़ केवल उस के सिर की दिशा बदलने से ही बदल जाता है । उदाहरण के लिये, कितने ही साधक अपनी कामेच्छा से संघर्ष में सिर्फ़ इसलिगे निरंतर हारते जाते हैं क्योंकि वे उसकी आन्तरिक मनोरथ सृष्टि को खुली छूट देते हुए केवल बाहरी प्रव्यक्ति को ही वश में करने की कोशिश करते हैं । जितनी ही बाहर की रोकथाम बढ़ती है उतनी ही अन्दर की मनोरथ सृष्टि उच्छृंखल होती जाती है । इसके विपरति यदि पहले आन्तरिक नियंत्रण किया जाय तो बाहरी समस्या स्वयं ही हल हो जाती है ।

और, अन्त में, साधक को निराशा की भावना से बचना होगा । यह इस पथ का एक बहुत बड़ा फंदा है । मार्ग दुस्तर है क्योंकि पूरे व्यक्तित्त्व का ऐसे पुनर्गठन करना होता है कि वह नीचे नही ऊपर केन्द्रित हो । इस बात को ध्यान में रखते हुए कि हम अधोगामी पथ पर अगणित जन्मों से चलने के आदी हैं, और अधिकांश लोगों के लिए पूरा सामाजिक, साहित्यिक व वैज्ञानिक माहौल ऐसा होता है कि हमारे संघर्ष में सहायता देने के बजाय वह अवरोध पैदा करता है, प्रगति की मन्द गति पर आश्चर्य नहीं होता । चारों तरफ़ ऐसे लोग भरे पड़े हैं जो कहते हैं कि यह रास्ता असम्भव है, या झूठा है, और ऐन्द्रिक जीवन से संतुष्ट रहने की नेक सलाह देते हैं । तथाकथित धार्मिक

व्यक्तियों से भी कुछ सहायता नही मिल पाती क्योंकि मुँह से तो वे एक बात कहते हैं परन्तु हृदय में उसके उलटे की ही आशंका करते हैं । इसीलिए यह स्वाभाविक है कि समय समय पर निराशा व अवसाद पूर्ण विचार हृदय में घुस आएँ और यह फुसफुसाएँ कि इतने वर्षों में कुछ भी प्रगति नही हुई है ।

परन्तु ऐसे प्रलोभक विचार झूठे होते हैं और जिसने अपने मन को योग द्वारा सबल बना लिया हो वह जानता है कि वे झूठे हैं । यदि वह अपने अभ्यास में दृढ़ रहेगा और ऐसी मनोस्थितियों की उत्पत्ति के कारणों का अध्ययन करेगा तो जान जायेगा कि निस्संदेह वे यश की कामना, सिद्धियाँ या अन्य बाहरी तामझाम प्राप्त करने के स्वार्थी विचारों से पैदा होती हैं । ये विचार शायद थकन या अस्वस्थता जन्य मानसिक नियंत्रण की दुर्बलता का फ़ायदा उठा कर, पहले किये गये दमन का बदला लेने के लिए सिर उठाते हैं, और जहाँ तक उनकी पहुँच हो सकती है वहाँ तक सब कुछ कलुषित कर डालते हैं । सार रूप में यह वही प्रक्रिया है जो उस छोटे बच्चे में देखने में आती है जो अपने मन माफ़िक कोई बात न होने पर रूठ कर "हम नही खेलते" का रवैया अपना लेता है (क्या ही अच्छा होता कि यह बात छोटे बच्चों तक ही सीमित रहती) । इस मामले में भी योगाभ्यास द्वारा मन को सबल बनाना ही इन काली मनोस्थितियों से बचने का बड़ा अच्छा तरीका है ।

सब से अच्छी इमारती लकड़ी उन पेड़ों की होती है जो धीरे धीरे बढ़ते हैं । जो कछ महीनों या वर्षों के अभ्यास से ही पूर्ण योगी हो जाने की आशा लगाये हो उसे निराशा ही मिलेगी । अच्छा हो कि वह इस बखेड़े में पड़े ही नही । परन्तु जिसमें अपने अन्दर जो कुछ है उसे देखने की सत्य निष्ठा और हिम्मत है, भीतर बाहर के हर अवरोध के बावजूद अपने संघर्ष में जुटे रहने की लगन है और यह स्वीकार करने की विनम्रता है कि उसने जो कुछ भी किया है वह एक लम्बी यात्रा पर रखे गये प्रथम चरण ही हैं, उसे अवश्य ही ऐसी उपलब्धि होगी जिसे वह समस्त संसार के बदले भी देने को तैयार नही होगा, क्योंकि जैसा श्रीकृष्ण ने *गीता* में सिखाया है योग का जिज्ञासु भी साधारण मतवादों की आशाओं व आशंकाओं के पार चला जाता है और "*स्वल्पमप्यस्य धर्मस्य त्रायते महतो भयात्* – इस मार्ग का थोड़ा सा अंश भी महान भय से मुक्ति प्रदान करता है" ।

2

प्रतीकवाद और ज्ञान

सारे भारत में और सारे युगों में एक ऐसी परम्परागत मान्यता रही है कि एक आश्चर्यमय गुप्तज्ञान है और उस तक पहुँचने वाला एक गुप्त पथ भी है। प्रचीन भारत में सैकड़ों की तादाद में युवाजन, घरबार व रूढ़िवादी धर्म से नाता तोड़कर, वनों व दुर्गम पर्वतों में उसे ढूँढते फिरते थे। यूनान और मिस्र में लोग इसकी तलाश "रहस्यों" में दीक्षित हो कर करते थे और जिन युगों में रोमन कैथलिक चर्च का यूरोप पर लगभग एकछत्र अधिपत्य था, उन दिनों भी कुछ व्यक्ति और संगठित समुदाय कीमियागारों (alchemists) के वेष में इसी खोज में लगे रहते थे। और फिर "पुनीत चषक" (Holy Grail) की वीरोचित खोज भी तो थी जो प्राचीन रहस्यों की परम्परा में आती थी, हालाँकि चर्च ने उसके प्रतीकों को बाहरी तौर पर ईसाई रंग देकर अपना अंग बना लिया था।

तथाकथित जंगली जातियों में भी आजतक गुप्त दीक्षायें होती हैं, और ऐसे व्यक्ति पाये जाते हैं जो अपने धनुष-बाण व बल्लम-भाले, तथा अन्य जो कुछ भी आदिम जीवन के लिए महत्वपूर्ण लगता है उसे, छोड़ कर ऐसी खोज में लग जाते हैं जिसका वे स्वयं ठीक से निरूपण नही कर पाते। सर जेम्स फ्रेज़र ने अफ्रीका की ऐसी गुप्त संस्थाओं के बारे में लिखा है जिनके सदस्य एक जादुई नीद के बाद पुनर्जीवित होते हैं। सदस्यों को एक गुप्त भाषा की आरम्भिक शिक्षा दी जाती है और कम से कम एक संस्था में दीक्षितों को "अँआँ" यानि ज्ञानी[1] कहा जाता है।

मानवजीव शास्त्री व मनोवैज्ञानिक समझते हैं कि वे इन दीक्षाओं के बारे में सब कुछ जानते हैं और वे इन्हें बहुत घटिया मानते हैं। हम तो बस जोब के समान यही कह सकते हैं कि "निस्संदेह आप ही ख़ास लोग हैं और ज्ञान ज़रूर आपके साथ समाप्त हो जायेगा, पर समझ हम में भी है"।

---

[1] *द गोल्डन बाउ (बाल्डर द ब्यूटिफुल)* [*The Golden Bough (Balder the Beautiful)*] **देखिए। अध्याय 11।**

यह एकदम असत्य है कि ऑसिरिस (Osiris) एक वनस्पति है और अपोलो (Apollo) एक सौर मिथक का पात्र । और यदि इस प्रकार से बात करनी ही है तो हमें यह कहना चाहिए कि वनस्पति ऑसिरिस-मिथक और सूर्य अपोलो-मिथक के अंग हैं क्योंकि अपोलो, ऑसिरिस और अन्य इस प्रकार के पद उन से ऊँचे दर्जे के तथ्यों के लिए उपयोग किये जाते हैं जिनसे भौतिक वैज्ञानिकों का वास्ता होता है । इसीलिए तो भौतिक वैज्ञानिकों के लिए इन तथ्यों को पकड़ पाना असम्भव है । उनका जाल इतना घटिया होता है कि उसमें भौतिक तथ्यों के अलावा और कुछ अटक ही नहीं सकता । जिन भौतिकतर तथ्यों को ऑसिरिस, अपोलो इत्यादि नाम दिये जाते हैं उनको नाना प्रकार से प्रतीयमान किया जाता है, मुख्यतः उन विशाल प्राकृतिक प्रक्रियाओं से जो आंतरिक प्रक्रियाओं के भौतिक स्तर पर प्रव्यक्त होने के कारण ही इतने उचित प्रतीक रहे हैं । परन्तु यह समझना एक बड़ी भारी भूल होगी कि भुट्टा, लिंग, सूर्य आदि प्रतीक – जैसा हम देखते या समझते हैं – वही हैं जिन्हें ये प्रतीयमान करते हैं ।

यहाँ हमारा इरादा महान रहस्यों के तत्त्व का अनावरण करना नहीं है – अगर अदीक्षित जन के लिए ऐसा कर पाना सम्भव होता, तो भी । ज्ञान तो मौजूद है ही और जो उसे ठीक से और पूरी निष्ठा से खोजते हैं वे उसे स्वयं ही ढूँढ निकालते हैं । विज्ञान का उद्देश्य विश्व के उन पहलुओं का सुसम्बद्ध विवरण देना है जो (इस युग विशेष में) हमारी भौतिक इन्द्रियों के सन्मुख उपस्थित किए गए हैं, और ऐसे विवरण से हमारा कोई झगड़ा नहीं है । परन्तु जब वैज्ञानिक, प्रत्यक्ष या परोक्ष रूप से, यह दावा करने लगते हैं कि ऐसा ज्ञान ही एकमात्र वास्तविक ज्ञान है, कि भौतिक इन्द्रियों का जगत ही एकमात्र वास्तविक जगत है, तो हम यही कहेंगे कि वे ग़लत हैं और उनकी दुनिया वास्तविकता का सब से बाहर वाला आवरण है । भौतिकशास्त्र-विद् के इस विचार से भी हम सहमत नहीं कि अपने रंगों, स्वादों व ध्वनियों से भरपूर यह इन्द्रिय जगत केवल किसी फीके, रंगहीन, निःस्वाद, ध्वनिरहित व अन्य गुणहीन जड़ पदार्थ (*अधिभूत*) की दिखावट मात्र है । और इस से भी कम सहमति हमारी इस विचार से है कि वास्तविकता गणित का समीकरण समूह या औपचारिक विन्यासों का संकलन है । इस अंतिम मत वालों से हमारा प्रश्न है : काहे का विन्यास? किस का समीकरण? बिना वस्तु विषय के कोई समीकरण नहीं हो सकता और यह सोचना, कि हो सकता है, उस ग़लती को करना है

जिसे व्हाइटहॅड (Whitehead) ने "असार वास्तविकताओं की ग़लती (the fallacy of vacuous actuality)" कहा है । हमें याद रखना चाहिए कि जैसा व्हाइटहॅड का कहना है "अनुभव कर्ताओं के अनुभवों के अतिरिक्त और कुछ नही, नही, क़तई नही है"[2] ।

हमने एक गुप्त विद्या का ज़िक्र किया है, और स्वभावतः प्रश्न उठता है कि यह विद्या कहाँ मिले । क्या इसकी खोज जानी पहचानी पुस्तकों व विवरणों में या साधारण मनुष्यों की आँखों से दूर गुप्त पुस्तकालयों में रखे ग्रंथों में की जानी चाहिए? यह सच है कि इस विद्या को लेखन व अन्य माध्यमों के द्वारा व्यक्त करने के प्रयत्न किए गए हैं, और ऐसे कितने ही ग्रंथ हैं जो सर्वसाधारण के लिए सुलभ हैं, तथा अन्य कुछ ऐसे भी हैं जो सुलभ नही हैं । परन्तु सुलभ हों या दुर्लभ ऐसे ग्रंथ स्वयं ज्ञान नही होते, वे अपने आप ज्ञान प्रदान नही कर सकते, और एक मायने में तो उनमें ज्ञान होता ही नही । वे हमें ज्ञान की ओर जाने में सहायता दे सकते हैं । यही नही यह भी कहा जा सकता है कि जब तक हमारे पास थोड़ा बहुत ज्ञान पहले से ही न हो हम इन पुस्तकों को समझ ही नही सकते ।

शायद कला के क्षेत्र से लिया गया एक उदाहरण यहाँ काम आए । सौंदर्य का अस्तित्व होता है, और कलाकार उसे पहचानते हैं । उसे देख, वे उसे व्यक्त करने की चेष्टा करने को मजबूर हो उठते हैं । फिर भी कोई कलाकृति सौंदर्य की अविकल्प अभिव्यक्ति नही कर सकती । कलाकार को अपनी कृति से संतुष्ट न हो निरंतर प्रयत्न करते रहना होता है, और कोई कलाकार दूसरों को सौंदर्य बोध केवल उस ही हद तक करा सकता है जिस तक वे स्वयं उसके प्रति सचेत हों या सचेत होने की क्षमता रखते हों ।

गुप्तज्ञान के साथ भी ऐसा ही है । ज्ञान को व्यक्त करने वाली पुस्तकों को केवल वही पढ़ सकता है स्वयं जिसके हृदय में वह प्रस्फुटित होने लगा हो, क्योंकि ऐसी पुस्तकें एक गूढ़ लिपि में लिखी होती हैं जिसे समझना इसलिए और भी कठिन हो जाता है क्योंकि ऊपरी तौर से ऐसा लगता है जैसे वह हमारी अपनी भाषा में ही लिखी गई हों । थोड़ा सा भी विचार करने से स्पष्ट हो जाएगा कि ऐसा क्यों होता है । संसार की सब पुस्तकें बुनियादी तौर पर भौतिक

[2] ए॰ एन॰ व्हाइटहॅड : *प्रोसेस एण्ड रिऐल्टिी*, मैकमिल्लन ।

इन्द्रिय ज्ञान द्वारा प्राप्त तथ्यों के बारे में होती हैं और यदि उन में वास्तविकता के उन अति महान पहलुओं की प्रव्यक्ति करी जानी है जो इन्द्रियातीत हैं तो ऐसा केवल प्रतीकवाद द्वारा ही किया जा सकता है। यह बात उन पुस्तकों के लिए भी इतना ही सच है जो अमूर्त "दार्शनिक" प्रतीकवाद का उपयोग करती हैं जितना उन के लिए जिनमें जाने पहचाने प्रतीकों का खुल कर उपयोग किया जाता है। इसलिए निष्कर्ष यह निकलता है कि वे आधुनिक विचारक जो शब्दों को उनके एन्द्रिक अनुभव से सम्बन्धित अर्थों के साथ बाँध कर, और उनके संदर्भ से जुड़े पूर्वाभास की उपेक्षा कर, सत्य तक पहुँचने की चेष्टा करते हैं वे गुप्तज्ञान की ओर जाने वाली नहीं बल्कि उसकी उल्टी दिशा में जा रहे होते हैं, भले ही कुछ परिसीमित क्षेत्रों में ऐसा प्रयत्न लाभदायक हो।

प्लेटो का कहना है कि "यह ज्ञान ऐसा नहीं है जिसका अन्य विद्याओं की भाँति लेखन द्वारा संचार किया जा सके। इसके लिए गुरु व शिष्य के बीच लक्ष्यबोध की सम्मिलित चेष्टा में दीर्घ काल तक निरंतर सम्पर्क आवश्यक है, और फिर यकायक जैसे अग्नि के प्रज्वलित होने से प्रकाश फूट पड़ता है, यह ज्ञान जीव में उत्पन्न हो जाता है और स्वयं अपना पोषण करने लगता है – परन्तु मेरे विचार में, उन थोड़े से व्यक्तियों के अलावा जो थोड़ा बहुत समझाने पर स्वयं ही सत्य को ढूँढ सकने की क्षमता रखते है, इन मूलभूत विषयों पर कोई सार्वजनिक "जाँच" करने से कुछ फ़ायदा नहीं"[3]।

ज्ञान तो वहीं होता है जहां वह हो सकता है, यानि ज्ञाता में। मनुष्य के अस्तित्त्व की उन गहराइयों में जिनकी अभी थाह नहीं ली गई है, वही सब ज्ञान है, क्योंकि उसके अन्दर ही वह शक्ति छिपी है जो इस विश्व को प्रव्यक्त कर लाई है। इसी कारण वह केवल मानव में ही नहीं समस्त अग-जग में भी है। अमीबा जैसी जीवन की लघुतम इकाई, अथवा किसी जड़ पदार्थ का सूक्ष्मतम कण, भी इसी

[3]प्लेटो का सप्तम एपीस्टल (मोरो का अनुवाद)। कुछ आलोचकों ने इन धर्मपत्रों की प्रामाणिकता पर संदेह प्रकट किया है जब कि उतने ही पाण्डित्यपूर्ण अन्य आलोचकों ने उन्हें स्वीकार किया है। किसी व्यक्ति ने इन शब्दों को लिखा है – भले ही शेख़ चिल्ली ने लिखा हो – वे हैं सच्चे।

शक्ति की प्रव्यक्ति हैं और इनके अन्दर भी वह ज्ञान अपनी सम्पूर्णता में मौजूद होता है ।

यदि एडिन्गटन का यह कथन सत्य है कि एक अकेला विद्युदणु (electron) समस्त दिगन्तर में समाया हुआ है तो यह इसलिए सत्य है क्योंकि विद्युदणु के अन्दर वह है जो समस्त दिगन्तर व उसके भीतर अनेकानेक वस्तु विषयों को जानता है । फिर भी ऐसा कहने का मतलब यह नही है कि ज्ञान जीवन के इन छोटे परमाणुओं या मनुष्य कहलाने वाली इन से बड़ी इकाइयों में से अधिकांश में मौजूद रहता है । अपने ही अनुभव से हमें मालूम है कि जितने का हमें सामान्य जाग्रतावस्था के सूर्यप्रकाश में वास्तविक व प्रकाशमान ज्ञान होता है वह बहुत थोड़ा सा है । चाहे खगोलशास्त्री कुछ भी क्यों न समझते हों हम तारों के गठन से अनभिज्ञ हैं । शरीर की मृत्यु के उपरांत मन को क्या होता है यह हम नही जानते, और बग़ल के कमरे में क्या हो रहा है यह तक हमें मालूम नही होता । अपनी सामान्य चेतनावस्था में हम दरअसल इतना कम जानते हैं कि वह नही के बराबर है और फिर भी हम इस तारों, सजीव प्राणियों व कमरों वाले विश्व में अपनी भूमिका इसीलिए अदा कर पाते हैं क्योंकि समस्त ज्ञान हमारे अन्दर निहित है । विश्व में प्रत्येक वस्तु प्रत्येक अन्य वस्तु से सम्बन्धों के आश्चर्यमय ताने बाने से जुड़ी हुई है और इसका अर्थ है कि प्रत्येक प्रत्येक के बारे में जानता है, या व्हाइटहॅड के शब्दों में, उसकी जानकारी[4] रखता है । यह इसलिए है क्योंकि जिसे दार्शनिक *सम्बन्ध* कहते हैं उसका अर्थ अन्ततः जानने के अलावा कुछ नही है । यदि यह सच है (और सच तो यह है ही) कि मेरा शरीर लुब्धक (Sirius) नामक तारे से सम्बन्धित है तो यह इसलिए है क्योंकि मेरे अन्दर ऐसा कुछ है जो लुब्धक तारे को जानता है और लुब्धक तारे के अन्दर भी वही है जो मुझे जानता है । विद्युत-चुम्बकीय क्षेत्रों के बारे में जो कुछ लिखा गया है वह इन क्षेत्रों के क्षेत्रज्ञों के अलावा बाक़ी सब बकवास ही है ।

वाक़ई बड़े अद्भुत सिद्धान्तों का प्रतिपादन करने वाले दार्शनिक लेखकों को तो हम सब जानते ही हैं । इन सिद्धान्तों को पहली बार सुन कर हम में से कुछ बिल्कुल अभिभूत हो गये थे । जब

---

[4]अँग्रेज़ी में व्हाइटहॅड ने prehend शब्द का प्रयोग किया है जिसका अनुवाद यहाँ *जानकारी* किया गया है ।

बर्कली (Berkeley) ने यह कहा कि तथाकथित जड़ पदार्थ वास्तव में ईश्वर के मन में स्थित विचार हैं, जब हेगल (Hegel) ने बताया कि *सत्* (वास्तविकता) तार्किक है और परम विचार ही एकमात्र सत्य वास्तविकता है, या जब बर्गसन (Bergeson) ने अन्तःप्रेरणा को वास्तविक ज्ञान का आधार घोषित किया, तब हम अपने भोलेपन में यह मान बैठे कि ये विद्वान लेखक जो कह रहे थे वही उनका तात्पर्य भी था, और उनके पास हमें बताने को कुछ महत्त्वपूर्ण बात थी। हमने सोचा कि यदि हम इनके विचारों की गूढ़ता को समझ सके तो कोई ऐसी बात जान जायेंगे जो पहले नही जानते थे। सोचा था कि हम अपनी चेतना का विस्तार कर सकेंगे और संसार को, सामान्य से भिन्न, एक नये निराले ढंग से देख सकेंगे। परन्तु हमारे हाथ निराशा ही आनी थी। शीघ्र ही पता चला कि दार्शनिक महोदय किसी ऐसे अनुभव की बात नही कर रहे थे जो स्वयं उन्हें हुआ हो या जिसके होने की वे आशा रखते हों।

एक दिन मेरे दर्शनशास्त्र के प्राध्यापक ने कहा "यह मेज़ असल में प्रेम के सम्बन्ध से जुड़ी आत्माओं की एक बस्ती है"। वाह! क्या बात कही, रोमांच हो आया। परन्तु जब हमनें उन आत्माओं के बारे में कुछ और जानना चाहा, यह सोचना चाहा कि हम कैसे अपने साथी मानवों की आत्मा से सम्पर्क स्थापित करें तो एक बार फिर से हमें शब्दों की भूलभूलैया में उलझा दिया गया और पता चला कि हमें इस तरीके से मेज़ के बारे में इस से अधिक अनुभव नही हो सकता जितना उस पर किसी खाना खाने वाले को होता है, और यदि हमारा उद्देश्य सामर्थ्य प्राप्ति हो, तो हम में उस में हेर फेर करने की बस उतनी ही क्षमता है जितनी साधारण बढ़ई या रसायनज्ञ को।

मेज़ तो वही की वही रही जो वह सदा से थी यानि एक ऐसा उपकरण जिस पर खाना खाया जाता है – और धीरे धीरे हम में से कुछ यह समझने लगे कि प्राध्यापक महोदय के लिए भी वह बस ऐसी ही चीज़ थी और उनके आदर्शवाद की गगनचुम्बी इमारत बस निरर्थक शब्दों का ढेर मात्र था – बाबल की शाब्दिक मीनार (Tower of Babel)। ब्रैडली (Bradley) को पढ़ कर हमने सीखा कि "समय" विरोधाभासों से भरा है और यह नही कहा जा सकता कि उसका कोई वास्तविक अस्तित्त्व है। वह तो "दिखावा" मात्र है और वास्तविकता उसके पीछे कही है।

परन्तु कहाँ है वह वास्तविकता और कैसे हम अपने को उस में स्थित करें? क्या ब्रैडली को वास्तव में उस के बारे में कुछ मालूम था? ऐसे सवालों को तो शायद अश्लील समझा जाता था – जैसे किसी ने ड्राइंग रूम में चाय पीते समय किसी जुलाब का ज़िक्र छेड़ दिया हो। इस सब से बड़ी निराशा हुई थे – ऐसे ऐसे रोमांचक शब्द अर्थहीन निकले। प्लेटो ने यही कहा था कि किसी वस्तु की कार्यशक्ति ही उसका अस्तित्त्व है। ये दार्शनिक सिद्धांत क्या कुछ कर सकने की क्षमता रखते थे? क्या इनकी सहायता से "प्रकृति" के बाह्य जगत पर नियंत्रण प्राप्त किया जा सकता है? जी नही ! हमें शिष्टता से लेकिन थोड़ी हिकारत की नज़र से, विज्ञान की शरण में जाने को कहा गया। क्या इनकी सहायता से अपनी आत्मा के आंतरिक जगत पर नियंत्रण प्राप्त किया जा सकता है? नही भाई नही ! यह तो धर्म का विषय हुआ। तो फिर यह सिद्धान्त क्या कर सकते थे? हमें तो लगा कि कुछ भी नही – सिवाय शाब्दिक दाँव पेंचों का कौशल बढ़ाने में, जो भले ही कुछ दिमाग़ों को कितना ही आकर्षक क्यों न लगे, शतरंज के खिलाड़ी के उतने ही आकर्षक कौशल से अधिक महत्त्व का नही है। वह सब मिथ्या था, उतना ही मिथ्या जितना धर्मों के वे शिक्षण होते हैं जो बेखटके मृत्यु के उपरांत ज्ञान प्राप्ति का वायदा करते थे, कई मायनों में तो शायद उन से भी ज्यादा मिथ्या क्योंकि अधिकतर दार्शनिक तो इस बात के बारे में भी पक्के नही थे कि "मरणोपरांत" जैसी कोई चीज़ थी भी या नही। ज़ाहिर था कि उसके बारे में वे जानते क़तई कुछ नही थे।

कितने ही लोगों को यह सब भोलेपन की पराकाष्ठा लगेगी। परन्तु मनुष्य जो असली सवाल प्रकृति की देवी से पूछना चाहता है वे हमारे पण्डितों को बचकाने से लगते हैं। एक दृष्टिकोण से यह कहा जा सकता है कि शिक्षा की सारी प्रक्रिया अविभाज्य साइकी (psyche) के वास्तविक तथा जीवंत प्रश्नों के स्थान पर अमूर्तीकरण के नकली व बनावटी प्रश्नों को बैठाना है। बहरहाल शास्त्रीय बुद्धि वालों को यह साफ़ नज़र आ जाता है कि हमें अलौकिक ज्ञान प्राप्ति की अपनी रोमांटिक कामना को बढ़ावा देना ही नहीं चाहिए था। (यूरोप में) मध्ययुग में ऐसा माना जाता था कि इस तरह की फ़ाउस्टियन (Faustian) लालसाएँ शैतान के साथ एक कुटिल सम्बन्ध पर आधारित होती हैं। और अब फ़्रॉयडवादी (Freudians) हम से कहते हैं कि ये

हमारी अपनी माताओं के साथ उतने ही निकृष्ट सम्बन्धों के कारण होती हैं। जो कुछ भी हो हम से यह तो अवश्य ही कहा जायेगा कि हमारी खोज व्यर्थ है क्यों कि ऐसा ज्ञान न तो कहीं है, न था। इसके अस्तित्त्व को ठीक वैसे ही बच्चों की कपोल कल्पना कहा जायेगा जैसे यह कि इन्द्रधनुष की जड़ में स्वर्ण पात्र (Pot of gold at the end of the Rainbow) होता है। (वैसे इन्द्रधनुष के नीचे सोने से भरा मटका होता ज़रूर है परन्तु वह उसके दूसरे छोर पर होता है, और कोई शास्त्री वहाँ तक नही पहुँच पाया है।)

लेकिन बात ऐसी है नहीं, और जो दृढ़ता से उसे खोजते हैं वे, प्रचीन युगों की तरह आज भी, उसे पा लेते हैं। प्लॉटाइनस (Plotinus) की जीवनी में पॉरफ़री (Porphyry) ने लिखा है कि अट्ठाईस बरस की उमर में कैसे उस समय के पाश्चात्य दार्शनिक केन्द्र सिकंदरिया (Alexandria) के प्रख्यात दार्शनिकों के व्याख्यान कक्षों में प्लॉटाइनस ने इस ज्ञान को ढूँढने का प्रयास किया। वहाँ की बातें सुन वह सदा दुःखी व निराश होकर लौटता था परन्तु एक दिन एक मित्र के कहने पर वह "दैव शिक्षित" अमोनियस सकास (Ammonius Saccas) के पास गया। केवल एक प्रवचन सुन कर ही वह जान गया कि उसे अपना गुरु मिल गया था। जिस आग की बात प्लेटो ने अपने पूर्वोक्त धर्मपत्र में कही है वह उसकी आत्मा में सुलग उठी और यह घोषणा कि "यही है वह मानव जिसे मैं ढूँढ रहा था" वह अमोनियस के साथ हो लिया और ग्यारह वर्ष तक उसका शिष्य बना रहा।

क्योंकि अमोनियस के कोई ग्रंथ उपलब्ध नहीं हैं और उसने अपने शिष्यों को गोपनीयता की शपथ दिला दी थी इसलिए हमें यह ठीक से तो मालूम नहीं कि उसका शिक्षण क्या था। लेकिन चेले से गुरु के बारे में अन्दाज़ लगाया जा सकता है। और प्लॉटाइनस को पढ़ने पर यह निश्चित रूप से समझ में आ जाता है कि उसके गुरु नें जो कुछ सिखाया वह उस तरह का निरा दिमाग़ी शतरंज का खेल नहीं था जिसे देख कर वह अन्य गुरुओं से दूर भागा था, बल्कि जिस अमर ज्ञान की उसे खोज थी उसके अनेक पुनरावर्तनों में से एक था। "हम विचार विमर्श के ज़रिए दर्शन-लाभ करते है, जो दर्शन के आकांक्षी हैं उन्हें रास्ता दिखाते हैं, हमारा शिक्षण मार्ग निर्देशन है, देखना तो उसे

ही पड़ेगा जिसने देखने का फ़ैसला किया है"[5] । यह आंतरिक गुरु की सच्ची वाणी है । इससे आठ सौ वर्ष पहले भगवान बुद्ध ने भी यही कहा था – "यत्न तो तुम्हें खुद ही करना होगा, समस्त बुद्ध तो बस आचार्य होते हैं । जिन्होंने आन्तरिक पथ पर क़दम रक्खा है और उस पर चलते हैं उन्हें मृत्युपाश से मुक्ति मिल जाती है"[6] ।

यह आन्तरिक पथ शब्दशः ध्यान का पथ है परन्तु ध्यान का अर्थ उदारतापूर्वक लगाना ठीक होगा, क्योंकि इसके मायने अलग अलग लोगों के लिए अलग अलग होते हैं । कुछ के लिए इसका मतलब किसी "पुण्य" विषय पर भक्तिपूर्ण मनन करना है, कुछ के लिए विचार परायणता, तथा कुछ औरों के लिए मन को बलपूर्वक किसी एक विषय पर बनाए रखना । लेकिन उदारतम रूप में इसका अर्थ है अपने अस्तित्त्व की सरिता में उसके उद्‌गम हिमगिरि की ओर पावन यात्रा ।

इस यात्रा को करने के कई तरीक़े हैं । कुछ एक तरह के मिजाज़ के लिए उपयुक्त हैं कुछ दूसरे तरह के लिए । परन्तु वास्तविक यात्रा सब के लिए एक ही है । हमें भीड़ भरे नगरों और उनके व्यस्त जीवन को पीछे छोड़ हिंस पशुओं से भरे भयानक वनों से होते हुए किसी न किसी तरह उस महान पर्वतमाला को लाँघ कर सब नदियों के उद्‌गम स्थान, पवित्र मानसरोवर तक पहुँचना होता है । उसके बाद, यदि असली उद्‌गम स्थान तक जाना है तो, हमें पंख उगा कर ऊपर के वायुमंडल में हंसपथ का अनुसरण करना होगा ।

जीवन सरिता की यह ऊर्ध्वगामी यात्रा, मात्र कविता नही है, एक वास्तविक यात्रा है । हेराऽक्लीस (Heracles), ऑडीसियस (Odysseus) और अर्जुन की प्राचीन यात्राओं में निहित सत्य यही है, और यही प्राच्य देशों में लाखों के हृदय में वह प्रेरणा पैदा करती है जिसके बल पर आज भी वहाँ लाखों व्यक्ति दुरुह तीर्थ यात्रायें करते हैं । साहसिक खोजियों के आंतरिक चक्षुओं के सामने चमकने वाला मूलादर्श भी यही है, जो भौतिक जगत के संदर्भ में मरुस्थल के कारवाँ मार्गों और पर्वतों में बर्फ़ानी दर्रों को, अपनी थोड़ी सी दीप्ति से मंडित कर, उन्हें वह जादुई आकर्षण दे देता है जिसके बारे में वैश्लेषिक यथार्थवाद

[5] प्लौटाइनस 6.9.4 ।
[6] *धम्मपद* 276 ।

(analytical realism) हमें यह बताने की असफल चेष्टा करता है कि उसका वास्तविक अर्थ है ही नही ।

परन्तु वास्तविक महायात्रा भौतिक मरुस्थलों और पर्वतों को पार करने की नही है । जैसा कि बुद्ध ने कहा है ः

> "हे मित्र, जहाँ न कोई जन्म लेता है न बूढ़ा होता है और न मरता है, न एक लोक को छोड़ दूसरे में प्रवेश करता है उस संसार के अंत को, मैं कहता हूँ कि, तुम पैरों से चल कर न जान सकते हो न देख सकते हो और न वहाँ तक पहुँच सकते हो । परन्तु मित्र, मैं यह भी नही कहता कि इस संसार के अंत तक पहुँचे बिना दुःखों से निवृत्ति हो सकती है । सच कहता हूँ, इस साढ़े तीन हाथ के शरीर में, इसकी अनुभूतियों और इसके मन के अन्दर ही संसार, उसका उद्भव और उसकी निवृत्ति, और निवृत्ति तक ले जाने वाला मार्ग भी है"[7] ।

इस उद्धरण की हम प्लॉटाइनस के शब्दों से तुलना कर सकते हैं ः

> "यह यात्रा पैरों से की जाने वाली नही है । पैर तो हमें बस एक स्थान से दूसरे तक ही ले जा सकते हैं । और न ही रथ या नौका के बारे में सोचना चाहिए, ऐसी बातों को अलग छोड़ उन्हें देखने से ही इन्कार कर देना चाहिए । आँखें बन्द कर तुम्हें एक और ही दृष्टि का सहारा लेना चाहिए जिसे तुम्हें अपने अन्दर जागृत करना होगा, जो है तो सब का जन्मसिद्ध अधिकार, पर जिसे इस्तेमाल करने का यत्न बिरले ही करते हैं"[8] ।

बहरहाल, यह पथ है एक वास्तविक पथ और इस पर मार्ग चिन्ह भी है जिन्हें प्राचीन काल के समान आज भी सब चलने वाले पहचान सकते हैं । औपनिषदिक द्रष्टा याज्ञवल्क्य ने इन मंत्रों को दुहराया है जो उनके समय में भी प्राचीन थे ः

> "मैंने वह प्राचीन, सूक्ष्म और दूर ले जाने वाला पथ छू लिया है, पा लिया है । इसके द्वारा ब्रह्मज्ञानी संसार के बन्धनों से मुक्त हो ऊपर की ओर स्वर्गलोक जाते हैं । इस पथ पर कहते हैं कि

[7] *सम्युत्त निकाय* **1.5.9 ।**
[8] **प्लॉटाइनस 6.8 ।**

श्वेत, नीला, पीला, हरा और लाल होता है । यह पथ स्वयं ब्रह्मा ने ढूँढ निकाला था"[9] ।

यहाँ हमें यह ध्यान देना चाहिए कि याज्ञवल्क्य इसे ऐसा शिक्षण बताते हैं जो उन्हें एक प्राचीन परम्परागत मंत्र के रूप में मिला था और मंत्र के अज्ञात लेखक ने उसे अपने से भी प्राचीन बताया है । और फिर भी आज तक मार्ग चिन्ह वही हैं, और जो भी इस पथ पर चलता है वह रंगों के बारे में अस्पष्ट कथन का अर्थ समझ सकता है ।

रहस्यवादी साहित्य को बाहरी तौर से पढ़ने वालों में से अनेक ऐसा सोचते हैं कि चूँकि पथ के विवरण अलग अलग हैं इसलिए वे अलग अलग पथों का वर्णन करते हैं । कुछ तो यहाँ तक अनुमान लगा बैठते हैं कि ये पथ नितांत व्यक्तिनिष्ठ होते हैं । लेकिन यह बिल्कुल ग़लत है । सब सच्चे द्रष्टाओं के शिक्षणों में वास्तव में पूरी सहमति होती है । केवल शाब्दिक वर्णन भिन्न होता है । सब वर्णन, चाहे वे सामान्य इन्द्रिय ज्ञान के हों चाहे तथाकथित यथार्थ विज्ञान के, प्रतीकात्मक होते हैं । शब्द स्वयं अपने से आगे किसी बात को इंगित करते हैं–ऐसा कुछ जिसके बारे में केवल इशारा किया जा सकता है ।

एक छोटे बच्चे की कहानी है जिसे उसके गुरु खगोल की आधारिक शिक्षा दे रहे थे । यह बताने पर कि अमुक तारे का नाम लुब्धक (Sirius) और एक अन्य नक्षत्र का रोहिणि (Aldebaran) है बालक गम्भीर विचारों में डूब गया और बोला "कैसे मालूम कि उनके नाम यही हैं" । निस्सन्देह यह सच है कि शब्दों के अर्थ वही होते हैं जो हम उन्हें देते हैं, परन्तु इस बात को व्यवहार में हम बहुत अधिक भूलते रहते हैं ।[10]

वैज्ञानिकों का कार्य एक ही प्रकार के अनुभवों के बारे में इसलिए प्रतीत होता है क्योंकि हमने उन सब के लिए एक ही पारिभाषिक पदावली बना ली है । यदि आपस में काफ़ी सम्पर्क बनाये बिना वैज्ञानिक छोटे छोटे गुटों में विभिन्न देशकाल में कार्यरत होते और प्रत्येक गुट अपनी अलग पदावली बनाता तो उनके शोध कार्य का

---

[9] **बृहदारण्यक उपनिषद् । 4.4.8 ।**

[10] **यह कथन मंत्र व ईश्वर के सच्चे नाम के सिद्धात पर लागू नही होता, लेकिन इस विषय की चर्चा यहाँ प्रासंगिक नही है और उससे बात लम्बान में पड़ जायेगी ।**

आपस में सम्बन्ध स्थापित करना सरल न होता, हालाँकि विज्ञान के यथेष्ट प्रत्यक्ष अनुभव व धैर्य से ऐसा कर सकना सदैव सम्भव होता।

इस उदाहरण के वैज्ञानिक अध्ययनों की बात द्रष्टाओं के लेखन पर भी काफ़ी लागू होती है। वे अलग अलग ऐसे व्यक्तियों या गुटों द्वारा रचे गए हैं जिनका आपस में आमतौर से कोई सम्पर्क नही था, और उन्होंने ऐसे पारिभाषिक शब्दों का प्रयोग किया है जो उनकी अपनी परम्परा विशेष में मिलते थे। इसका नतीजा प्रायः गड़बड़ सा लगता है, परन्तु जो भी खुद पथ पर चलने की कोशिश करेगा वह जल्दी ही जान जाएगा कि यह गड़बड़ केवल दिखावटी है, और एक प्रणाली के शब्द व पद दूसरी में सरलता से बैठाये जा सकते हैं। पद-प्रति-पद समानता तो सदैव नही होगी क्योंकि अनुभवों का वर्गीकरण भी अधिकतर एक वैयक्तिक मामला होता है। एक अनुभव समूह को इकाई माना जाए या उसके अलग अलग पहलुओं को लेकर उन्हें अलग अलग नाम दिये जाएँ यह हर अनुभवकर्ता के दृष्टिकोण पर निर्भर होगा।

ऐसा लगता है कि प्राचीन काल में एक प्रतीकवाद की भाषा को दूसरी में रूपांतरित करने की क्षमता आधुनिक युग से कही अधिक पाई जाती थी। हमें ऐसे विवरण मिलते हैं कि किस प्रकार यूनानी पुरोहित मिस्र या कलदिया (Chaldea) जा कर तत्काल किसी "विदेशी" देवता को अमुक यूनानी देवता का समरूप पहचान लेते थे। रा (Ra) और हर्मीस (Hermes) की समरूपता तो सर्वविदित है पर ऐसा नही है कि बस यही एकमात्र दृष्टांत हो। यह सम्भव था कि अपोलोनियस की तरह किसी भी धर्म का कोई दीक्षित पुरोहित सारे संसार में भ्रमण करे और जहाँ कही भी जाए वहाँ अपने देवता पहचान ले।

लगता है कि इस एकता का ह्रास ईसापूर्व प्रथम सहस्राब्दि में किसी समय हुए गूढ़ चिन्तन शक्ति के उत्थान के साथ जुड़ा है। ऐसा चिन्तन भी, जैसा कि अब दार्शनिक दुबारा समझने लगे हैं, स्वयं एक प्रतीकवाद है। प्रतीकवाद तो वह है, और कुछ उद्देश्यों के लिए बहुत शक्तिशाली प्रतीकवाद भले ही हो, लेकिन इसके साथ ही एक ख़तरनाक प्रवृत्ति ऐसी आ जाती है कि वह अपने आप को ज़रूरत से ज़्यादा महत्त्व देने लगता है और अपने को प्रतीकवाद से अन्यतर होने का ढोंग रचने लगता है। संसार को चैतन्य और उसके वस्तुविषय के संयोग का फल बताना इस कथन से कम प्रतीकात्मक या अधिक सत्य

नही है कि वह सूर्य और चन्द्रमा के विवाह या द्यौ देवता व पृथ्वी माता के संयोग से उत्पन्न होता है । और निश्चय ही यह कहना कि ब्रह्माण्ड परमाणुओं की एक पारस्परिकता है उतना ही प्रतीकात्मक है जितना यह कहना कि वह भोर के तारों का सामूहिक गान है ।

गड़बड़ तो तब होती है जब उनकी कुछ क्षेत्रों में अत्याधिक उपयोगिता के कारण हम इस तरह के कथन को, जो वह होता है उस से, कुछ ज़्यादा ही मान बैठते हैं । हम गूढ़ पदों में दिए गए वर्णन को वास्तविक सत्य मान लेते हैं और मूर्त प्रतीक के क्षेत्र को मात्र कविता की कोटि में रख छोड़ते हैं । और अपनी यहाँ की सारी काव्य रचना के बावजूद, पश्चिम में कविता की गरिमा की परख निश्चितरूप से, व लगभग पूरी तरह, लुप्त हो चुकी है । एक तरह के प्रतीकों के अवमूल्यन के कारण हम उन्हें पढ़ने या उनकी सहायता से सही सोचने की शक्ति गवाँ बैठे हैं । यह बड़े दुर्भाग्य की बात है क्योंकि जहाँ यह सच है कि आधुनिक विज्ञान और फ़िलॉसफ़ी द्वारा उपयुक्त अमूर्त प्रतीक बहुत लोचदार और सटीक होते हैं (हालाँकि उतने सटीक नही जितने हम उन्हें मान बैठते हैं), मूर्त प्रतीकों का भावात्मक वस्तुविषय कही अधिक समृद्ध होता है और यह भाव पक्ष ही है जो हमें बिलियर्ड बॉल परमाणुओं के रंगरूप हीन भूतों से बचा सकता है ।

मूर्त प्रतीकों को पढ़ सकने और उन्हें सोच सकने की क्षमता बहुत महत्वपूर्ण है क्योंकि यही अनुभव को उस नितांत सारहीनता से बचाती है जो संसार के प्रति शुद्ध वैज्ञानिक दृष्टिकोण की ख़ास निशानी है । इन दोनों की तुलना हम चीज़ों के लेने देने वाले व रुपये के ज़रिए होने वाले व्यापार से कर सकते हैं । यद्यपि अदले बदले का व्यापार (barter) दिक़्क़त तलब और नपा तुला नही होता, लेकिन फिर भी वह वास्तविकताओं के क़रीब होता है और रुपये पैसे वाले व्यापार की तरह राजनैतिक क्रान्तियो या बनावटी गठजोड़ों से वह बनता बिगड़ता नही । पाँच हज़ार साल पुराना प्रतीकवाद आज भी उतना ही सही है जितना उन दिनों था, जब कि पिछली शती के अमूर्त प्रतीक लगभग बेकार हो गये हैं । क्या आज कोई केल्विन (Calvin) या स्पेंसर (Spencer) को पढ़ सकता है? प्राचीन भारत के प्रतीक शिलाओं पर खुदे प्रतीकों से अधिक स्थायी हैं, आज भी वे मनुष्यों के हृदयों को भरने और क्रियाशील करने में समर्थ हैं । पिछली शती के विज्ञान के प्रतीक तो बस हमारे पुस्तकालयों की दुरूह अलमारियों का भार ही बढ़ाते हैं ।

समय समय पर प्राचीन लेखकों के सुनहरे मूर्त प्रतीकों का आधुनिक चिन्तन रूपी कागज़ी मुद्रा में रूपान्तर करने की ज़रूरत होती है । लेकिन यह इसलिए है क्योंकि आज के लोग अपने गले में वैसी भारी स्वर्ण मालायें नही पहने रहते जिनमें से, ज़रूरत पड़ने पर, सराय का भाड़ा चुकाने के लिए दाँत से काट कर एक टुकड़ा दे दिया जा सकता था । आज तो लोग सुविधाजनक परन्तु नित्य परिवर्तनशील चेकबुक की दुनिया में ही खुश रहते हैं । लेकिन याद रखना चाहिए कि शाश्वत की भाषा से आज की भाषा में ऐसा अनुवाद वास्तव में क्षणभंगुर ही होता है । आधुनिक विचारों की तितलियाँ तो उड़ती हुई आती हैं और चली जाती हैं लेकिन प्राचीन गरुड़, विशाल ज्ञान में निरंतर युगों तक, उड़ान भरते रहते हैं । सिर्फ़ ईसा मसीह ही नही प्रत्येक द्रष्टा सच्चाई से कह सकता है कि "आकाश और पृथ्वी गुज़र जाएँगे लेकिन मेरे शब्द बने रहेंगे" ।

मूर्त प्रतीकों को पढ़ सकने की क्षमता उसके लिए विशेष तौर से परम महत्त्व की है जो आन्तरिक पथ पर चलने को प्रयत्नशील हो, क्योंकि इस पथ पर विचार और भावना को घुलमिल कर एक होना पड़ता है । इस मामले में अगर कोई एकतर्फ़ापन रहा तो उससे मानसिक तनाव पैदा होता है जो सामंजस्यपूर्ण विकास को रोक देता है, और या तो शुद्ध दार्शनिक रहस्यवाद का मुखौटा पहने निर्जीव बौद्धिकता को जन्म देता है या कुछ बचकानी सी भावुकता को, जो अपने को भक्तिवादी धर्म कहती है । दोनों ही प्रकरणों में अलौकिक अनुभव प्राप्त हो सकता है, परन्तु वह असंतुलित किस्म का होगा और उसकी अपनी बनावट में उसकी अपर्याप्तता की छाप लगी होगी । इस विषय की ओर केवल दिमाग़ी समझ का सबसे असंतोषजनक पहलू है मूर्त प्रतीकों को पढ़ पाने की आधुनिक अक्षमता, और इसी कारण शब्दों पर अत्याधिक ज़ोर । शंकराचार्य और ऐक्हार्ट (Eckhart) पर अपनी कृतियों में ऑटो (Otto) ने इस प्रश्न पर विचार किया है कि वेदान्ती ब्रह्म, बौद्ध निर्वाण और ऐक्हार्ट का ईश्वरत्व सब एक ही हैं या भिन्न भिन्न । लेकिन फ़र्क क्या है इनमें? शब्द तो अलग अलग हैं ही, और उनके द्वारा जिन विचार समूहों को इंगित किया गया है वे भी, कम से कम कुछ हद तक तो, भिन्न हैं । लेकिन बात यहीं समाप्त नही हो जाती । जिसके बारे में यह शब्द हैं वह न तो कोई शब्द है न विचार और जो कोई ऐसा समझता है वह इस विषय के मर्म तक

क़तई नही पहुँच सकता । ऐसा नही है कि इस तरह के कोई आधे दर्जन रहस्यवादी चरम सत्य विश्व में मँडरा रहे हों । ऐसा भी नही इनमें से एक सच्चा और बाक़ी झूठे हों । सत्य तो बस एक ही है जिसको अनेक प्रकार से प्रतीयमान किया गया है और हर प्रतीक थोड़ा बहुत अपर्याप्त ढंग से उसके एक किसी ख़ास पहलू को दर्शाता है । "*एकम् सद् विप्रा बहुदा वदन्ति* – सत् एक है मनुष्य उसका अनेक रूप से वर्णन करते है" । (*ऋग्वेद*)

द्रष्टाओं के लेखनों को न तो ऐसे पढ़ा जा सकता है न पढ़ा जाना चाहिए जैसे वे कोई रोचक विचार मात्र हों जिनका मूल्यांकन उनकी तर्कसंगति से किया जाना हो । वे तो अनुभव के वर्णन होते हैं और यदि हम उन्हें समझना चाहते हैं तो सबसे पहले इस बात की ज़रूरत है कि हम यह समझें कि उनके कथन न तो किसी शब्द और न किसी "विचार" के बारे में हैं । द्रष्टा के शब्द उन दिशासूचक निशानों के समान होते हैं जो अनुभव को इंगित करते हैं, और अगर हम उनका अर्थ किताबी दार्शनिक तरीकों से ही निकालने का दृढ़ निश्चय करे बैठे रहेंगे तो उन्हें कभी भी ठीक से नही समझ पाएँगे, क्योंकि यह तरीका साधारण जाग्रतावस्था मे सब को होने वाले अनुभवों से तर्क द्वारा निष्कर्ष निकालना मात्र है ।

योगी की पहुँच साधारण जाग्रतावस्था के संसार की सीमाओं से बहुत आगे तक होती है और एक द्रष्टा के शब्दों को दूसरा द्रष्टा ही पूरी तरह समझ सकता है । लेकिन फिर भी एक तरीका है जिससे उन्हें थोड़ा बहुत समझा जा सकता है और वह है अन्तर्बोध, जो एक ऐसी क्षमता है जिसे विद्वान लोग तो स्वीकार नही करते लेकिन ज्ञानी जन जिसे विकसित करने का यत्न करते हैं । इस शक्ति – भारतीय शिक्षणों की निश्चयात्मिका बुद्धि – के बारे में हम स्थान की कमी के कारण यहाँ कुछ अधिक नही कह सकते लेकिन वह एक ऐसी क्षमता है जो समस्त विश्व की एकता पर आधारित है, और इस तथ्य पर कि विश्व का हर छोटे से छोटा खण्ड भी अपनी गठन में सम्पूर्ण ब्रह्माण्ड के प्रतिरूप को प्रतिबिम्बित करता है । हमारी साधारण पहुँच से कही पार के अनुभव हमारे साधारण अनुभव स्तर में प्रतिबिम्बित होते हैं, और अन्तर्बोध की प्रक्रिया वास्तव में दूर वाले को पास वाले पर मनन करके समझना है । हर्मीस के "जैसा ऊपर वैसा नीचे" वाले कथन का भी यही अर्थ है, और यही आन्तरिक पथ का सार्वभौमिक शिक्षण है – एक ऐसी कुंजी जो विश्व के किसी भी ताले को खोल सकती है । यह

शिक्षण सब रहस्यवादी सम्प्रदायों में पाया जाता है। इसके तीन दृष्टांत दिये जा रहे हैं :

प्लेटोत्तर (Neoplatonic) : "*जो कुछ उस पार है वही यहाँ भी है*" (प्लॉटाइनस)

कबालिक (Kabballistic) : "वस्तुतः *नीचे वाला मानव ऊपर के महामानव के पूर्णतया समरूप है*"। (*ज़ोहार*)

औपनिषदिक (Upanishadic) : "*जो यहाँ है वो ही वहाँ भी है, जो यहाँ नही वो कहीं भी नहीं*"। (*कठोपनिषद्*)

3

पुनीत परिणय

असली सृजनात्मक कार्य है विपरीतों का योग । यूँ तो साधारण गणित में एक धन और, उस ही के विपरीत, ऋण राशि को जोड़ने का फल होता है शून्य, परन्तु असली अनुभव के संसार में ऐसा नही होता । धन और ऋण के योग से एक नये सृजन की किरण फूट निकलती है, वास्तव में सच्चा सृजन ऐसे ही होता है । जैसा कि ब्लेक ने कहा है "बिना प्रतिकूलता के कोई प्रगति नही होती" । आत्मा के श्वेत व श्याम अर्धभागों के परिणय के फलस्वरूप ही वह आश्चर्यमय नया जन्म, आध्यात्मिक नया जन्म होता है जो तब तक सम्भव नही जब तक हम अपने आधे हिस्से को श्रेष्ठ, सम्माननीय इत्यादि कह कर कृत्रिम रूप से अलग किए रहते हैं । अपने अन्दर जिसका हम अनुमोदन करते हैं उस को इस प्रकार पृथक कर रखना और बाकी सब का बहिष्कार करने से केवल मानसिक निस्सारता ही पैदा हो सकती है, और होती है ।

अपने अन्दर जो कुछ भी अन्धकारमय होता है उससे हमें डर लगता है, बिना यह समझे कि यह अँधेरा हमारे अपने ही अन्दर के प्रकाश की छाया है, और इसलिए उससे अभिन्न है । प्राचीन पौराणिक कथाओं के "अपनी छाया खो बैठने वाले" व्यक्ति की कथा में निहित ज्ञान से हमें ऐसे व्यक्ति पर आने वाली विपदाओं के बारे में सचेत हो जाना चाहिए । यह कहा जायेगा कि देवताओं की छाया नही होती । यह सच तो है, पर देवता मनुष्य नही होते । उनकी प्रतिरूप छायाओं का पूर्णतया अथवा थोड़ा अलग अस्तित्त्व होता है और इसीलिए कहा जाता है कि मुक्ति पाने के लिए देवताओं को प्रकाश और अन्धकार को मिला कर मनुष्य बनना पड़ता है । मनुष्य में सार्वभौमिक शक्तियाँ संकेन्द्रित होती हैं और इसलिए उसके हृदय में सदा अँधेरा व उजाला दोनों ही रहते हैं ।

परन्तु अँधेरे से हम डरते हैं, उसमें डरावने प्राणियों का वास मानते हैं, और इस प्रकार हमें उनसे और भी अधिक डर लगने लगता है । अपने हृदय में जो कुछ काला होता है उसके कारण हमें कालिमा मात्र ही शत्रुवत लगने लगती है, यद्यपि उसका वैमनस्य वास्तव में

हमारे अपने ही डर का प्रक्षेपण होता है । हमारे लिए वह अँधेरा ऐसा अज्ञात अँधकार हो जाता है जहाँ एक भयंकर पिशाचिनी, शिशु भक्षीचुड़ैल रहती है । हम उससे दूर भागना चाहते हैं परन्तु वह हमेशा छाया की तरह हमारा पीछा करती रहती है और सृजनात्मक कार्यों मे उपयुक्त होने के बजाय हमारे मनोबल का क्षय होता जाता है ।

और यदि हम पलट कर इस छाया का सामना करें तो सब कुछ बदल जाता है । भयावह दुःस्वप्न प्रेरणा का स्रोत बन जाता है, दुष्ट चुड़ैल कल्याणी देवी बन जाती है और अँधेरे व उजाले के संयोग से एक ऐसी ज्योति चमक उठती है जो हमारे जाने पहचाने हर प्रकाश के पार होती है । "ऐसी ज्योति जो न कभी जल में थी न थल में" । परन्तु व्यवहार में यह बात कैसे बनती है? वह, जिसे हम प्रेम कहते हैं, सदैव हमें ऊपर की ओर, बाहर प्रकाश की ओर खींचता है; परन्तु वह, जिसे हम घृणा कहते हैं यानि हमारे प्रेम के विषय की छाया, उतना ही अपने भयबन्धन से हमें पीछे खीचता है । जिसकी हम तलाश करते हैं वह हमें आगे जाने को उत्साहित करता है, परन्तु, साथ ही जो कुछ उसमें शाामिल नही होता वह हमारी तलाश करने लगता है और हमें अपनी ओर खीचता है । हम तो सूरज को पाना चाहते हैं पर चाँद हमें पाना चाहता है और इन दो शक्तियों के बीच हम गतिहीन निस्सारता में डूबे रह जाते हैं ।

सूर्य जीवन का प्रकाश है परन्तु चन्द्रमा ज्ञान का वह प्रकाश है जो पूरी तरह तब ही खिलता है जब वह सूर्य के विपरीत स्थित होता है । इसीलिए हमें ज्ञान पाने के लिए *कठोपनिषद्* के नायक के समान साहस के साथ रात के मृत्युलोक में प्रवेश करना पड़ेगा क्योंकि वही हम उन गुप्त कारणों के बारे में जान सकते हैं जो जीवन के क्रिया कलाप का संचालन करते हैं – उन छिपे प्रवाहों के बारे में जो मन की नौका को आगे लिए चलते हैं । भगवान बुद्ध को पूर्ण ज्ञान की प्राप्ति और वस्तु विषयों के कारणों का गहरा अन्तर्बोध पूर्णिमा की रात को हुआ था । और उस रात भी पूर्णिमा थी, वैशाख की, जब उनका जन्म हुआ था और जब उन्होंने सत्य की खोज के लिए गृहत्याग किया था ।

इन दो पूर्णिमाओं के अर्थ भिन्न हैं क्योंकि बीच की अवधि में आकाश के छोर बिल्कुल बदल जाते हैं । ज्योतिष की भाषा में यूँ कहेंगे कि जन्म व गृहत्याग की वैशाख पूर्णिमा को सूर्य मेष, यानि जीवन की, राशि में था और चन्द्रमा तुला में अर्थात संतुलन में ।

(कुछ परम्पराओं के अनुसार) ज्ञान प्राप्ति के समय शरद पूर्णिमा को सूर्य तुला राशि में, दिन व रात के बीच संतुलित, तथा चन्द्रमा जीवन के घर, मेषराशि में था ।

भगवद्गीता के इन शब्दों का भी यही तात्पर्य है कि जो बहुतों के लिए दिन होता है वह द्रष्टा के लिए रात होती है और जो उनके लिए रात है वह उसके लिए दिन । विपरीतों का संयोग आंतरिक जीवन का एक महान सिद्धांत है । ऐसा सोचना बिल्कुल बेकार है कि बिना दूसरे छोर को लिए हम एक छोर को पा सकते हैं । होता यह है कि एक को अलग कर विकसित करने के अपने उन्मत्त प्रयासों द्वारा हम बस इतना ही कर पाते हैं कि दूसरे का अपने आप ह्रास हो जाता है । इस प्रकार वह कुरूप हो कर शत्रुवत बन जाता है ।

इसका एक व्यावहारिक दृष्टांत देखें । जिस मनोदशा को हम लोभ के नाम से जानते हैं वह मानव स्वभाव का एक अप्रिय पहलू है । परन्तु लोभ होता क्या है और उत्पन्न कैसे होता है? विश्व की दो गतियों के समान मन में भी दो प्रक्रियाएँ होती हैं, एक बहिर्गामी और दूसरी अंतर्गामी । प्राचीन काल से इन दोनों को बाहर और भीतर आती जाती साँस से प्रतीयमान किया जाता रहा है, और ऐसा कहते ही हमें यह मानना पड़ता है कि दोनों पूरी तरह एक दूसरे पर निर्भर होती हैं । दोनों ही आवश्यक हैं और, जैसे कि प्राणायाम में होता है, दोनों को पूर्णतया संतुलित होना चाहिए । मानसिक और शारीरिक स्वास्थ्य के लिए एक उतनी ही आवश्यक होती है जितनी दूसरी ।

तो लोभ अन्दर ली जाने वाली साँस की एक प्रव्यक्ति, एक विकृत प्रव्यक्ति है । यदि वह प्रव्यक्ति बदसूरत और दुःखदायी हो गई है तो इसका कारण यही हो सकता है कि उससे जुड़ी बाहर जाने वाली साँस पर किसी न किसी तरह ज़रूरत से ज़्यादा और एकांगी ज़ोर दिया गया है । हमें लेन देन की वैषम्यता को मान कर चलने की आम गलती से बचना चाहिए जिसके अनुसार एक को बदी व दूसरे को नेकी माना जाता है । यदि हमारा लेना घृणित हो गया है तो इसीलिए कि हमारा देना अविवेकी और असंतुलित हो गया है ।

बाहर जाती साँस – प्रदान की क्रिया – हमारा अपने आप का अपने चारों ओर के संसार पर बहिर्वेशन करना है । किसी व्यक्ति या पशु पर फूँक मारना, उस पर अपना अधिपत्य स्थापित करने या उसे अपने नियंत्रण में करने की एक प्राचीन जादुई विधि है । इतना कहने से ही

साफ़ समझ में आ जाता है कि हम ग़लती कहाँ करते हैं। साधारणतया हम इसलिए किसी को कुछ देते हैं ताकि दान के पात्र को अपने से बाँध लें यानि उसे क़ाबू में कर लें। यही कारण है कि इतनी तथाकथित दानशीलता व मानव सेवा अप्रिय प्रतीत होती है। और पतञ्जलि ने भावी योगियों को दान न लेने की चेतावनी दी है।

इस तरह देखें तो अधिकतर प्रदान की प्रक्रिया भी उतनी ही भद्दी प्रतीत होती है जितनी आदान की। परन्तु हम प्रदान के परम्परागत अतिमूल्यांकन से इतने मोहित हैं कि उसे विवेक रहित हो कर "अच्छा" मानते हैं और यह देखने को तैयार नहीं होते कि वह भी निःसंदेह उतना ही अहंकार से भरा हो सकता है जितना आदान। यह सब कुछ होने पर भी हम सब यह मानते हैं कि "करोड़पति की दानशीलता" दोषयुक्त होती है और उस व्यक्ति की स्वार्थपरता पहचान लेते हैं जो उद्विग्न स्वार्थपरता से अपने बन्धुओं की "भलाई" करने पर उतारू होता है।

इसलिए अपने स्वभाव से लोभ की जड़ उखाड़ने के लिए उस पर सीधे चोट करने से कोई फ़ायदा नही। लोभ तो हमारे स्वभाव की एक क्रिया का अतिमूल्यन है – ऐसी क्रिया का जो अपने आप में प्रव्यक्त जीवन के किसी भी स्तर पर बिल्कुल स्वस्थ और उसके लिए परम आवश्यक होती है। यदि हम इसके भद्देपन और हानिकारकता को नष्ट करना चाहते हैं तो पहले यह पता करना होगा कि वह अतिमूल्यन किस प्रकार का है जिसके कारण यह दूषित स्थिति उत्पन्न हुई है और, जैसा कि हम देख चुके हैं, ऐसा कर सकने का अर्थ है आकाश के दूसरे भाग की ओर, मन के दसरे छोर की तरफ़, देखना। हमारी बाहर निकाली जाने वाली साँस अहंकार द्वारा निदेशित, और बलपूर्वक दूसरों पर अपना प्रभाव डालने या नियंत्रण स्थापित करने के लिए न हो बल्कि निर्लिप्त होकर हम शांति से उसे इसलिए बाहर निकालें क्योंकि ऐसा करना स्वाभाविक होता है। देना एक ऐसी प्रक्रिया होनी चाहिए जो हमारे ऐसे सहज रूप से प्रवाहित हो जैसे प्रकाश सूर्य से प्रवाहित होता है और उन वस्तुओं से अनासक्त रहता है जिन पर वह पड़ता है। उसे इस बात की बिल्कुल परवाह नही होती कि उसे पृथ्वी ग्रहण कर रही है या वह अंतरिक्ष में खो जा रहा है। जिस हद तक हम ऐसी दानशीलता प्राप्त कर सकते हैं उतना ही हम देख सकेंगे कि जिसे हम अपना लोभ मानते आए हैं समाप्त हो गया है

और अपनी जगह अपना वह स्वस्थ मानसिक आधार, अन्दर की ओर ली जाती साँस, या ग्रहण की प्रक्रिया छोड़ गया है जिसे लोभ नाम से पुकारने की बात कोई सोच भी नहीं सकता ।

संस्कृत में इन प्रक्रियाओं को *योगक्षेम* कहते हैं । यद्‌यपि इस संयुक्ताक्षर का प्रयोग अनेक प्रकार से हुआ है तथापि इसका पूर्वार्ध, *योग,* बाहर जाती साँस का द्‌योतक है जो अन्य वस्तुओं से जुड़ जाती है (*युज*) या उन पर डाली जाती है । और उत्तरार्ध, *क्षेम,* का अभिप्राय है लेना या जो मिला हो उसकी देखभाल । जैसा कि *भगवद्‌गीता* बताती है, योगी को *निर्योगक्षेम* होना चाहिए यानि इन दोनों के पार या इनसे निर्लिप्त । इस वैराग्य को वह प्राप्त करता है जो प्राणायाम द्वारा बाहर भीतर आती जाती साँस को संतुलित करता है, परन्तु इस वक्तव्य को केवल स्थूल शारीरिक स्तर पर लेना बड़ी नासमझी होगी ।

अब एक अन्य विपरीत युगल को लीजिए जो सब से अधिक बुनियादी है, यानि जीवन और मरण । मृत्यु हमें इतनी कुरूप और भयानक क्यों लगती है? किसी मनुष्य या वस्तु को मृतवत कहना उसके लिए सब से बुरे अपशब्द कहना है । कोई वस्तु घातक या मारक होने के बावजूद भी सुन्दर प्रतीत हो सकती है परन्तु उसे मृतवत कहिए तो आपने उसके लिए एक नितांत घृणित शब्द का प्रयोग कर दिया । और घिनौनापन जीवन के घिनौनेपन से ही आ सकता है या उस जीवन के प्रति हमारे रवैय्ये और उसके बारे में हमारी धारणा से ।

हम फिर दुहरा दें कि जीवन बाहर जाती साँस है और मृत्यु उससे जुड़ी भीतर आती साँस । जीवन सूर्य है – सकारात्मक, सक्रिय और पुरुष; मृत्यु चन्द्रमा, नकारात्मक, ग्रहणशील और स्त्री है । यह भी सच है कि एक दूसरे दृष्टिकोण से जीवन होता है "अपनाना", अन्दर की ओर लेना और मृत्यु है बाहर जाना "प्रयाण" करना । परन्तु यह विरोधाभास सिर्फ़ दिखावटी है और वास्तव में हमारे वक्तव्य की पुष्टि करता है क्योंकि यह सब वस्तुओं में उनके विपरीत की उपस्थिति का आभास कराता है । यह तो एक जानी पहचानी कहावत है कि मृत्यु सनातन जीवन है और इतनी ही सच्चाई से हम यह कह सकते हैं कि भोजन करना मृत्यु है[1] । केवल स्थूल भौतिक आहार ही नही बल्कि

---

[1] **हिन्दू व बौद्ध दोनों ही परम्पराओं में चार प्रकार के आहार हैं । अधिकतर इन्हें ग़लती से चार प्रकार के भौतिक आहार समझा**

समस्त प्रकार के आहार के प्रत्येक ग्रास के साथ हम अपनी मृत्यु को अपने अन्दर लेते हैं । इसीलिए कहा जाता है कि जो योगी मृत्यु पर विजय प्राप्त करना चाहता है उसे आहार मुक्त हो जाना चाहिए । जिन वास्तविक दशाओं को हम जीवित या मृत कहते हैं वे मिश्रित दशायें होती हैं जो दो ध्रुवों की पारस्पारिक क्रिया से उत्पन्न होती हैं । मृत्यु जीवन के हृदय को कुतरती रहती है जब कि मृत्यु के ठीक बीचोंबीच जीवन की विजय होती है ।

"Blow bugles, blow, set the wild echoes flying!
And echo answeres, dying, dying, dying."

"रणभेरी बजे, रणसंगीत का तुमुलनाद गूँजे आकाश में !
और गूँज का प्रत्युत्तर आता है, मरते, मरते, मरते" ।

मृत्यु वह आइसिस (Isis) देवी है जिसके ढके मुँह पर कभी किसी मनुष्य की दृष्टि नहीं पड़ी है क्योंकि उसका सिंहासन जीवन के ही सिंहासन के समान प्रव्यक्त सत्ता की सीमाओं के पार होता है । किसी भी मनुष्य ने जीवन या मृत्यु के असली रूप पर अपनी आँख सच्ची तरह नही टिकाई है और जो कुछ उसने देखा है वह उन दो की पारस्पारिक लीला है जिससे समस्त प्रव्यक्त जगत बनता है ।

जीवन और मरण के इस अपरिहार्य गुंथन को न समझ पाने के कारण ही मृत्यु इतनी भयानक प्रतीत होती है । हम बड़ी उत्कट अभिलाषा के साथ जीवन के पीछे भागते हैं और इसलिए मृत्यु की भयावह आकृति हमारे पीछे पड़ी रहती है । हम जीवन की कामना करते हैं, उसकी ओर अपनी बाहें बढ़ाते हैं, अपने को उसमें प्रक्षेपित करते हैं और इसलिए मृत्यु हमें चाहती है, अपने हाथ हमें पकड़ने को बढ़ाती है, हर मोड़ पर हमारे लिए घात लगाए रहती है, और हमें अपनी ओर खीचती है । हम जीवित हैं, हम जीवन हैं, हम सूर्य हैं, हम विजयी हैं, सब ओर प्रकाश बिखेरते हैं और विश्व के पर्दे पर अपना सिक्का जमाए हैं । जो कुछ जीवन के प्रतिकूल है उसे हम अपने अन्दर से निकाल बाहर करते हैं । करोड़ों मर रहे हैं, करोड़ों मर चुके हैं । ऐसे भुतहा विचारों को निकालो बाहर । इन्हें दूर कर दो हमारी आँखों से । विजयोन्मत्त होकर हम कामनाओं के रज़ामन्द

जाता है परन्तु वास्तव में एक ही भौतिक है और अन्य तीन वह हैं जिसे अतिभौतिक कहा जाता है ।

गुलाम, अपने दिमाग़ों का इस्तेमाल यह साबित करने के लिए करते हैं कि भूत (ghosts) नाम की कोई चीज़ नही है । अपने वैज्ञानिक ज्ञान का इस्तेमाल करते हुए हम रात को दिन में बदल देते हैं ताकि हमें अँधेरे का सामना ही न करना पड़े और ऊपर आकाश में अपने भाग्य का अथक चक्र भी घूमता नज़र न आए । ऐसा ही हम उस दूसरी शीतकाल की रात के साथ भी करते हैं । क्या यह नही हो सकता कि हम उससे बचने को जहाज़ में चढ़ कर ग्रीष्म की तलाश में दूसरे ध्रुव की ओर चल पड़ें? या क्यों न लोहे भाप व काँच की मदद से अपने घरों में ही अपनी निजी ग्रीष्म ऋतु बना डालें?

निश्चय ही हम स्वयं अपने भाग्य विधाता हैं । दूसरे घटिया लोग मर सकते हैं पर हम...? हमारे लिए तो न रात होगी न शीत और न ही मृत्यु । किसी जँगली जाति ने अफ्रीका में किसी पादरी को मार दिया; उस पूरी जाति को ज़बरदस्ती अपने अधिपत्य में ले लेना होगा । टेम्स नदी में बाढ़ आती है और छै आदमी लंदन में डूब जाते हैं; यह तो महान विपत्ति आ गई और पूरा देश चीख़ने चिल्लाने लगता है कि उस बदमस्त नदी पर लगाम लगाई जाय । महामारी से असंख्य व्यक्ति मर जाते हैं; फ़ौरन हम सुवर्ण सूर्य के प्रतीक अपने संचित सोने के सिक्के निकालते हैं और उन्हें अस्पतालों व शोधकार्य में लगा देते हैं, इस विश्वास के साथ कि अपने छलकते जीवन से हम ऐसी प्रेतच्छायाओं को समाप्त कर देंगे । "इस शत्रु का मैंने वध किया है, कल औरों का वध करूँगा । मैं राजा हूँ, भोगी हूँ, सुसंस्कृत हूँ, बलवान और सुखी हूँ । अज्ञान से ऐसे मदान्ध" ।

अज्ञान से मदान्ध? हाँ, निश्चित रूप से । हम चाहे जो कर लें तिरस्कृत स्त्री के समान प्रतिकार की भावना से भरा भाग्य अपने दृढ़ क़दमों से हमारा पीछा करता ही रहता है और हम -

> *"Like one, that on a lonesome road doth walk in fear and dread,*
> *And having once looked back, walks on and turns no more his head;*
> *Because he knows a frightful fiend doth close behind him tread."*

> *"जैसे भय आतंक भरा कोई चलता हो निर्जन पथ पर,*
> *चलता जाए, एक बार बस देख, न देखे पीछे मुड़ कर,*
> *क्योंकि पता है उसे कि एक भयानक दानव उसके पीछे पीछे आता कदम बढ़ा कर" ।*

बच निकलने के इस घबराहट भरे प्रयास में हम परिवार, इतिहास और प्राचीन काल के जादू भरे सनातनत्व को अस्वीकार करते हुए भागते चले जाते हैं परन्तु चन्द्रमा के विषाक्त मृत्यु बाण अधिकाधिक संख्या में हमारे शरीरों को मार गिराते जाते हैं और वही दुष्ट चुड़ैल हमारे मनों को मनस्ताप व पागलपन की धज्जियों में चीरती जाती है। एक विषैले ठंडे कोहरे जैसा भय हम पर छा जाता है जो हमारे प्रिय सूर्य को आँखों से ओझल कर देता है और इस अँधेरे में हमें अपना रास्ता सूझे नही सूझता। हमारे ही पैरों तले हमारी सभ्यता की ठोस धरती फट जाती है और इन दरारों में से चन्द्रमा के खिंचाव से अथाह गहराइयों में दबे पानी के स्रोत उमड़ उठते हैं। ये हमें जलावर्त कर देते हैं और इनके स्पर्शमात्र में पागलपन होता है।

लेकिन क्या फ़ायदा ! हम अस्तित्त्व की एकता को छल नही सकते। बाहर जाती साँस के बाद अन्दर जाती साँस आयेगी ही, दिन के बाद रात, जाड़ों के बाद गर्मी और जीवन के बाद मृत्यु को आना ही है। हमें पलट कर चन्द्रमा की ओर भयभीत नही मैत्रिपूर्ण दृष्टि से देखना होगा। जिस मृत्यु का हम अवमूल्यन करते हैं यदि उसकी कठोर प्रतिध्वनि से बचना है तो जीवन का अतिमूल्यन करना और अपनी सारी मनोरथ सृष्टि को उसमें प्रक्षेपित करना बन्द करना पड़ेगा। हमें याद रखना पड़ेगा कि हमारी पीठ भी होती है और सीना भी, और चाहे अपने वक्षस्थल को सूर्य के स्वर्णकवच द्वारा रक्षित कर हम कितनी ही वीरता से आगे क्यों न बढ़ें हमारी पीठ उस चन्द्रमा के पैने बाणों के लिए खुली होती है जो यूनानी आखेटिका देवी आर्टेमिस (Artemis) के समान रात के अँधेरे वनों में शिकार करती है। इसी कारण पीठ में छुरा भौंकने का, अपने अनुयायियों के विश्वासघात का, घास में छिपे साँप का, अपने पीछे की खिड़की या दर्पण में अपने पीछे किसी की झलक का, हमें इतना डर होता है। क्या सब सौर नायकों पर इस तरह पीछे से वार नही किया गया? हरक्यूलीस (Hercules) को धोखे से विषाक्त कमीज़ पहना कर मारने की कथा याद कीजिए। ऐसे ही दृष्टांत हैं ज़ीगफ़्रीड (Siegfried) की पीठ में छुरा भौंकना, कर्ण का अपने रथ के पहियों को कीचड़ से निकालते समय वध होना, अख़िनाटेन (Akhenaten) पर किसी चान्द्र व्याधि का प्रकोप, रा (Ra) का विषैले सर्प द्वारा दंशन जिसे चालाक आइसिस (Isis) ने उसके रास्ते में रख दिया था। महाराज अगामेमनॉन (Agamemnon) का

अपने विजयोत्सव के अवसर पर चालाक पत्नी द्वारा हनन और आर्थर (Arthur) का अपने ही जातिभाई मॉरड्रेड (Mordred) के विश्वासघात द्वारा रहस्यमय अंत ।

आत्मा की कन्दराओं की गहराई में जो ज्ञान छिपा है केवल वही हमें इस दुर्गति से बचना सिखा सकता है । जैसा कि एल्यूसिस (Eleusis) की प्राचीन रहस्यमय गाथाओं में आता है, इन्ही गुफाओं में सूर्य और चन्द्रमा का पुनीत परिणय होना चाहिए । विजय प्राप्ति के लिए सूर्यवंशी श्री रामचन्द्र को चन्द्रवंशी दुर्गा के चरणों में नतमस्तक होना पड़ता है । और यह भी ध्यान देने योग्य है कि दुर्गापूजा का उत्सव भारतीय परम्परा के सनातन ज्ञान की बुद्ध पूर्णिमा से ठीक एक महीना पहले होता है । इस पूर्णिमा को अमरत्व का द्वार उन सब के लिए पूरी तरह खुल जाता है जिनके पास देखने के लिए आँखें हैं और भक्ति के लिए हृदय[2] । दुर्गापूजा के समय सूर्य विवाह योग (तुलाराशि) में होता है और जैसे ही वह पश्चिम के क्षितिज में अस्त होता है चन्द्रमा मध्याकाश में स्थित हो उसकी पूजा स्वीकार करता है । और फिर जब चन्द्रमा सूर्य के विपरीत[3] पहुँचता है तो पुनीत परिणय होता है । दोनों की ओर से तनाव बराबर हो जाता है और इनके द्वारा अस्तित्त्व के केन्द्र में आया आत्मा दिन और रात के बीच शांत संतुलन में स्थित भाग्य और रहस्यमय वर्ष का स्वामी होता है ।

यही होता है उसके साथ जो उस सच्चे चन्द्रमा को देख पाता है हमारी पृथ्वी का उपग्रह जिसका प्रतीक मात्र है, देख कर अपनी निर्भीक आँखों से उसकी शांत अमर दृष्टि का सामना कर सकता है, और बिना हिचक उसके ज्ञान-सीकर (wisdom-dew) के शीतल जल को अपने तप्त हृदय पर पड़ने देता है । धीरे धीरे गिरते ये सीकर कण कामना के ज्वर को शांत कर देते हैं, प्रत्येक चमकदार बूँद अपने

---

[2] लगभग सितम्बर-अक्तूबर । चन्द्रमा की कलाओं पर आधारित भारतीय पञ्चांग के कारण तारीख हर साल बदल जाती है । एल्यूसिस में जगदम्बा का पुण्य विवाह समारोह भी लगभग इसी समय मनाया जाता था ।

[3] चन्द्रमा जब सूर्य के विपरीत होता है तब ही पूर्णिमा होती है । ज्योतिष के प्रतीकों में अपने वैवाहिक साथी का घर, सातवाँ घर, मूलस्थान के सामने होता है और विवाह व विरोध दोनों को ही प्रतिबिम्बित करता है ।

हृदय में उस तारामय जीवन-मृत्यु के चक्र को प्रतिबिम्बित करती है जो ऊपर आकाश में अपनी शांत शाश्वत मान्यता के साथ घूमता रहता है ।

इस तरह जीवात्मा में ज्ञान का निर्मल संकल्पन होता है । इसे निर्मल इसलिए कहा जाता है क्योंकि इसका जनक न कोई मनुष्य होता है न ग्रंथ बल्कि वह शाश्वत सर्वव्यापी आकाश जिसका प्रतिक्षण बदलता अपरिवर्त्य स्पन्दन अब जीवात्मा की पंखुड़ियों पर अंकित हो गया है । यह छाप समय के अंत तक बनी रहेगी और इस पर न तो जीवन और न मृत्यु ही हावी हो सकेगी । अब जीवात्मा कभी आकाश तरंगों पर एकतरफ़ा साँस नही लेगा और अहंकारपूर्ण आवेश में आकर यह नही कहेगा "मैं ही तो यह विश्व हूँ, यह सब कुछ मेरा है" । परन्तु वह ज्वार के बाद निष्प्रभ भाटे की सी कुटिल प्रक्रिया में भी नही पड़ेगा और न ही वह सुनेगा -

"Its melancholy long withdrawing roar,
Retreating to the breath
Of the night wind, down the vast edges drear
And naked shingles of the world."

"उसकी वापसी की लम्बी कसकीली गर्जना,
जाती रात्रि उच्छ्वास की ओर
पार करती दुनिया के नंगे शैलखंड
और विस्तृत सुनसान छोर" ।

यह नही कि ये दोनों गतियाँ पत्थर की तरह अचल हो जायेंगी । "प्रकृति तो बस क्षण भर के लिए ही स्तब्ध हो सकती है" । जब तक संसार रहेगा तब तक सूर्य और चन्द्रमा अपना रहस्यमय सोने चाँदी का तानाबाना समय के करघे पर बुनते रहेंगे – बाहर और भीतर की साँस का तानाबाना, जीवन और मृत्यु का ताना बाना । अब अंतर यही है कि जीवात्मा अपना तादात्म्य सिर्फ सुनहरे धागे के साथ ही स्थापित कर दूसरे चांदी वाले के द्वारा जबरन नही पकड़ा जाता और वह चमचमाती चाँदी अब कामना के गंधक से काली नही पड़ जाती । इसकी जगह रात के तारामय ज्ञान का दिन के ज्योतिर्मय जीवन के साथ सम्मिश्रण हो जाता है और मिल कर दोनों एक सामञ्जस्यपूर्ण नमूना बनाते हैं । जैसा कि हम *ईशोपनिषद्* में पढ़ते हैं ः "*विद्यां*

चाविद्यां च यस्तद्वेदोभयँ सह । अविद्यया मृत्युं तीर्त्वा विद्ययाऽमृतमश्नुते ॥ – बहिर्वेशन और परावर्तन, जो इन दो को एक साथ जानता है वह परावर्तन के ज्ञान से मृत्यु को पार कर बहिर्वेशन के ज्ञान से अमरत्व प्राप्त करता है"[4] । या जो प्रतीक हम यहाँ उपयोग कर रहे हैं उनके शब्दों में चन्द्रमा को जानने वाले के लिए मृत्यु वह नही रह जाती जो अधिकांश लोगों के लिए होती है, यानि भयावह, आतंकदायी; और प्राणमय सूर्य के ज्ञान से जीवात्मा शाश्वत जीवन के आनन्द को प्राप्त होता है ।

इस प्रकार जीवात्मा की गहराइयों में विपरीतों के संयोग से, सूर्य ओर चन्द्रमा के पुनीत परिणय से, ज्ञान का संकल्पन होता है । उसके जन्म यानि प्रव्यक्ति से पहले अभी कुछ समय लगेगा । अपना वास्तविक शिक्षण आरम्भ करने से पहले क्या स्वयं भगवान बुद्ध, बोधिप्राप्ति के बाद भी, कई सप्ताह रहस्यमय वृक्षों के नीचे नही बैठे रहे थे?

यह भी हमारे ऊपर के आकाश के प्रतीकों में अमिट अक्षरों में लिखा है । बुद्ध पूर्णिमा के ठीक एक पक्ष बाद दीवाली की अमावस्या आती है जो पश्चिम के हैलोवीन (Halloween या *All Hallow's E'en*) की अँधेरी रात के समरूप है । चन्द्रमा तुलाराशि में सूर्य के साथ चला जाता है और इस अँधेरे में अजीब बातें होती हैं । यह जादू की रात होती है जब सब प्रेतात्माएँ मनुष्यलोक में आकर यहाँ के निवासियों के साथ मैत्रिभाव से मिलती हैं । ये आत्माएँ या प्रेत, जो समय गर्भ के प्राणी हैं, उस भूतकाल के जो बीत चुका है और फिर भी मौजूद है, देहधारी आत्मा के पास उस सबकुछ की एकता का संदेश लेकर आते हैं जो गुज़र चुका है । हज़ारों ध्वस्त युगों के खंडहरों व करोड़ों ध्वस्त जीवनों के कंधों पर चढ़ कर ही जीवात्मा आज अपनी इस ज्ञानमय संतुलित स्थिति पर पहुँचा है । क्या उसका यह कर्तव्य नही कि अपना ज्ञान आने वाले जीवधारियों को प्रदान करे ताकि अतीत और भविष्य अनुभव की प्राणमय कड़ियों से जुड़ सके? जीवात्मा की गहराइयों में ही वे सब गुज़रे हुए जीवधारी होते हैं और वही सब आनेवाले जीवधारी भी है । इनका निरंतर क्रम टूटना नही चाहिए और

---

[4] *सम्भूति और विनाश* **(जिसे अंग्रेज़ी में प्रायः** creation and destruction **कहा जाता है) को एक साथ देखना यही है ।**

इसलिए जादुई अँधेरे की गहराइयों से कर्तव्य का संदेश लिए एक त्रसित आवाज़ आती है – उन सब की आवाज़ जो इसलिए जिए, जिन्होंने इसलिए दुःख भोगे और जो इसलिए मरे ताकि जीव वहाँ पहुँच सके जहाँ वह है । "शांति की नीरवता से एक गूँजती आवाज़ उठेगी और यह आवाज़ कहेगी ः ठीक नही है, तूने फ़सल काटी है अब तुझे बोना होगा । और इस आवाज़ को स्वयं नीरवता जान तू इसका पालन करेगा" । (*लाइट ऑन दि पाथ*)

यही रहस्यमय आन्तरिक जन्म का स्पन्दन है और इसके शीघ्र बाद जैसे ही सूर्य मृत्यु व रहस्यमय पुनर्जन्म की राशि वृश्चिक में जाने वाला होता है दैवी जन्म का उत्सव मनाया जाता है – रूपवान कार्तिकेय[5] का जन्मोत्सव । कार्तिकेय अग्नि व जल का तेजस्वी पुत्र है जो सप्त ऋषिपत्नियों द्वारा पोषित होकर देवताओं का सेनापति बना । तारामय आकाश रूपी मयूर पर आरूढ़, बारह भागों वाले भाग्यचक्र पर अधिपत्य के द्योतक बारह भुजाओं से युक्त, योगशक्ति का धनुष बाण धारण किए वह देवताओं के शत्रु तारकासुर का वध करता है । ठीक इसी प्रकार प्राचीन मिस्र में श्येन के सिर वाले नवयुवक देवता होरस (Horus) ने, जो मृत ऑसिरिस (Osiris) का दैवी पुत्र था, सेत (Set) नामी अन्धकार के दुष्ट दानव का वध किया था ।

इस प्रकार होता है वह पुनीत जन्म जिसके समय, जैसा कि हमें प्राचीन गुप्त परम्पराओं में मिलता है, दीक्षा देने वाला अपने आध्यात्मिक पुत्र को मंत्र देते समय मृत्यु को प्राप्त होता है । और इस प्रकार हम अपने आरम्भिक विषय पर वापस आते हैं – उस नए और जादुई सृजन पर जो विपरीतों के संयोग से उत्पन्न होता है । इस विषय के पीछे हम आकाश और पृथ्वी भर में घूम आए हैं और

---

[5]कृत्तिका नक्षत्र, जिससे कार्तिकेय नाम पड़ा है, उन सत्ताईस तारापुंजों में से एक है जो चन्द्रमा के पथ को आकाश में अंकित करते हैं । किसी समय इसे पहला नक्षत्र माना जाता था जिससे चान्द्र वर्ष का आरम्भ होता था और जिसे देवताओं के सेनापति कार्तिकेय का रूप दिया जाता था । बहुत से अन्य प्राचीन उत्सवों के समान कार्तिकेय के उत्सव का भी पौराणिक ईश्वरवादी मतों के उत्थान के साथ ह्रास होने लगा क्योंकि ये सम्प्रदाय अपनी अधिक मानवीय सहजता के कारण लोकप्रिय होने लगे हालाँकि इस प्रक्रिया में कभी कभी प्राचीन प्रतीकों में निहित गुप्त सार्थकता की हानि हुई है ।

शायद उन महान अस्तित्त्वों की चमक से हमारी आँखें चौंधिया गई हो जिनकी निरंतर चक्रमय गति समस्त विश्वों का प्रकाश है । परन्तु इसके पीछे जो सिद्धांत है वह साधारण जीवन में भी हमारे लिए अत्याधिक व्यावहारिक महत्त्व का है । हमारे जीवन का निर्माण भी वैसे ही विपरीतों के ताने बाने से होता है जैसे कि उन महापुरुषों के जीवन का । और यह सीखना हमारा काम है कि इन में से किसी एक को दबा कर और दूसरे को उभार कर नही बल्कि दोनों के संतुलन और सामञ्जस्यपूर्ण क्रियाकलाप द्वारा ही हम नियति के जुलूस मात्र न बने रह कर सर्जनात्मक जीवन जी सकते हैं और दुःखमय भाग्य चक्र से छुटकारा पा कर मुक्ति के लक्ष्य की ओर कुछ क़दम उठा सकते हैं ।

जिन्होंने यहाँ तक पढ़ने का धैर्य दिखाया है उनमें से कुछ अधीर हो कर पूछेंगे कि आख़िर यह सब किसके बारे में कहा जा रहा है । क्या हैं वे सूर्य और चन्द्र, जन्म और विवाह? क्या मतलब है इन सब का? यदि इस शब्दजाल के पीछे कुछ अभिप्राय है तो उसे सीधे सादे ढंग से सामने नही रखा जा सकता? ऐसों से बस यही कहा जा सकता है कि ये तो मन्दिर के मुख्यद्वार पर अंकित प्रतीक हैं, उनका यहाँ किया गया प्रतिलेखन भले ही दोषपूर्ण हो, परन्तु जो भीतर प्रवेश करेगा (और इस मे कोई ज़बरदस्ती नही है) उसे स्वय इन प्रतीकों को पढ़ने की क्षमता प्राप्त करनी होगी क्योंकि यदि इस क्षमता के बिना वह अन्दर पैर रखेगा तो निश्चय ही भ्रमों के जाल में फँस जायेगा । दूसरी बात यह है कि तथाकथित आधुनिक चिन्तन की भाषा केवल दिमाग़ की भाषा है, जब कि जिस ज्ञान की हमें खोज है वह आत्मा का ज्ञान है । अतः इस क्षेत्र में केवल दिमाग़ में आधारित भाषा की झूठी स्पष्टता बेकार होती है ओर मूर्त प्रतीकों की वह भाषा सीखना ज़रूरी है जो सदैव गहरे मानसिक स्तरों की भाषा रही है ।

4

विस्मृत देश

मरने के बाद क्या होता है, यह समस्या मनुष्य को सदा तंग करती रही है। कितनों का कहना है कि यह समस्या पृथ्वी पर हल नही हो सकती और यदि इसका कोई उत्तर है तो वह उस अँधेरे द्वार के पार "उस अनजाने देश में" जाकर ही मिल सकता है "जिसकी सीमाओं से कोई पथिक वापस नही आता"। परन्तु यह एक भ्रम है, ठीक उस भ्रम की तरह कि उस सुदूर श्यामल शैल शृंखला के उस पार आनन्दलोक है और यदि कुछ और नहीं भी सही तो उस पार यहाँ से फ़रक और सुन्दर जीवन तो है ही। परन्तु अफ़सोस ! पर्वत के उस पार की वादियाँ केवल साधारण बातों में ही फ़रक होती हैं। जिसने दुर्बोध द्विमुखी स्फ़िन्क्स (Sphinx) को इस पृथ्वी पर नही समझा है उसे यह आशा नही रखनी चाहिए कि उसे उस "महान प्रश्न" का उत्तर मरने भर से मिल पायेगा। यहाँ की तरह वहाँ भी हम जीवन और मृत्यु नाम के दो चेहरों में से एक को ही देख सकेंगे। जो पहेली को बूझ दोनों चेहरों को एक साथ देख सकता है वही स्फ़िन्क्स के सिंहासन पर विराजमान हो सकता है।

इस जिज्ञासा में विभिन्न धर्म हमारी सहायता नही कर पाते। परन्तु मरने के बाद क्या होता है इस मसले पर वे सब अपनी अपनी तरफ़ से बड़ी निश्चित सूचना प्रस्तुत करते हैं। उनके वक्तव्यों पर विचार करना फ़ायदेमंद होगा क्योंकि दुर्भाग्यपूर्ण असंगतियों के बावजूद इनमें काफ़ी सत्य छिपा होता है। इन असंगतियों के कारण ही हमें सतर्क रहना चाहिए कि इन वक्तव्यों को अक्षरशः सत्य न मान बैठें और सतह के नीच देखने की कोशिश करें। ऐसा करने की और भी अधिक आवश्यकता इसलिए है क्योंकि धर्म के मठाधीशों की मूर्खता व धूर्तता, उपदेश देने और जनसाधारण को डरा कर रखने की आवश्यकता ने उस सच को इतने झूठ से मिला दिया है कि वही इस भूलभुलैया में अपना रास्ता पा सकने की आशा कर सकता है जिसके पास इसकी अपनी स्वतंत्र कुञ्जी हो।

इस तरह हिन्दुओं और बौद्धों ने अपनी धार्मिक पुस्तकें ऐसी परीकथाओं से भर ली हैं जिनमें मनुष्य मेंढक और छिपकली[1] की योनि में जन्म लेते हैं, और ईसाइयों में तो दो परस्पर विरोधी मान्यताएँ एक साथ प्रचलित प्रतीत होती हैं । ईसाइयों का एक विश्वास तो यह है कि मृत्यु के तुरन्त बाद वे या तो स्वर्ग के सुख भोगने के लिए ऊपर चले जाते हैं या सदैव आग में झोंके जाने के लिए नीचे नरक में । इसके साथ ही दूसरा विश्वास यह है कि वे अपनी क़ब्र में शान्तिपूर्वक सुदूर भविष्य में क़यामत के दिन तक सोए रहेंगे और तब स्वर्ग या नरक का फ़ैसला किया जाएगा ।

यद्‌यपि हमारा "पवित्र धर्म" – वह चाहे जो भी हो – एकदम डंके की चोट से हमारा भविष्य बताता है, हमारे अपवित्र हृदय गुप्त रूप से उसे क़तई नहीं मानते । बाहर से वे भले ही हाँ में हाँ मिलाते रहें परन्तु भीतर से उतना ही आन्तरिक इन्कार रहता है ।

इसलिए, अब धर्म के ठेकेदारों को छोड़ उन प्रेतवादियों को देखा जाय जो यह दावा करते हैं कि माध्यमों की सहायता से वे मृत व्यक्तियों की आत्माओं के साथ हमारा सम्पर्क स्थापित करा सकते हैं । यहाँ हमें दूसरा ही वातावरण मिलता है । प्राचीन द्रष्टाओं के लेखनों पर आधारित धर्मशास्त्रों का यहां कोई स्थान नहीं है । उनकी जगह हमें एक अँधेरे कमरे में ले जाया जाता है जहाँ एक माध्यम – जो कभी कभी संदिग्ध अतीत वाला व्यक्ति होता है – अंतर्लीनता जैसी स्थिति में आकर प्रायः यंत्रवत वचन या लेखन द्वारा किसी के दिवंगत चाचा या फिर ऑलिवर क्रॉमवॅल या जूलियस सीज़र के संदेश लाने का करतब दिखाता है । यह सबकुछ बिल्कुल साफ़ व पक्का होता है – कम से कम ऐसा हो सकता है अगर माध्यम अच्छा हो – और अगर हम मन्दिर की खिन्न गरिमा खो भी बैठे हों तो भी ऐसा लगता है कि प्रयोगशाला की अथवा लोकप्रिय वैज्ञानिक पत्रिकाओं की यथातथ्यता तो पा ही जाते हैं ।

परन्तु, और यह इस मामले का दुर्भाग्यपूर्ण पहलू है, क्या ये संदेश सचमुच उन विदेह आत्माओं से आते हैं जिनके नाम पर वे थोपे जाते

---

[1] यहाँ परीकथा शब्द का उपयोग जानबूझ कर किया गया है क्योंकि ऐसी कहानियाँ अक्षरशः लेने पर तो झूठी होती हैं परन्तु परीकथाओं के समान इनमें गहरे प्रतीकात्मक अर्थ होते है ।

हैं? इस प्रकार के दावों का प्रमाण क्या है? इस प्रश्न पर बड़ी विद्वता से कई पुस्तकों में विचार किया गया है परन्तु अंत मे नतीजा यही निकलता है कि उत्तर हमें मालूम नही, और ऐसा प्रतीत होता है कि और किसी को भी दरअसल मालूम नही है। हाँ यह बात पक्की है, कि विभिन्न माध्यमों द्वारा दिये गये विवरण उतने ही भिन्न होते हैं जितने विभिन्न धर्मों के शिक्षण, कि इन विवरणों पर प्रायः माध्यम के अपने अचेतित मन की छाप लगी होती है, और यह कि साइकीय शोधकर्ताओं के अनेक चतुर मानदण्डों के बावजूद संशय से पूरी तरह बच पाना सम्भव नही होता। इस के अतिरिक्त इन सियांस (seance) कक्षों में एक विचित्र सी मानसिक अस्वस्थता भरी होती है जो बाद में आदत पड़ जाने पर वैसे ही महसूस नही होती जैसे गंद्दी नाली की दुर्गंध, गोकि इससे नुकसान अपना ही होता है।

कहने का तात्पर्य यह नही है कि सब माध्यम धोखेबाज़ होते हैं। इनमें से कई स्त्री पुरुष बड़े आदर्शवादी व निष्ठावान होते हैं और फिर सब धोखाधड़ी अलग करने के बाद साइकीय (psychical) शोधकार्य द्वारा ऐसे कितने ही सच्चे चमत्कार सामने लाए गए हैं जो अत्यन्त रुचिकर हैं और रुढ़िवादी विज्ञान के लिए अनजाने हैं। ये तथ्य इतने दिलचस्प और क्रान्तिकारी हैं कि कितने ही वैज्ञानिक इनके अस्तित्त्व को मानने के अलावा कुछ भी करने को तैयार होते हैं। बहरहाल, फिर भी यह प्रेतवादी सिद्धांत कि ऐसे अलौकिक आविर्भाव प्रेतात्माओं के द्वारा ही होते हैं, ध्यानपूर्वक जाँच करने वालों की राय में अप्रमाणित ही रहता है।

भौतिक विज्ञानों का वास्ता केवल भौतिक शरीरों से होता है और इसलिए वे तकनीकी भाषा में वही बता सकते हैं जो हम पहले से ही जानते हैं, यानि हमारे शरीरों को कीड़े खा जाते है या वे आग में जल कर भस्म हो जाते हैं। जहाँ तक किताबी दर्शनशास्त्र का सवाल है यदि कोई उसके अगर-मगर के मोटे पोथों में कोई भी निश्चित बात ढूँढ निकाले तो वह इस लेखक से अधिक भाग्यवान होगा। अब बस मनोविज्ञान ही रह गया है, परन्तु इस विद्या की टाँग अभी भी शरीर विज्ञान की धारणाओं, स्नायु तंतुओं, मस्तिष्क की गठन इत्यादि की रस्सी से बँधी है। वह इस स्थिति में पहुँच ही रहा है जहाँ वह साइकी (psyche) और साइकीय कारणत्व (psychic causation) का स्वतंत्र अस्तित्त्व मान सके।

तो क्या उत्तर पाने की कोई सूरत नही है? क्या कोई विज्ञान नही है जो हमारी सहायता कर सके? है ऐसा विज्ञान परन्तु उसके दृढ़निष्ठ विद्यार्थी थोड़े ही है और आचार्य और भी कम । यह सब से पुराना विज्ञान है जिसके अनेक नाम हैं जिनमें से योग, रहस्य विज्ञान (occultism) और जादू अधिक जाने पहचाने हैं । यद्यपि इस विज्ञान पर अनेक पुस्तकें लिखी गई हैं तो भी यह सदैव गुप्त रहता है क्योंकि यह आत्मा का विज्ञान है । इसके उपकरण, इसके प्रयोग तथा इसके न्यास व निष्कर्ष सब आत्मा के ही अन्दर होते हैं और वही हर जिज्ञासु को उन्हें अपने लिए चुपचाप ढूँढना होता है ।

इसलिए यदि हम इस विज्ञान के कुछ निष्कर्षों को अपनी धुँधली बौद्धिक धारणाओं के पदों में प्रस्तुत करने का प्रयत्न करते हैं तो यह इसलिए नहीं कि ऐसा अनुकथन ही ज्ञान माना जा सकता है बल्कि इस आशा से कि शायद ऐसे भोंडे व अनुपयुक्त चित्रण से भी कोई पाठक इस खोज यात्रा पर चलने को लालायित हो जाय ।

हम शुरु में ही कह दें कि आत्मा ने मर्त्य शरीर का आवरण एक बार नही कई बार धारण किया है और इसलिए उसे यह अनुमान नही लगाना पड़ता कि शरीर की मृत्यु के बाद क्या होगा । उसे तो इसका अनुभव-जन्य ज्ञान होता है । हम दुबारा कह दें कि आत्मा को पता है कि भौतिक जीवन के क्षितिज के पार क्या है क्योंकि वह वहां जा चुकी है या, और अधिक सही शब्दों में कहना चाहिए कि, इस समय भी उसका निवास स्थान "अस्ताचलगामी सूर्य के प्रकाश में" ही नहीं बल्कि संसार की परिधि के नीचे उस रहस्यमय दिन में भी है जो हमारे लिए इस कारण रात के समान प्रतीत होता है क्योंकि हम केवल शारीरिक आँखों से देखते हैं । जैसा कि *भगवद्गीता* का कहना है "जो सब प्राणियों के लिए रात है वह द्रष्टा के लिए दिन है" । इसका उलटा भी सच है "जो सब प्राणियों के लिए दिन है वह द्रष्टा के लिए रात है" ।

इसलिए आइए आत्मा को उसकी गुफा में ढूँढें और उससे उसके ही ज्ञान के बारे में पूछें ।

मर्त्यलोकवासी ः मृत्यु के बाद क्या होता है?

आत्मा ः चुप रहती है ।

मर्त्यलोकवासी ः मैं फिर पूछता हूँ, मृत्यु के बाद क्या होता है?

आत्मा ः तुम बोलने वाले कौन हो?

मर्त्यलोकवासी ः मैं? बस एक मनुष्य । मेरे नाम का कोई मतलब नही क्योंकि मैं अपने सब बन्धुओं की ओर से बोल रहा हूँ । अखाड़े में मृत्यु पर्यन्त लड़नेवाले हम योद्धा तुम्हें प्रणाम करते हैं, महारानी । हम मरने वाले हैं और तुम्हें देवी कहा जाता है ।

आत्मा ः तो मरता कौन है?

मर्त्यलोकवासी ः यह शरीर मरता है और समाप्त हो जाता है । हम में से कुछ की धारणा है उसके साथ सब कुछ समाप्त हो जाता है । पृथ्वी को पृथ्वी, वायु को वायु; जो शरीर में है उसके अतिरिक्त और कोई जीवन नही है ।

आत्मा ः फिर भी जब तुम सोते हो और स्वप्न देखते हो तो तुम्हारा शरीर चेतना रहित होता है यद्यपि उस समय तुम देखते हो, सुनते हो, सुख और दुःख भोगते हो । कौन है वह "तुम" जो शरीर की सहायता के बिना देखता है और सुनता है?

मर्त्यलोकवासी ः मैं जानता हूँ तुम क्या कहोगी – कि स्वप्न में हमारा सूक्ष्म शरीर मरने के बाद भी बना रहता है । यह तो पुराने ज़माने का मूढ़ाग्रह है जो उस समय पैदा हुआ था जब लोग स्वप्नों की सच्ची प्रकृति के बारे में कुछ नही जानते थे । परन्तु अब हम जानते हैं कि वे कामनाओं के दमन के कारण पैदा होते हैं, वे कामनाएँ जिनकी प्रव्यक्ति हम जाग्रत अवस्था में नही कर पाते ।

आत्मा ः तुम शब्दों के जाल में फँसे हो । क्या वस्तुओं को भिन्न नाम देने से वे भिन्न हो जाती हैं? उन प्राचीन युगों में जिन्हें तुम इतना तुच्छ समझते हो यह बताया जाता था कि स्वप्न-शरीर कामना-शरीर होता है, हाँ उन कामनाओं का जिनकी चेतना जाग्रत अहंभाव को नही होती । क्या तुमने *वासना*[2] के बारे में नही सुना, अतीत की जाग्रत वासनाओं के बारे में? तुम्हारी आँखें उन छायाओं से अन्धी हो गई हैं जिन्हें तुम भौतिक वस्तुएँ कहते हो, और इसलिए भौतिक के अलावा और कोई वास्तविकता तुम्हें नही सूझ पड़ती । मैं फिर पूछती हूँ – सपना देखने वाला "तुम" कौन है?

---

[2]*वासना* ः किसी बात की अचेतित मन में रही सूक्ष्म स्मृति ।

मर्त्यलोकवासी ः जो कुछ भी हो वह स्वयं "मैं" नही, क्योंकि स्वप्न में वे ही कामनाएँ प्रव्यक्त होती हैं जिन्हें मेरे व्यक्तित्व ने ठुकरा दिया हो । लगता है कि वे किसी ऐसे प्राणी की होती हैं जो मुझ से विशाल और गहन है, जिसकी स्मृति मेरी स्मृति से बड़ी है जिसके मापदण्ड और फ़ैसले मेरे नही हैं । किस के हैं वे सपने? क्यों न मैं यह कहूँ कि वे किसी महान अचेतन जीवन के हैं जिसकी सतह पर मैं एक झाग मात्र हूँ, एक लहर, एक नाशवान रूप जो उस समुद्र के ऊपर तैरता रहता है जिसने उसे जन्म दिया है ।

आत्मा ः तुम उसे देखना तो नहीं चाहते मगर फिर भी तुम सच्चाई को देख रहे हो । बस ग़लती यही है कि तुम उस जीवन को "अचेतन" कहते हो क्योंकि सचमुच तुम्हें स्वयं उसकी चेतना नही है । यह तो मैं तुम्हें बता दूँ कि विश्व में कहीं भी बिना चेतना के जीवन नही होता और न ही जीवन के बिना चेतना । तुम्हारा व्यक्तित्व अवश्य उस समुद्र की सतह पर एक आकृति है, ऐसी आकृति जो किन्ही नियमों के अनुसार बनी है और जो घड़ी घड़ी बदलती रहती है और एक दिन समाप्त हो जाएगी । कामना की आँधी ने इस तरंग, इस आकृति को जन्म दिया और वही उसे अपने सदैव बदलते रास्ते पर चलाती है और जिसे तुम मृत्यु कहते हो उस समय नही बल्कि जब यह आँधी हल्की होकर बन्द हो जाती है तब जाके ही यह तरंग एकबार फिर समुद्र में समा जाएगी । यदि तुम अपने को यह तरंग मानो तो निश्चय ही तुम्हारी मृत्यु होगी क्योंकि नई आकृतियों को जन्म देते हुए वे सदा बदलती रहती हैं । वास्तव मे प्रति क्षण तुम्हारी मृत्यु होती है केवल "मृत्यु" के समय ही नहीं क्योंकि किन्ही भी दो क्षणों में तुम एक से नही होते और निरंतर बदलते रहते हो । जिसे तुम "मैं" कहते हो, क्या इस आकृति से तुम इतने प्रसन्न हो कि उसे हमेशा के लिए बनाए रखना चाहते हो?

मर्त्यलोकवासी ः हरगिज़ नही ! परन्तु मैं चाहता हूँ कि इस आकृति को उत्कृष्ट बनाऊँ और उसके परम उत्कृष्ट रूप में जीवन यापन करूँ ।

आत्मा ः अवश्य करो । परन्तु ऐसा करने के लिए तुम्हें अपना तादात्म्य उस अपरिवर्तनशील सत्ता के साथ स्थापित करना होगा जिससे सब आकृतियों का उद्भव होता है । और फिर "सम्पूर्ण की आकृति" के अलावा अन्य कोई भी आकृति अपने में और अपने लिए सर्वोत्कृष्ट

नही होती । मैं ही वह "सम्पूर्ण" हूँ और इसलिए यदि सनातन जीवन चाहते हो तो मुझ में रहो, किसी सीमित अंश में नही ।

मर्त्यलोकवासी ः परन्तु, मैं, मैं, मैं ... ऐसा लगता है कि जिस जीवन का तुम मुझे वादा कर रही हो वह मेरा नही रहेगा । दीपक की ज्योति के समान मुझे बुझना पड़ेगा और मेरी अमूल्य निजी विशिष्टता किसी ऐसे कुछ में खो जाएगी जिसके बारे में मैं यह नही महसूस कर सकता कि वह मैं हूँ ।

आत्मा ः यदि तुम उस क्षुद्र अहं को, जिसे तुम अपनी अमूल्य विशिष्टता कहते हो उसको, चाहते हो तो तुम्हारा कहना सच है । चाहे जो कुछ हो वह अहं तो बदलेगा और गुज़र जाएगा, वह सदा बना नही रह सकता । परन्तु मैं तुम्हें फिर बता दूँ कि जिस अहं से तुम चिपके हो वह तुम्हारे लिए भय का कारण है, तुम्हारे सब दुःखों की कठोर और जटिल जड़ है । क्यों तुम उससे चिपटे हो जो आँसुओं के अलावा और कुछ नहीं देता, और उल्लू जैसी बेवकफ़ आँखों से केवल आती जाती लहर को ही देखते हो और उस जल को नही जिससे वह लहर बनी है? जान लो कि तुम जल हो, लहर नही, और सारा विषाद समाप्त–तुम अमर हो ।

मर्त्यलोकवासी ः शायद । परन्तु फिर भी तुम्हारा यह अमरत्व मुझे फीका लगता है । मेरी स्मृति, मेरे सुखों और दुःखों की याद, मेरे राग और द्वेष, मेरे संघर्ष और मेरी असफलताएँ – इनका क्या होगा? ऐसा अमरत्व किस काम का जिसमें वह सब कुछ जो मुझ पर गुज़रा, जो मैंने किया, खो जाता है । भलाई के लिए जो सब यत्न मैंने किए, सौन्दर्य को जितना भी मैंने देखा वह सब ऐसे लुप्त हो जाएगा जैसे कभी था ही नही ।

आत्मा ः असल में ऐसा है नही क्योंकि स्मृति मुझ में बनी रहती है । सत्य और सौन्दर्य केवल मुझ में ही रह सकते हैं क्योंकि ये दोनों सामञ्जस्यमय सम्पूर्ण के पहलू हैं, परस्पर संघर्षरत भागों के नही । जब तक तुम अपने क्षुद्र अहं तक ही सीमित रहते हो तब तक तुम कभी कभी ही उस आश्चर्यमय विधान की झलक देख पाते हो जो मेरे अन्दर है । मैं वह वृक्ष हूँ जिसके तुम पत्ते हो । मैंने तुम्हें जाया है और अपने रस से पाला पोसा है ताकि तुम ग्रीष्म ऋतु के सूर्य का प्रकाश और वायु अपनी साँसों में खीच सको । तुम तो सूख कर झड़

जाते हो परन्तु तुम्हारी ग्रहण की हुई वायु और प्रकाश लुप्त नही होते। वे मेरे अन्दर प्रवेश कर वहाँ बने रहते हैं – उस प्राणरक्त के रूप में जिसके साथ शीत की रात्रि के बाद तुम फिर बाहर निकलते हो।

मर्त्यलोकवासी ः ऐसा बिल्कुल नही होता ! अगले वर्ष तो एक दूसरा ही पत्ता प्रस्फुटित होता है, इसलिए लगता है दुबारा जन्म लेने वाला मैं नही कोई और होगा। उसे मेरा उत्तराधिकारी तो शायद माना जा सकता है पर वह मैं नही हूँ।

आत्मा ः फिर वही मैं, मैं ! क्या इस मैं को तुम छोड़ नही सकते? क्या तुमने यह पुरानी कहावत नही सुनी है कि "जो आत्मा को बचाना चाहेगा वह उसे खो देगा"? जिसने यह कहा था वह मुझे पूरी तरह जानता था और इसीलिए वह कह सका "आकाश और पृथ्वी गुज़र जायेंगे परन्तु मेरे शब्द नही"। जिन्होंने भी मुझे जाना है वे इस बात को जानते रहे हैं और विभिन्न शब्दों में उन्होंने अपने अनुयायियों को यह सिखाने का प्रयत्न किया है। तुम्हारे अन्दर जो कुछ भी सत्य, शिव, सुन्दर है वह सदा मेरे अन्दर बना रहेगा ठीक वैसे ही जैसे तुम्हारे खाए भोजन में जो कुछ भी उपयोगी है वह तुम्हारे अन्दर बना रहता है। बेकार का कूड़ाकर्कट क्यों बनाए रखना चाहते हो?

मर्त्यलोकवासी ः बस शब्द, शब्द, शब्द ! मैं तुमसे अपने भाग्य के बारे में पूछने आता हूँ और तुम मुझे प्राचीनकाल के भविष्य वक्ताओं की तरह चित्रों और पहेलियों से टाल जाती हो। मेरी समझ में तो आती नही तुम्हारी तरंगें, पत्तियाँ और भोजन। चाहे दुनिया भर के सारे रूपकों का प्रयोग कर लो परन्तु न तो तुम्हारा अर्थ मेरी समझ में आता है और न तुम्हारा आशय मैं स्वीकार करता हूँ।

आत्मा ः अब कही तुमने बात – तुम सच को स्वीकार नही करते। जहाँ तक मेरे शब्दों का सवाल है तुम मुझ से चाहते क्या हो? पहले मैंने सत्य मौन रह कर व्यक्त किया था पर तुमने उसे नही सुना। तुम्हें शब्द चाहिए थे लेकिन शब्द चित्र नही तो और क्या हैं? वे भाववाची शब्द भी जिन्हें आजकल तुम इतना मानते हो अन्ततः तुम्हारे ऐन्द्रिक अनुभव के लिए किए गए चित्रण ही तो हैं। और जैसा कि तुम भी जानते हो ऐन्द्रिक अनुभव होते मर्त्य हैं। मर्त्य अमर्त्य का उद्घाटन कैसे करेगा? परन्तु फिर यदि तुम शब्दों की दीवार बना कर उनके पीछे छिपने के बजाय उनका झरोखे की तरह इस्तेमाल कर

उनके परे देखो तो इन शब्दों के द्वारा भी तुम शब्दातीत सत्य को देख सकते हो।

मर्त्यलोकवासी ः क्या आप साफ़ साफ़ नही बता सकती कि मृत्यु के समय क्या होता है?

आत्मा ः मैंने तो साफ़ साफ़ बताया था, लो फिर सुन लो। जब तुम छोटे थे तो तुम्हारे अन्दर एक प्राण था जो तुम्हारे अस्तित्त्व में ऐसे उठा जैसे किसी वृक्ष के अन्दर रस चढ़ता है। तुम्हारा शरीर और उसके साथ मानस विकसित होकर ग्रीष्म के सूर्य की तरह मध्यान्ह शिखर पर पहुँच कर अपने सामने फैली पृथ्वी को निहारने लगा। राजा की तरह निहारा उसने, स्वयं मधुर उष्णता में रहते हुए उसने अपने तेज से वस्तुओं के संसार को उष्णता प्रदान की। परन्तु उस स्थिति में वह बना न रह सका क्योंकि सब वस्तुएँ बदलती रहती हैं और जिसका उत्थान होता है उसका पतन अवश्यंभावी है। धीरे धीरे उतार शुरु हुआ। जिस प्राण ने सब वस्तुओं को उष्णता दी थी वह वापस होने लगा, उसकी सिकुड़न से तुम्हारे शरीर की नरमी और गरमी ख़तम होने लगी। तुम्हारा मन भी खेद के साथ बाहर की दुनिया से मुख मोड़ अपनी स्मृतियों में मग्न रहने और, यदि समझदार हुआ तो, अपनी शीतल गहराइयों में निस्सीम को ढूँढने के लिए अन्तर्मुखी हो गया। ऐसा है कि नही? और क्या इसी कारण तुम मेरे पास मृत्यु देश के ज्ञान की खोज में नहीं आए हो, उस देश के ज्ञान की जिसके बारे में तुमने उस समय कोई ध्यान नही दिया जब जीवन सरिता तुम्हें बाहर की ओर दिखती थी?

मर्त्यलोकवासी ः ठीक कहती हो। बोलती जाओ।

आत्मा ः जिस जीवन के बारे में मैं कह रही हूँ वह जीवन तुम्हारा असली अहं है, वह तुम्हारे हृदय में अस्त होता जाता है और अन्त में शरीर बिल्कुल ठंडा और शिथिल हो जाता है और तुम्हारी इच्छाशक्ति की आज्ञा का पालन नही कर पाता। अब आता है अन्त, समाप्ति, मृत्यु। मन -

मर्त्यलोकवासी ः हाँ, मन क्या होता है? क्या वह भी समाप्त नही हो जाता?

आत्मा ः धैर्य रखो। मन अंतर्मुखी हो गया है। बाहरी दुनिया के प्राणियों के साथ अब उसका कोई सम्बन्ध नही रह जाता। वह अकेले

अपने विचारों और भावों के समृद्ध संसार में मग्न रहता है । इतना तो तुम भी जान सकते थे अगर तुम उस शिक्षण कक्ष में पढ़े होते जिसे तुम लोग स्वप्न कहते हो । यदि जीवन की अमरता को समझना चाहते हो तो अब भी उस कक्ष में जाकर सीख सकते हो ।

मर्त्यलोकवासी ः आपका मतलब है कि मरने के बाद मन सपनों में लिपटा रहता है? क्या हैं वे स्वप्न?

आत्मा ः सब सपने क्या होते हैं? कामना का जाल जो तुम्हारी कामनाएँ बुनती हैं, तुम्हारे बाहरी जीवन के रेशे से । जीवन में तुम्हारे कर्म कामना प्रेरित थे, जैसी तुम्हारी कामनाएँ थी वैसे ही अब तुम्हारे स्वप्न होंगे । काम और द्वेष की अग्नि से भरे नरक यही हैं, जिनके बारे में तुम्हारे धर्मग्रन्थ बच्चों को डरानेवाली कहानियाँ सुनाते थे जो यदि ठीक से समझी जाँय तो सच्ची हैं । सुख और शांति के स्वर्ग भी यही हैं । परन्तु सब नश्वर हैं और जैसे ही उन्हें क्रियान्वित करने वाली संचित ऊर्जा निकल जाती है वे सब छायाओं के समान गुज़र जाते हैं ।

मर्त्यलोकवासी ः और तब?

आत्मा ः "मेहनत के बाद आराम, तूफ़ानी समुद्र के बाद बन्दरगाह" । प्राण भीतर और गहराई में पैठता जाता है । स्वप्न क्षेत्र पार हो जाता है और आत्मा की नौका एक महान प्रशांति में पहुँच जाती है । वे स्वप्न, जीवन में तुम्हीं ने बनाये थे । हाँ, तुम्हीं ने अपने स्वर्ग और नरक बनाये थे । वे कितनी देर चले और किस प्रकार के थे यह सब इस से निर्धारित हुआ कि तुमने अपना जीवन कैसे जिया । जब एक बार उस रात में पहुँच जाते हो जो संसार के क्षितिज के नीचे है तो तुम्हारी मार्गदिशा तय हो जाती है और अब तो लिपटे स्वप्नों का खुलना भर होता है । परन्तु चाहे लम्बे हों चाहे छोटे, सुखी हों या दुःखी, सब कुछ की तरह उनका भी अन्त हो जाता है और फिर सब शांति ही होती है ।

मर्त्यलोकवासी ः नितांत विस्मृति की शांति?

आत्मा ः कामना की शक्तियों की विस्मृति । इस शांति में प्रवेश करने से पहले काम-शरीर की मृत्यु होती है वैसे ही जैसे तुम्हारे बाहरी शरीर की मृत्यु होती है । अब कामना भी वैसे ही सो जाती है जैसे शीतकाल में बीज में जीवन सोता है, फिर ऋतु आने पर जाग उठने

के लिए। इसलिए जिसका जीवन पृथ्वी पर पूरी तरह कामना को समर्पित था वह उस शांति के बारे में कम ही जान पाएगा। वह मज़े से अँधेरी अचेतना में वैसे ही सोया रहेगा जैसे कोई उद्वेगशील स्वप्नों के बाद आने वाली स्वप्नरहित नींद में सोता है। जिसने पृथ्वी पर अपना सर कामना के गंदले पानी के ऊपर उठा लिया हो और यही सत्य व सौंदर्य के दर्शन करने का प्रयास किया हो उसे नींद का काला अचेतन बादल नहीं घेरेगा बल्कि एक उज्ज्वल ज्योति मिलेगी जिसमें वह सब कुछ अपनी पूर्ण आभा के साथ चमकेगा जिसकी उसने पहले बस झलक ही देखी थी। "पृथ्वी पर टूटे चाप, स्वर्ग में सम्पूर्ण मण्डल"। इस प्रकार सब मनुष्य मेरे पास आते हैं वैसे ही जैसे वे स्वप्नरहित निद्रा में आते हैं, परन्तु यद्यपि मैं सब को अपनी गोद में लेती हूँ फिर भी जिन्होंने नींद से जाग कर मेरा चेहरा देखा है वे ही सचेत हो निद्रा या मृत्यु की रात में मुझे पहचान सकते हैं। परन्तु मेरे अस्तित्त्व में प्रवेश करने वाले प्रत्येक को एक क्षण के लिए प्रकाश की एक कौंध अवश्य दी जाती है जिससे उसे, डूबते हुए व्यक्ति की आँखों के सामने उसके पूरे जीवन के दृष्यों के आने के समान, जीवन के उस अनन्त सूत्र का दर्शन होता है जो रात और दिन के करघे पर अपने प्रतिमान बुनता रहता है। वे सब बीते हुए दिन (अनेक जीवनों का वह सरिता प्रवाह जो समय की परिधि तक जाता है) एक क्षण के लिए उस समय चमक उठते हैं जब उनमें यह सब से नया दिन जोड़ा जाता है। उसके प्रकाश में मन को सम्पूर्ण उद्देश्य की थोड़ी सी झलक मिल जाती है और इस तरह सब में व्याप्त उस जीवन की जो मैं हूँ। पर्दा एक बार फिर गिरता है, आधीरात बीत जाती है, उतार के बाद चढ़ाव फिर से शुरु हो जाता है। अपने स्रोत के सम्पर्क से पुनः संजीवित हो जीवन सरिता एकबार फिर दिन के प्रकाश की खोज में निकल पड़ती है।

मर्त्यलोकवासी ः फिर हमारा पुनर्जन्म होता है?

आत्मा ः पुनर्जन्म तो होता है पर जिसका पुनर्जन्म होता है वह तुम हो या नहीं यह फ़ैसला तुम्हें ही करना होगा। जीवन सरिता तो एक ही है, उतरती, चढ़ती, विभिन्न जीवनों को पिरोती, अन्य धाराओं से मिल सम्पूर्ण की एक प्रतिमान बनाती हुई। जो धारा तुम थे, या जो अब भी तुम हो, वह बहती हुई स्वप्नदेश में जाती है। इस देश में कामना फिर जागृत हो उठती है और अपने लिए काम-शरीर का

निर्माण करती है । यह शरीर उन कामनाओं का उत्तराधिकारी होता है जिन्हें वह पिछली प्रशांति के समय छोड़ चुका था । इसी को तुम कर्म कहते हो । कुछ लोग भाग्य कहते हैं । इन कामनाओं से प्रेरित हो वह ऐसे मानव युगल को ढूँढता है जो उसे अपनी आवश्यकताओं के लिए उपयुक्त एक नश्वर शरीर दे सके । ये आवश्यकताएँ मैं निर्धारित करती हूँ, जैसा कि तुम कहोगे, प्रवाह के अन्दर नैसर्गिक रूप से काम करते हुए । इस तरह वह प्राण माता पिता की धाराओं के साथ मिलता है, उनके हृदय में और नए बनते हुए शिशु के शरीर में प्रवेश करता है और एक नया दिन देखने के लिए जन्म लेता है, असंख्य जीवनों को वसीयत में लिए लेकिन एक नए शरीर, स्मृति और मस्तिष्क के साथ ।

मर्त्यलोकवासी ः तो स्मृति नष्ट हो जाती है? मुझे इसी का डर था ।

आत्मा ः स्मृति मुझ में ही रहती है, असंख्य जीवनों की स्मृति । यदि देह रखते मुझमें प्रवेश करना सीख लो तो यह स्मृति तुम्हारी है । यदि यह न हो सका तो इसे मैं तब तक सँजोए रखता हूँ जब तक हम दुबारा न मिलें । तुम्हारा मस्तिष्क नया होता है और उसमें वही स्मृतियां रहेंगी जिन में उसने भाग लिया हो । इस तरह तुम एक बार फिर साहसिक यात्राएँ शुरु करते हो, पुरानी स्मृतियों के दुर्वह बोध से मुक्त । फिर भी तुम्हारे अतीत का सारा संग्रहीत ज्ञान सदैव तुम्हारे साथ रहता है क्योंकि वह मुझ में बना रहता है और मैं तुम में होता हूँ । यदि तुम अपने हृदय में मेरी वाणी सुनोगे तो वह वाणी तुम्हारा मार्ग निर्देशन करेगी और जीवन की भूलभुलैया में तुम्हारा रास्ता एक ऐसे ज्ञान द्वारा निर्धारित होगा जो तुम नहीं जानोगे कि कहाँ से आया, जो तुम्हारा नहीं मेरा होगा, परन्तु फिर भी वह तुम्हारा सच्चा स्वरूप होगा क्योंकि तुम वही हो जो मैं हूँ । ऐसे ही दिन रात का चक्र तब तक घूमता रहता है जब तक प्रतिमान पूरा नही हो जाता और एक विशाल व आश्चर्यमय सम्पूर्ण में घुलमिल नही जाता । यह सम्पूर्ण इतना विशाल है कि तुम्हारे सीमित मानस द्वारा ग्राह्य नही है ।अच्छा तो अब विदा । सब वस्तुओं में मुझे ढूँढो – अपने मित्र को, अपने प्राण को, अपने सच्चे स्वरूप को । जो मुझे प्राप्त कर लेता है वह अँधेरे में उजाला देख लेता है – मृत्यु के बीच जीवन, दुःख के हृदय में सुख, परिवर्तन चक्र में विश्राम, और द्वेष में प्रेम ।

मर्त्यलोकवासी ः तो फिर बता तू कौन है, मैं कैसे तुझे पाऊँ?

आत्मा : मैं कौन और क्या हूँ यह बताया नही जा सकता । शब्द तुम्हारा वर्णन कर सकते हैं पर मेरा नही । मैं उन से परे हूँ । रही उस पथ की बात जो मुझ तक पहूँचता है, लो मैं बताती हूँ :

मुझे अपने हृदय के अन्दर अँधेरी गुफा में खोजो । वहाँ उस रात में जो दिन का हृदय है उस दिन को ढूँढो जो रात का हृदय है । बिना कानों के सुनो, बिना अपनी आँखों के देखो । तब छिपी गहराइयों में तुम्हें एक वेदी दिखाई देगी जो वायुमण्डल में निराधार तैर रही होगी । उस पर एक ज्योति चमकती है जो बिना बत्ती व तेल के जलती है । उस ज्योति में प्रवेश करो और यद्यपि अहं को मरना होगा, मुझे पाओ ।

5

संशय और उनका समाधान

साधारणतया लोगों का संशयों के प्रति बहुत ग़लत रुख़ होता है। संशय को ज्ञान का रास्ता समझने के बजाय वे उसे ऐसी ग़लत चीज़ मान बैठते हैं जिसे होना ही नही चाहिए था। संशय तो ज्ञान का द्वार है और इसीलिए विज्ञान ने, जो संशय और प्रयोग पर आधारित है, इतनी प्रगति की है जब कि धर्म, जो सैकड़ों या हज़ारों साल पहले लिखी पुस्तकों पर अंधविश्वास पर आश्रित है, धीरे धीरे लोगों के मन से उतरता जा रहा है। हमारे पास जो भी ज्ञान है वह अपने समय के मान्यता प्राप्त विश्वासों के प्रति किसी न किसी के संशय के फलस्वरूप ही है। यह बात धर्म के क्षेत्र में भी उतनी ही सच है जितनी विज्ञान के क्षेत्र में।

आजकल धर्म क्या है? अधिकतर तो यह अपने पिता या गुरुजनों द्वारा सिखाए गए विश्वासों को आँख बंद कर मान लेना ही है। लोगों को यह कहते सुना जाता है कि "मेरा धर्म ऐसा कहता है, हमारा सम्प्रदाय ऐसा कहता है, हमारे धर्मग्रन्थ ऐसा कहते हैं"। जैसे उनका धर्म, सम्प्रदाय या पुस्तकें क्या कहती हैं उसका ज़रा भी मूल्य हो ! जिस चीज़ का महत्त्व है वह है सत्य, और सत्य की उपलब्धि तो तब ही हो सकती है जब कोई इसकी क़तई परवाह न करे कि उसके सम्प्रदाय और ग्रन्थ क्या कहते हैं, और निर्भीक व दृढ़व्रत हो कर वह अपने हृदय और आत्मा से उसकी खोज में तब तक लगा रहे जब तक वह मिल न जाय।

इसका ज़रा भी महत्त्व नही है कि इस बात में कितने विश्वासों को छोड़ना पड़े और कितने भ्रम ग़ायब हो जाएँ। सत्य तो नित्य है और जो उस तक जाने वाले निर्भीक जिज्ञासा के रास्ते से डरते हैं वे लक्ष्य तक कभी नही पहुँचेंगे। जैसे कोई ईमानदार आदमी अपने कामों की किसी जाँच से नही डरता वैसे ही सत्य को खोजने वाला अपने विश्वासों के आधार की जाँच से नही डरता। वह जानता है कि जो सत्य है उसे कोई हिला नही सकता और जो खुली जाँच से हिल

सकता है वह सत्य नही और उसका कुछ वास्तविक मूल्य नही हो सकता ।

सच्चे संशयों को निरर्थक कुतर्क करने या अपनी विद्वता प्रकाश के लिए बहस करने की बेकार आदत से नही गड़बड़ाना चाहिए । और न ही यह रवैया होना चाहिए कि क्योंकि बुनियादी प्रश्नों के बारे में संशय है इसलिए किसी भी अन्य विषय पर अन्तिम परिणाम नही निकाला जा सकता । दृष्टांत के लिए यदि हम यह नही समझते कि संसार कैसे उत्पन्न हुआ तो इसका मतलब यह नही कि हम अन्य ऐसी बातों को भी मानने से इन्कार कर दें जिन्हें सत्य सिद्ध किया जा सकता है । जैसे, चाहे कोई वैज्ञानिक यह न भी जानता हो कि बिजली की असलियत क्या है तो भी वह इस बात पर संशय क्यों करे कि कोई विद्युत यंत्र विशेष काम करता है ।

निष्कपट संशय तो प्रगति के प्रथम चिह्न होते हैं । यदि शिष्य को शक हो तो गुरु को यह नही समझना चाहिए कि वह कपटी है, बल्कि उसे उत्साहित करना चाहिए क्योंकि वे इस बात की निशानी हैं कि शिष्य स्वयं विचार कर रहा है और स्वतंत्र रूप से विचार करना सत्य के पथ की पहली मंज़िल है ।

यहां तक आकर यही नही रुका जा सकता । मन को स्थायी तौर पर संशय में नही रहने देना चाहिए क्योंकि इससे वह दुर्बल हो जाता है और समस्त क्रियाशीलता व प्रगति समाप्त हो जाती है । मन में एक बार संशय उत्पन्न होने के पश्चात उसका ठीक से उत्तर निकालने का पूरा प्रयत्न करना चाहिए । अधिकतर लोग संशय को चुप करा देते हैं, उसे अपनी आँखों से दूर कर ऐसा बन जाते हैं जैसे वह है ही नही । परन्तु ऐसा करना बेकार है । संशय हृदय के और भीतर मर्मस्थलों में घुस जाता है और वहाँ रह कर संशय करने वाले के मन को अंदरूनी फोड़े की तरह विषाक्त करता जाता है । अपने हृदय के संदेह की वाणी को चुप कराने के लिए मनुय बाहरी तौर पर और अधिक उग्रता से अपनी राय ज़ाहिर करने लगता है क्योंकि मन ही मन वह खुद उन बातों को नहीं मानता और इसलिए दूसरों को अपनी बात से सहमत करा कर यह महसूस करना चाहता है कि अनेक लोग उसके साथ हैं । इस प्रकार दबाया हुआ संशय ही अधिकांश धार्मिक प्रचार का स्रोत होता है । और यह प्रायः सच होता है कि जो दूसरों को अपने धर्म या दृष्टिकोण से सहमत कराने में विशेष तत्परता

दिखाता है उसके अपने मन में सब से अधिक संदेह होते हैं । यह कट्टरता और पाखण्ड का रास्ता है और इसलिए जिसके मन में किसी भी विषय पर शंका पैदा हो गई हो उसे उसका समाधान करने में कोई कसर नही उठा रखनी चाहिए ।

पहला क़दम है समस्या को ठीक से समझना और इसके लिए समर्थ लोगों की उसके बारे में राय सुन लेना और उस विषय पर पुस्तकें पढ़ लेना लाभदायक होता है ।

बहरहाल, यह तो पहला क़दम है और यदि उत्तर न मिले तो स्वयं उसे ढूँढ निकालने की तैयारी करनी चाहिए । इसके लिए दो बातें ज़रूरी हैं ः निष्कपट मानसिक निष्ठा और अथक प्रयास । हमें अपनी कामना और पूर्वाग्रहों को अपनी जिज्ञासा के रास्ते में नही आने देना चाहिए । हमें सब तथ्यों को ईमानदारी से देखना चाहिए और इसलिए नही छिपाना चाहिए कि यदि हम उनकी ओर से आँख फेर लेंगे तो वे ग़ायब हो जाएँगे ।

अब आता है प्रयास । समस्या को ठीक ठीक समझने के बाद हमें अपनी पूरी शक्ति से उसका हल निकालने के लिए ऐसे भरसक प्रयत्न करने होंगे जैसे भूखा भोजन ढूँढने के लिये करता है । समस्या पूरे दिन हमारे विचारों में रहनी चाहिए । केवल ध्यान के समय ही नहीं, हर समय हमें विचार मग्न रहना चाहिए और फिर ऐसा करने के बाद मन को स्तब्ध कर देना चाहिए ताकि यदि सम्भव हो तो वहाँ उत्तर आ सके । जब मन में पर्याप्त तनाव पैदा हो जाता है तो यह निश्चय है कि उत्तर मिलेगा; और यदि नही मिलता तो इसका यही मतलब है कि या तो पूरी तरह विचार नही किया गया है या प्रश्न ठीक से नही पूछा गया । जिस प्रश्न के विभिन्न पद समझ में ही न आये हों उसका हल निकालने का प्रयास बेकार है । उदाहरण के लिए, यह पूछना कि ईश्वर ने संसार की रचना क्यों की तब तक बेमतलब है जब तक आप इस बारे में स्पष्ट न हों कि "ईश्वर" शब्द से आप क्या समझते हैं । जब सब पदों का अर्थ स्पष्ट हो तभी उत्तर मिलना सम्भव है ।

परन्तु यदि आप निश्चित रूप से प्रश्न के सब पदों का अर्थ समझते हैं और उत्तर फिर भी नही मिलता तो प्रश्न पर तब तक विचार करते रहना चाहिए जब तक पर्याप्त तनाव न बन जाय । तब एक न एक दिन उत्तर मिल जाएगा, या तो जब मन स्तब्ध हो तब अन्तर्दृष्टि की कौंध के रूप में या स्वप्न में जब मन निद्रा में स्तब्ध रहता है ।

मगर नीद में स्वप्न या ध्यान में दर्शन होने का यह अर्थ न लगाएँ कि वह निश्चित रूप से ईश्वर प्रदत्त सत्य है । स्वप्न और अंतर्दर्शन नितांत भ्रमपूर्ण भी हो सकते हैं । उत्तर को ध्यानपूर्वक जाँचना चाहिए कि वह आपकी बुद्धि व हृदय को संतुष्ट करता है या नही । यदि नही करता तो नये सिरे से यत्न करना होगा । यदि सन्तोषप्रद है तो आपको अपना उत्तर मिल गया परन्तु फिर भी यह नही सोचना चाहिए कि वह अंतिम सत्य है । अधिक सम्भावना इस बात की है कि आप अभी पूर्ण सत्य के लिए तैयार नही हैं और जितना समझ सकते थे उतना सच उत्तर आप को मिल गया है । इसलिए जिसे पहले सत्य समझा हो उसे नये ज्ञान के प्रकाश में संशोधित करने को हमेशा तैयार रहना चाहिए, ठीक वैसे ही जैसे कोई वैज्ञानिक नये तथ्यों के प्रकाश में पुराने सिद्धांतों को छोड़ने को तैयार रहता है ।

इस तरह यह देखा जा सकता है कि सत्य का पथ दुर्गम और चढ़ाई वाला है । एक के बाद दूसरी ग़लती होगी लेकिन अगर आप बिना थके और निराश हुए लगे रहेंगे तो कभी न कभी उस ज्ञान तक पहुँच जायेंगे "जिसे जान कर सब कुछ जाना जाता है" । यही एकमात्र निरापद व निश्चित पथ है । अन्य पथ या तो आप को रुढ़िवादिता के रेगिस्तान में छोड़ देंगे या भ्रम के जंगल में । राय मशवरे तो कही भी मिल सकते हैं लेकिन अगर सत्य की दरकार है तो इसी पथ पर चलना पड़ेगा चाहे वह कितना ही कठिन क्यों न हो । हाँ इस बारे में आप अवश्य निश्चित रहें कि निष्ठा और प्रयास अंत में अवश्य सफलता प्रदान करेंगे ।

सत्य स्वयं आप के अन्दर निहित है । आपके द्वारा ही उसे खोजा और परखा जा सकता है । आपके अन्दर ही वह मिलेगा ।

6

अतीत, वर्तमान और भविष्य

हम जिस युग में रह रहे हैं उसका एक महत्त्वपूर्ण लक्षण यह है कि भविष्य में रुचि विशेष रूप से घनीभूत हो गई है, और वह किस राह पर जाएगा यह बता सकने के निरन्तर प्रयत्न किए जा रहे हैं। यहाँ हमारा मतलब दुनिया भर में हो रही ज्योतिषशास्त्र के प्राचीन विज्ञान में पुनर्जागृति से नहीं, यद्यपि वह भी लाक्षणिक है, बल्कि उन निरंतर बढ़ती संख्या में छपने वाली पुस्तकों और लेखों से है जिनमें उन भावी नए विकासों के बारे में लिखा जाता है जो होने ही वाले समझे जाते हैं, या उन विचार विमर्शों से जो भविष्य विज्ञान, आने वाले कल के धर्म, नए युग की कला और आने वाली सामाजिक प्रणाली के बारे में विश्व भर में हो रहे हैं।

जब हम देखते हैं कि भविष्य चिन्तन में हमारी मानसिक ऊर्जा इतनी अधिक मात्रा में ख़र्च हो रही है तो इसमें कोई संदेह नहीं रह जाता कि आजकल हमारी साइकी में ही कुछ गोलमाल है, यानि इस समय कोई स्थिति ऐसी है जिससे हम ठीक तरह निपट नहीं रहे हैं। लोग कहेंगे कि जब हमारे चारों ओर की दुनिया इस बुरी हालत में हो जिसमें वह आज है, तो "स्वाभाविक" ही है कि हम तरसती आँखों से भविष्य की ओर देखें।

परन्तु सच तो यह है कि किसी भी वास्तविक समस्या का हल बाह्य जगत में नहीं केवल साइकी में ही मिल सकता है। तथाकथित बाह्य जगत, हमें आच्छादित करता प्रतीत होने वाला पर्यावरण, हमारी आन्तरिक दशाओं का प्रक्षेपण होता है, ठीक उतने ही निश्चितरूप से जितना पर्दे पर बना चित्र प्रोजेक्टर में लगी स्लाइड का प्रक्षेपण होता है। हमारा सामान्य बोध – वर्तमान स्थिति को बनाए रखने के पक्ष में तर्क करने को लगाया गया वकील – इस कथन का चाहे कितना ही प्रतिरोध क्यों न करे, बात बिल्कुल सही है यद्यपि इसे पूरी तरह समझना आसान नहीं। एक बात तो हम आसानी से देख ही सकते हैं – कि जिसे हमारा सामान्य बोध एक ही मानता है वह पर्यावरण भी विभिन्न आन्तरिक परिस्थितियों में भिन्न होता है। एक व्यक्ति के लिए

मनुष्यों के निवास से दूर वन अपार शांति, सुन्दरता व संतोषदायक स्थान होता है । दूसरे व्यक्ति, या उसी के लिए एक अन्य आन्तरिक दशा में, वही भयानक या उकता देने वाला हो सकता है । अन्य किसी पर्यावरण के बारे में भी यह सच है, चाहे वह कार्यालय हो या प्रयोगशाला या उद्यान विहार । हम वही देखते हैं जिसका हमने अपने भीतर से प्रक्षेपण किया होता है । जिस पर्दे पर वह दिखता है वह निरपेक्ष होता है ।

परन्तु एकदम निकट के पर्यावरण पर इस प्रक्षेपण, इस आन्तरिक वस्तुविषय के बाह्यीकरण, के अतिरिक्त एक और भी प्रक्रिया होती है ः समय में प्रक्षेपण । पहले किस्म के प्रक्षेपण से अपने चारों ओर के दीप्त संसार में रुचि उत्पन्न होती है । यह दीप्ति उस आकर्षण या प्रत्याकर्षण की ज्योति से आती या उठती है जो उसके अपने स्वभाव में बिल्कुल नही होते और वास्तव में हमारे भीतर से आते हैं । दूसरे किस्म के प्रक्षेपण से अतीत या भविष्य काल में रुचि उत्पन्न होती है और वे भी हमारे द्वारा प्रदत्त ज्योति से चमक उठते हैं – नितान्त जाभ दुई स्वभाव की ज्योति से । इस बात को तो भौतिकवादियों तक ने देख लिया है क्योंकि बर्टरंड रसल (Bertrand Russell) कहते हैं, "इसीलिए अतीत में ऐसी जादुई शक्ति होती है" । डंकन (Duncan) के ये शब्द, "जीवन के अशांत ज्वर के बाद अब चैन की नीद" मतलब समझ सकने वालों के लिए अत्यन्त सारगर्भित हैं । अपनी कविता "सेंन्ट ऐंगनेसॅज़ ईव" के अन्तिम शब्दों द्वारा कीट्स (Keats) ने अपनी कृति को एक जादुई आभा दे दी–

And they are gone, ay, ages long ago
These lovers fled away into the storm.

चले गए हैं वे, हाँ, चले गए हैं कब के
प्रेमी झंझा के बीच पलायन कर गए ।

जैसे ही ये शब्द बोले जाते हैं पाठक की मनोस्थिति बदल जाती है । जादू सा हो जाता है और एकाएक वीरता, जोखिम व भाव भरी कथा जादूगर के एक इशारे से स्तब्ध हो जाती है और पुराने "बीते युगों" के सुरक्षित क्षेत्र में पहुँच जाती है ।

तो वर्तमान है क्या? अतीत और भविष्य क्या हैं? अब हम यहाँ अपने लेखक के विशेषाधिकार का प्रयोग करेंगे और बिना तर्क के तथ्य

सामने रखेंगे। ऐसा हम बिना झिझक इसलिए भी करेंगे क्योंकि इस तरह तथ्य या तो किसी को दिखते हैं या नहीं। जो देखने को तैयार नही हैं उन्हें तो कोई दलील सहमत नही करा सकेगी, और फिर सत्य का सामना करने से डरने के कारण भी तो अनेक हैं।

वर्तमान, यानि वह पर्यावरण जो हमें यह निबन्ध लिखते या पढ़ते समय घेरे हुए है, उस सब का प्रक्षेपण है जो हमारे मन में स्पष्ट और प्रत्यक्ष है, जिसे हम चाहे पसंद करें चाहे नापसंद पर जिसकी स्पष्ट चेतना हमें होती है। यह प्रक्षेपण धीरे धीरे एक क्षितिज पृष्ठभूमि – एक आच्छाया – की ओर जा धुँधला होता जाता है जहाँ वह सब कुछ रहता है जिसके बारे में, चाहे अभी स्पष्ट रूप से सचेत न भी हों, अपना दृष्टिकोण बदलने भर से हम सचेत हो सकते हैं।

अतीत वह क्षेत्र है जिसमें हम उस सब का प्रक्षेपण करते हैं जो हमें अपने अन्दर भयावह लगता है – उस सब का जिसे हम विस्मृति और अचलीकरण के दोहरे दाँव से शक्तिहीन कर देना चाहते हैं। आत्मा के अन्दर विचरते भयावह राक्षस, हिंसा व निष्ठुर काम-वासना के वे स्वामी, जिनसे हम अपनी रक्षा करना चाहते हैं, इस तरह अनजाने में कहे जादुई मंत्र के द्वारा, हटा कर अतीत में डाल दिए जाते हैं। इसीलिए, जिसे इतिहास कहा जाता है, विशेषकर प्राचीनकाल का इतिहास, इतना हिंस व भीषण होता है। और वह इसके सिवाय होता भी क्या जब हमने उसके कल्पित कोरे पृष्ठों का उपयोग अपने सब से निराशाजनक भयों का चित्रण करने के लिए किया है – उस सब का जिसे हम जानबूझ कर इसलिए भूल गए हैं क्योंकि उसकी वर्तमान शक्ति का हम सामना नही कर पाते।

इसके विपरीत भविष्य वह काल है जिसमें हम वह सब प्रक्षेपित करते हैं जिसकी हम कामना करते हैं – वे सब आन्तरिक दशाएँ जिनकी हम चेतना रखना चाहते हैं परन्तु जिनका इस समय सामना करने से डरते हैं क्योंकि वे उन सब बातों के साथ ठीक नही बैठती जिनकी हमें इस समय आदत है। इन आभामय देवताओं को वर्तमान वास्तविकताएँ मानने के लिए, जो वे वाकई होते हैं, हमें उस सब में जो जाना पहचाना है इतना बदलाव लाना पड़ेगा कि हम यही ठीक समझते हैं कि उन्हें भविष्य के मायावी धुँधलके में ही रहने दिया जाय। अगर हमारे इच्छित नवयुग का जन्म अभी हो जाय (यदि हम उसका सामना करने को तैयार हो जाँय तो ऐसा हो भी सकता है क्योंकि वह तो एक नित्य वर्तमान है) तो हमारी सोचने और महसूस करने की कई मनचाही

आदतें उखड़ जायेंगी । इसलिए अधिक निरापद यही है कि उसे धकेल कर मोड़ के उस पार डाल दिया जाय ताकि बिना आज की आन्तरिक व्यवस्था व आदतों में बदलाव लाए उसकी कामना की जा सके ।

भविष्य का वैसा अचलीकरण करने की आवश्यकता नही होती जैसा हम अपने भयों को अतीत की अचल अनन्तता में डाल कर करते हैं, क्योंकि यद्‌यपि भय कामना की ही नकारात्मक छाया, उसका स्त्रीपक्ष, होता है फिर भी भविष्य में वह बातें होती हैं जिनकी कामना की जाती है, उनसे भय नही किया जाता । इसलिए भविष्य को एक जीवित "क्षेत्र" बना रहने दिया जाता है । बस उससे यही अपेक्षा की जाती है कि वह पर्याप्त मात्रा में अस्पष्ट रहे ताकि उसकी वर्तमान उलझनें स्पष्टतः न दिखाई दें । क्योंकि अतीत जड़वत बना दिया गया है इसलिए उसे, चाहे आंशिक रूप से ही सही, स्पष्ट देखा जा सकता है; भविष्य को धुँधला और अस्पष्ट होना चाहिए ।

बहुत से पाठक आपत्ति करेंगे कि कितने ही लोग भविष्य के अँधेरे से डरते हैं और चाहत भरी नज़रों से अपने स्वर्णिम अतीत की ओर देखते हैं । यद्‌यपि यह सत्य है इसे आपत्ति नही कहा जा सकता । हमारा आन्तरिक जादू एकदम पक्का नही होता और न हो सकता है । हमारे वे आतंक के स्वामी जिन्हें हमने अतीत में स्थापित कर दिया है जड़वत तो हो जाते हैं और उनकी भयावह आकृतियाँ हमारे पास नही आ पाती, परन्तु उनके शरीर ही ऐसे अचल हो पाते हैं । हमारा जादू उनकी आत्माओं पर असर नही करता और वे वर्तमान के ऊपर से कूद कर भविष्य के अर्धप्रकाश में रहने लगती हैं और शेष भविष्य के समान वे भी हमारी ओर आती दीखती हैं – भयावह मुद्राएँ बनाए – और जो जादू-टोना हमने उनके शरीरों पर किया है उसका बदला लेने की चुनौती देते हुए । भावी के बादलों में विचरती इन धुँधली डरावनी आकृतियों के कारण ही कुछ लोगों को अपना मनोवांछित भविष्य अतीत से भी अधिक भयानक लगता है ।

इसी तरह, भविष्य के देश में विचरते कामना के देवता वहाँ के धुँधलके के कारण अपनी कुछ कम हुई आभा के बावजूद अपनी आत्माओं के चमकते संकेत दीपों से अतीत को अपनी जादुई रोशनी प्रदान करती हैं । इस तरह सब चीज़ें अपने विरोधी रूपमें बदल जाती हैं ।

इस प्रकार देखने पर समस्त काल हमारी ओर दौड़ता आता है और सारा विश्व एक बिन्दु में केंद्रित हो जाता है । इस बाढ़ के सामने मानसिक व्यक्तित्व, या अहंभाव, जिसके कारण व जिसके बचाव के लिए सारे देश-काल का दृश्य बनाए रखा जाता है, विद्रोह कर बैठता है और अपने बचाव के सब उपकरण जमा किए होता है । पहली सुरक्षा पंक्ति होती है तथ्यों को मानने से साफ़ इन्कार कर देना, अतीत, वर्तमान और भविष्य की वास्तविकता की उत्कट हामी भरना । बहरहाल, जो हमने कहा है सच है, अपने अहंभाव की रक्षा करने वाले बचकाने तर्क का सच नही, बल्कि ऐसा सच जिसे वे लोग देख सकते हैं जो आँख खोल कर देखने की हिम्मत रखते हैं, जो यह मान सकते हैं कि अहंभाव के जीवन का त्याग ही सच्चे अस्तित्त्व को पाना है । ऐसों के लिए देश-काल का निरंकुश शासन समाप्त हो जाता है । विश्व की प्राणमय प्राचीर सबल पंखों पर अन्दर की तरफ़ उड़ती आती है और फिर उनकी घनीभूत शक्ति से एक अपार दीप्ति की आग भड़क उठती है । इस तरह एक शाश्वत तारे का जन्म होता है जो रात में भटकने वालों का पथ प्रदर्शन करता है[1] ।

---

[1] *ब्रह्मसूत्र* के महान *जन्माद्यस्य* का यही अर्थ है क्योंकि *आत्मन्* के उस निस्सीम आन्तरिक तनाव से ही जन्म का अतीत निकला, इसमें ही वर्तमान परिपालन का विशाल मैदान स्थित है और इस में ही मृत्यु व परिवर्तन का काला भविष्य हमारी ओर दौड़ा चला आता है । नागार्जुन ने कहा है "समस्त दृश्य जगत मन के संरक्षक प्रभाव क्षेत्र के विलय के साथ ही विलीन हो जाता है" ।

महान गौड़पाद ने भी इसी सत्य को वाणी दी है : "इस तरह कार्य-कारणता से मुक्त आत्मा का अजन्मापन अप्रतिबद्ध और निरपेक्ष होता है । सब कुछ सर्वदा अजन्मा है क्योंकि सब कुछ मन का बाह्यीकरण होता है . . . कोई बाह्य कारण न पा कर हम आसानी से उस तक पहुँच जाते हैं जो दुःख कामना और भय (यानि *वर्तमान, अतीत और भविष्य काल*) से सदा मुक्त होता है । जब मन अपने को द्वैत और बहिर्व्यक्ति से मुक्त कर लेता है तब नित्य स्थिति प्राप्त हो जाती है । यही है ज्ञानी, मुक्त, अजन्मा अद्वैत का क्षेत्र । मूर्ख लोग इस पर *सत् असत्* या इन दोनों का साथ या दोनों में से किसी भी नही का निरुपण कर इस से वंचित रह जाते हैं । लेकिन जिसने दिव्य पुरुष को देख लिया है – उन गुणों से परे जो देखने वाले की नज़र पर केवल पर्दा ही डालते हैं – उसने सब कुछ देख लिया" । (*माण्डूक्य कारिका 77* व तदोपरांत)

7

मूढ़ाग्रह

ई*शोपनिषद्* में विचार की दो गतियों के बारे में कहा गया है जिन्हें क्रमशः *विद्या* और *अविद्या* का नाम दिया गया है । बहुतों को आश्चर्य होता है कि यह उपनिषद् इस बात की पुष्टि करता है कि इन दोनों में से किसी एक पर ही अवलम्बित रहने का फल गहन अंधकार में जाना है । "*अन्धं तमः प्रविशन्ति येऽविद्यामुपासते । ततो भूय इव ते तमो य उ विद्यायाँ रताः ॥* – अविद्या के अनुगामी घने अन्धकार में प्रवेश करते हैं, परन्तु उससे भी गहरे अंधकार में वे जाते हैं जो केवल विद्या के अनुगामी होते हैं" ।

इन दो पदों के, जिनका परम्परागत अनुवाद ज्ञान और अज्ञान किया जाता है, मूल अर्थ में जाने का हमारा यहाँ इरादा नहीं है । हम तो केवल यह इंगित करना चाहते हैं कि जिन विपरीत अर्थों के अनेक शब्द युगलों में वे प्रव्यक्त होते हैं उनमें से एक को हम "मूढ़ाग्रह" और दूसरे को (निरा दिमाग़ी) "बोध" कह सकते है ।

धर्म का तानाबाना बनाने वाली उन अगणित धारणाओं में से किसी भी एक को दृष्टांत के लिए ले लीजिए । हिन्दुओं का कहना है कि गंगा स्नान से पाप धुल जाते हैं और इसलिए उन्हें सदैव नियमपूर्वक स्नान करने की आदत होती है, विशेष तौर पर वाराणसी जैसे तीर्थ स्थानों में । यद्यपि रुढ़िवादियों में ऐसे शास्त्रोक्त स्नान लगभग सार्वभौमिक हैं, पूछने पर उनमें से कुछ ही इस क्रिया की युक्तियुक्त व्याख्या कर सकते हैं, और कुछ इस तरह का उत्तर दे कर ही संतोष करते हैं कि क्योंकि शास्त्रों में ऐसा कहा गया है इसलिए ऐसा करना चाहिए । किसी क्रिया को इस तरह, उसका अर्थ समझे बिना, करने को मूढ़ाग्रह (superstition) कहा जा सकता है । यह अविद्या की ही एक प्रजाति है और निस्संदेह मूढ़ाग्रही व्यक्ति अन्धकार में रहता है । लकीर की फ़कीरी की इस धारणा से बिल्कुल उल्टी एक और धारणा होती है जो हिन्दू धर्म में भी पाई जाती है परन्तु जिसे और भी स्पष्ट रूप से बौद्धों के उन अति तर्कणावादियों में देखा जा सकता है जो हिन्दुओं को *तीर्थक* या नहाने वाला कहते हैं । यह दूसरी वाली धारणा

प्रत्येक क्रिया को नीति-मति की कसौटी पर कसती है और यदि वह उस पर खरी न उतरी तो उसे अस्वीकार कर देती है ।

अतएव, गंगास्नान के बारे में ऐसे आलोचक कहते हैं कि पानी जैसी भौतिक वस्तु और पाप जैसी नैतिक वस्तु एक दूसरे को प्रभावित नही कर सकती, यदि गंगाजल पाप से मुक्त करता है तो उसमें रहने वाली मछलियाँ व मगर पाप मुक्त हो जाते; ओर इस बात का कोई प्रमाण नही है कि इस प्रकार पाप से मुक्ति मिल जाती है, और अन्ततः यह भी कहते हैं कि यह सिद्धान्त दुष्टता पूर्ण है क्योंकि यह लोगों को इस भुलावे में डाल कर, कि बस एक और स्नान कर लेने से पाप कट जायेंगे, उन्हें और पाप करने को प्रोत्साहित करता है ।

यह निरे दिमाग़ी बोध की रीति है, विद्या की रीति, तथा यह "और भी अधिक अंधकार में" ले जाती है । उपनिषद् का कहना है कि इन दोनों को संयुक्त करना होगा, "*अविद्यया मृत्युं तीर्त्वा विद्ययाऽमृतमश्नुते* – अविद्या द्वारा मृत्यु को पार कर विद्या द्वारा अमरत्व प्राप्त होता है" ।

यह देखने से पहले कि विपरीतों का संयोजन और विलयन कैसे किया जाता है हम उन दो ग़लत तरीकों को जान लें जिनमें से पहला "विद्युत" या "छद्म वैज्ञानिक" कहा जा सकता है । दृष्टांत के लिए कई वर्ष पहले डाक्टरों ने अनुसंधान कर निकाला कि गंगाजल में कुछ ऐसे छोट छोटे जीवाणु होते हैं जिन्हें उन्होंने गर्वपूर्वक कीटाणु भक्षक (bacterio-phagi) का नाम दिया, जो बीमारियों के कीटाणुओं का नाश कर जल को साफ़ सुथरा रखते हैं । अब कहते हैं कि यह बात "हमारे प्राचीन ऋषियों" को पता थी और इसीलिए उन्होंने गंगाजल की धार्मिक उपयोगिता सुझाई थी । कीटाणु भक्षक होते ज़रूर हैं परन्तु उनका आन्तरिक या आध्यात्मिक शुद्धि से सम्बन्ध स्पष्ट नही है ।

दूसरा तरीका इस से भी बदतर है । वह है दोनों रीतियों को अलग अलग ख़ानों में रखने का । बाहर से तो दिमाग़ी वैज्ञानिक-आलोचना बहुत ज़ोर शोर से की जाती है परन्तु वास्तव में मूढ़ाग्रही क्रिया कलाप "घर की औरतों को खुश रखने" के नाम पर जारी रखे जाते हैं । पहला तरीका चकराया हुआ होने के बावजूद समाधान का सच्चा प्रयास है । दूसरे में मानस की एकता भंग होती है और इसलिए निष्ठा नष्ट हो जाती है । अधिक आगे बढ़ने से पहले ज़रा यह देख

लें कि उपनिषद् में जो कहा गया है उसके अतिरिक्त, संयोजन का बिल्कुल भी प्रयास न करने से क्या नुकसान है।

क्यों न मूढ़ाग्रह पर ही चलते रहें और "भोली भाली श्रद्धा" के साथ, दिमाग़ी आलोचनाओं की परवाह किए बिना गंगास्नान करते रहें? जब तक दिमाग़ी आलोचना हमारे कानों में न पड़ी हो और उसने हमारे मन पर असर न किया हो तब तक तो ठीक है, लेकिन जब एक बार उसकी आवाज़ हमारी चेतना में प्रवेश कर ले तब "भोली भाली श्रद्धा" को बनाए रखना कठिन होता है। आलोचना की आवाज़ को हम ज़बरदस्ती अनसुनी तो कर सकते हैं या दबा सकते हैं, परन्तु फिर भी वह हमारे हृदय में सदा बनी रहती है तथा आन्तरिक एकता और उससे उत्पन्न सत्यनिष्ठा नष्ट हो जाती है। एक बार सुन लेने के बाद फिर उसे अनसुना नही किया जा सकता। हमें उत्तर देना ही पड़ता है।

अच्छा तो फिर आलोचना को स्वीकार कर मूढ़ाग्रह को पूरी तरह छोड़ ही क्यों न दिया जाए? जिनके मन का रुझान सुधारवादी होता है वे प्रायः यही कहते हैं। इसके फल विचित्र रूप से अनर्थपूर्ण होते हैं क्योंकि जिसे शब्दशः आध्यात्मिक अन्धापन कहते हैं वह मन पर छा जाता है और संसार को मूढ़ाग्रह के अन्धकार से भी अधिक अँधेरा कर देता है। फिर यह अँधेरा इतने धीरे धीरे आता है कि जब तक वह पूरा होता है तब तक हम भूल जाते हैं कि हममें कभी देखने की शक्ति भी थी और कभी उजाला भी था। बात यह है कि मामला सिर्फ़ एक मूढ़ाग्रह का ही नही, पूरी जीवन शैली का होता है और नतीजा यह होता है कि सारा संसार ही देवता रहित हो जाता है। पृथ्वी और जल से, वायु और अग्नि से, देवता पलायन कर जाते हैं। अब कही कुछ दैवी नही रह जाता और सूर्य भी हमारे लिए जलती गैस का एक गोला मात्र रह जाता है जो ऊपर एक ख़ाली आकाश में दहका करता है। दैवत्व को खदेड़ कर कही दूर के स्वर्ग में भगा दिया जाता है, जहाँ उसके साथ वह पवित्र सम्पर्क स्थापित ही नही किया जा सकता, केवल जिससे ही जीवन सार्थक होता है। ऐसे संसार में जिससे सब देवता चले गये हों पशु के अलावा कौन रहना चाहेगा?

इसलिए आइए फिर शुरु की बात पर चलें और देखें कि उस अनर्थकारी मत-विरोध का वहाँ समाधान हो सकता है या नही। गंगा में स्नान कर हम पाप धो डालते हैं। केवल भौतिक जल आन्तरिक

पाप कैसे मिटा सकता है? परन्तु जल क्या केवल भौतिक होता है? क्या कोई भी चीज़ "केवल भौतिक" होती है? क्या सब वस्तुएँ आत्मा का निवास स्थान नहीं होतीं? यह तो निश्चित रूप से मानना पड़ेगा कि नहा कर हम आत्मिक रूप से तरोताज़ा हो जाते हैं और ऐसा होना एक आन्तरिक अनुभव है जो "केवल भौतिक" जल से नहीं हो सकता।

सच तो यह है कि गंगा केवल जल की धारा नहीं है बल्कि जल में निवास करने वाले नारायण के चरणों से जन्मी एक मूर्त दैवी शक्ति है। हम मानचित्र बनाने वालों के उन कथनों को – जहाँ तक भी उनकी पहुँच है – अस्वीकार नहीं करते जो गंगा नदी के उद्गम स्थान के बारे में नक्शे पर लकीर लगाते हुए करते हैं। जितना वे देखते हैं और और उसके बारे में नक्शे पर जो निशान वे लगाते हैं वे आंशिक ही होते हैं। किसी पुस्तक का वास्तविक उद्गम स्थान लेखक के मन में ही पाया जा सकता है। इसके बारे में कपड़ा, कागज़, स्याही इत्यादि के ज़रिए, मुद्रक का विवरण केवल बाहरी होता है। पुस्तक तो स्याही और कागज़ के रूप में निहित एक देवी होती है। इसके अन्दर प्रवेश कर हम अपने आप से बाहर निकल आ सकते हैं और ऐसा केवल सफ़ेद कागज़ पर काले चिन्हों द्वारा हो सकना तो वाक़ई विस्मयजनक होगा। यदि हृदय पुस्तक के अन्दर डुबकी लगाने से शुद्ध हो सकता है तो किसी नदी के पानी में डुबकी लगाने से क्यों नहीं हो सकता? परन्तु ऐसी शुद्धि इस बात पर निर्भर होती है कि जो कागज़ पर या जल में लिखा है हम उसे "पढ़" सकते हैं या नहीं। यानि हम भौतिक नामरूप की सहायता से रचयिता के मन के साथ सम्पर्क स्थापित कर सकते हैं या नहीं। दोनों ही प्रकरणों में रचयिता *आत्मन्* है और जैसे किसी मनुष्य की आत्मा किसी पुस्तक के पन्नों में वास करती है वैसे ही ईश्वर की आत्मा किसी नदी की जलराशि में हो सकती है। यदि एक हमारे हृदय को शुद्ध और उन्नत कर सकती है तो दूसरी भी।

पुरुष और प्रकृति (चेतन और जड़) सदैव संसार के तानेबाने में घुले मिले होते हैं। कहीं भी ऐसा कुछ नहीं है जो केवल जड़ हो। और न ही कहीं ऐसा कुछ है जो केवल चेतन हो। जो केवल जड़ की तलाश में है वह सब जगह जड़ ही देखता है, उसके लिए हर चीज़ मृत और शक्तिहीन होती है। जो प्राणमय चेतन की भी आकांक्षा करता है वह सब कुछ में आत्मा का दर्शन करता है। "प्रत्येक वस्तु में देवताओं का निवास है", सब वस्तुएँ प्राणमय शक्तियाँ हैं, सब की सब मानव की प्राणमय आत्मा पर प्रभाव डालती है।

परन्तु गंगा ही क्यों? यह प्रश्न अवश्य ही पूछा जायेगा। अन्य कोई भी नदी क्यों नही? एक कहावत है कि "मन चंगा तो कठौती में गंगा"। लेकिन सब मन बराबर चंगे नही होते और इसलिए प्राचीन काल के उन सब लोगों ने जो देवताओं के लोक में रहते थे एक या एक से अधिक नदियों का चयन किया (वैसे ही जैसे एक या एक से अधिक पुस्तकों को अपना धर्मशास्त्र चुना) और उस नदी की भव्यता, उर्वरता, केन्द्रीय स्थिति इत्यादि को ध्यान में रखते हुए उसे पुण्य जलों में सर्वश्रेष्ठ माना। ऐसी नदियों में हिन्दुओं की गंगा, मिस्रियों की नील और यहूदियों की जॉर्डन हैं। और फिर यह भी सर्वज्ञात है कि हिमालय क्षेत्र में सभी नदियाँ गंगा कहलाती हैं।

शायद कहा जायेगा कि यह सब सूक्ष्म विचारों से खेल करने वाले दार्शनिकों के लिए तो ठीक है लेकिन वे सीधे सादे लोग क्या करेंगे जो प्रकृति और पुरुष इत्यादि के बारे में कोई मग़ज़ पच्ची नही करते और जिनके लिए कोई नदी बस एक नदी होती है? हमारा उत्तर है कि पढ़ा लिखा शक्की व्यक्ति उन सीधे सादे गुमसुम लोगों के हृदय में गुज़रने वाली बातों को बहुत कम जानता है और समझता तो बिलकुल ही नही। हृदय बहुत कुछ जानता है पर उस सब को व्यक्त नही किया जा सकता और मन का ज्ञान उस शिक्षा के दौरान लगभग बिल्कुल भूल जाता है जो एकदम दूसरे ही प्रकार की बातों को व्यक्त करना सिखाती है। एक बात पक्की है – निश्च्छल मन वालों के लिए कोई नदी "केवल नदी" नहीं होती।

उपसंहार के लिए इसी उपनिषद् के शब्द अधिक उपयुक्त होंगे–

वायुरनिलममृतमथेदं भस्मान्तँ शरीरम्

अर्थात्

प्राण मेरा अमर वायु को, और शरीर जल कर भस्म।

फिर भी जीवन इन दोनों के आलिंगन में मिलता है : जो एक पर असर डालता है वह दूसरे पर भी डालता है। सनातनत्व का स्वर्णसर्प अपनी पूँछ को मुँह में लिए होता है।

8

युद्ध और हिंसा

युद्ध उन आन्तरिक घटनाओं में से है जिनका उद्भव मानव हृदय में होता है । इनका दोष हम साम्राज्यवाद, राष्ट्रवाद, साम्यवाद अथवा पूँजीवाद, जो भी हमें विशेष भयावह लगता हो, अपने उस प्रिय बलि के बकरे के मत्थे मढ़ना चाहते हैं । वास्तव में ये सब न तो अकेले और न ही मिल कर उत्तरदायी होते हैं । ज़िम्मेदार तो हम सीधे सादे लोग होते हैं जिनका यह ख़याल होता है कि हम युद्ध या उससे उत्पन्न हुई भीषणता से घृणा करते हैं । भले ही राजनीति और वित्त के गँदले पानी में हमने अपने हाथ न डाले हों, राष्ट्रीय, जातीय अथवा साम्प्रदायिक भावनाओं को उत्तेजित करने वाला कोई लेख या पत्र न लिखा हो, परन्तु उत्तरदायित्व के भागीदार हम सब ही होते हैं ।

पिछले वर्षों में क्रोध, वैमनस्य, ईर्ष्या और प्रतिकार की प्रत्येक भावना, चाहे वह किसी के भी विरुद्ध क्यों न रही हो और चाहे उस समय कितनी ही "उचित" क्यों न प्रतीत हुई हो, वास्तव में उस ढेर पर बारूद की एक और मुट्ठी डालने के समान रही है जिसे किसी न किसी दिन तो वैसे ही फटना था, जैसे उसका आज[1] विस्फोट हुआ है

परन्तु जिस व्यक्ति, या जिन व्यक्तियों, ने आग लगाई है वे इन दिनों पृथ्वी को भस्म करती आग के लिए उत्तरदायी नही हैं; बारूद के ढेर को बढ़ाने वाले हम उत्तरदायी हैं । क्या किया है हमनें? वैमनस्य, भय आदि की दशाएँ, जिनको हमने अपने हृदय में अतिथि के समान प्रवेश करने दिया और मनचाही करने दी, अब असह्य हो जाते हैं । हम उन्हें अपने आप से बाहर निकाल फेंकने के लिए अकुला जाते हैं, उन्हें पोस्टरों के समान किसी भी सुविधाजनक दीवार पर चिपकाने की जल्दी में रहते हैं । निस्सन्देह दीवार की प्रकृति में भी कुछ ऐसा होता है कि उस विशेष पोस्टर के लिए वह उचित वाहन बन जाती है । परन्तु यह न भूलें कि वह पोस्टर आया हमारे अन्दर से है और उसे चिपकाया हमने है ।

---

[1] **यह निबन्ध द्वितीय महायुद्ध के आरम्भ में लिखा गया था । (अनुवादक)**

चाहे हम व्यक्तियों के मनोविज्ञान को देखें, चाहे उन जनसमूहों के मनोविज्ञान को जिन्हें राष्ट्र कहा जाता है, प्रक्रिया एक ही है। जिस बात को हम अपने अन्दर घृणा अथवा भय की दृष्टि से देखते हैं उसे अपने पड़ोसियों पर थोप देते हैं। जिसे अपनी यौन कामनाओं से डर लगता है वह जिसे भी मिलता है उस ही में अपवित्रता देखता है। इसी तरह घृणा, भय व आक्रामक कामनाओं से भरे राष्ट्र इन भावनाओं को अन्य राष्ट्रों की सीमा पर दहकता देखते हैं, और यह नही समझ पाते कि इन्हें स्वयं उन्होंने ही जला कर वहां रक्खा है। तथाकथित शांतिप्रिय राष्ट्रों व व्यक्तियों की झूठी कहानियाँ इसी तरह आरम्भ होती हैं, क्योंकि हम, अपनी आक्रामक कामनाएँ अपने पड़ोसियों पर मढ़ कर, अपनी स्वच्छता की झूठी तस्वीर दिमाग़ में बिठा देते हैं।

इसका मतलब यह नही कि सब राष्ट्रों व व्यक्तियों का उत्तरदायित्व बराबर है। हम में से कुछ ने औरों से अधिक भारी पाप किए हैं, परन्तु इस उत्तरदायित्व का ठीक ठीक मूल्यांकन करना आसान नही है। इस से अधिक महत्वपूर्ण और लाभदायक यह याद रखना है कि, चाहे वे किसी की भी हों और चाहे कितनी ही निजी क्यों न हों, समस्त घृणा, भय, ईर्ष्या और आक्रामक कामनाएँ वह ईंधन हैं जिन्होंने इस आग को शुरु किया है और जो उसे अभी भी जला रहे हैं। "शत्रु" के नष्ट होने पर जब भी हमारे अन्दर विजयोल्लास उत्पन्न होता है तभी हम आग में ईंधन झोंक देते हैं, क्योंकि ऐसा करते समय हम अपने भीतर की बदी को दूसरों पर मढ़ते हैं। यह निरा दार्शनिक वक्तव्य नही है, और न ही धार्मिक। यह तो एकदम व्यावहारिक बात है जिसकी पुष्टि कोई भी मनोवैज्ञानिक कर सकता है।

हम में से कोई भी, बड़े से बड़े अहिंसावादी शांतिप्रेमी से लेकर सब से बड़े एकांतवासी निष्पक्ष व्यक्ति तक, अपने उत्तरदायित्व से छुटकारा नही पा सकता। वास्तव में प्रायः ठीक वही लोग जो शारीरिक रूप से युद्ध में भाग नही लेते अपने विचारों द्वारा संघर्ष को बहुत अधिक बढ़ावा देते हैं। कुछ महीनों के अनुभव के बाद योद्धा तो अकसर एक आश्चर्यजनक अंश तक घृणा से मुक्त हो जाते हैं, परन्तु आराम से घर बैठने वाले दूसरों के भयास्पद अनुभवों से, उनके दुःखों की फ़िल्म बना कर, (दूसरों के) ख़ून की आख़िरी बूँद तक लड़ते रह कर, घृणा व हिंसा की ज्वालाओं को अपनी भावनाओं और विचारों की अदृश्य आँधी से उभार कर, अपनी निम्न कोटि की उत्तेजनाओं व मनोवेगों को उकसाते रहते हैं।

बात यह है कि हर मनुष्य में ऐसा कुछ होता है जो युद्ध का स्वागत करता है । जी हाँ, स्वागत करता है, और इस हद तक कि उसके लिए कष्ट उठाने को भी तैयार रहता है । लगभग सभी मनुष्यों में काफ़ी मात्रा में बहुत कुछ ऐसा होता है जिसे सामाजिक व धार्मिक मर्यादा सामान्य काल में व्यक्त होने की अनुमति नही देती । हम में से अधिकतर के हृदय में पिंजरे में बन्द एक हिंस पशु रहता है जिसके सार को हम पालना तो चाहते हैं परन्तु उसके परिणामों के डर से ऐसा नही कर पाते । बहुधा वह पशु अपने भूमिगत जीवन को दिवास्वप्न और मनोरथ सृष्टि के उन टुकड़ों पर बनाए रहता है जो उसके पिंजरे में ऊपर से गिर कर पहुँच जाते हैं, और जहाँ वह अपने कारावास का बदला लेने के लिए हिंस और दारुण क्रूर उपायों का मनन किया करता है । जब भी हम प्रतिकार अथवा घृणा के विचार व भावना मन में आने देते हैं, इस पशु की भयानक शक्ति बढ़ जाती है । कितनी ही बार हम उसे अपने पिंजरे की सलाख़ों को तोड़ने की कोशिश करते देखते हैं परन्तु "ईश्वर" और पुलिस उसे क़ाबू में रखे रहते हैं, और कभी कभी ही वह बाहर निकल पाता है । तब संसार क्रूरता के अति वीभत्स कृत्यों को देख कर सन्न रह जाता है । जब ऐसा होता है तो समाज फ़ैसला करता है कि उस व्यक्ति विशेष का पिंजरा पशु के लिए काफ़ी मज़बूत नही था और, इस डर से कि कहीं इस उदाहरण का दूसरों पर बुरा असर न पड़े, शीघ्र ही मनुष्य व पशु दोनों को नष्ट करने पर तत्पर हो जाता है ।

यह कहना आवश्यक है कि शरीर के पिंजरे को नष्ट कर देने से पशु नष्ट नही होता । हाड़ मांस के पिंजरे से मुक्त, वह अदृश्य रूप से विचरण करता रहता है, और जो कोई व्यक्ति उसे थोड़ी देर के लिए भी शरण देने को तैयार हो, व उसे उसके प्रिय कुत्सित कर्मों को करने को उत्साहित करे, उसके हृदय में प्रवेश करने को स्वतंत्र होता है । यदि लोगों को इस बात का ज्ञान हो जाय, कि यह बात किस हद तक सचमुच घटित होती है, तो वे अमानुषिक अपराध करने वालों या व्यक्तिगत शत्रुओं के प्राण लेने के लिए इतने उत्सुक न रहें ।

यह तो हुई सामान्य काल की बात, परन्तु युद्धकाल में सब कुछ बदल जाता है । "सर्वनाश का नारा लगाओ और युद्ध के कुत्तों को खोल दो"[2], यह केवल कवियों का रूपक ही नही है । अन्दर के

[2] "Cry havoc and let loose the dogs of war."

नारकीय शिकारी कुत्ते सचमुच ही खोल दिए जाते हैं । अभी तक जो पाप और वर्जित था अब वह सब देशभक्ति के नाम पर उचित ही नही सराहनीय भी हो जाता है । घृणा, हिंसा, भीषणता, क्रूरता और सब प्रकार की धोखाधड़ी उन सब में "गुण" बन जाते हैं जो इनका उपयोग "शत्रु" के विरुद्ध करते हैं । जिनके देश युद्धरत नही होते उन पर भी यह संक्रामक रोग अपना प्रभाव डाले बिना नही रहता, और वे एक या दूसरे पक्ष की तरफ़ हो कर अपनी कल्पनाओं के पशुओं को पालने पोसने लगते हैं ।

इस प्रकार युद्ध और शांतिकाल इतिहास की क्लांत शताब्दियों में एक के बाद एक चले आते हैं । हम इस बात से इंकार नहीं करते कि कुछ परिस्थितियों में सशस्त्र संग्राम की बाहरी हिंसा अपेक्षाकृत कम हानिकारक हो सकती है । मानव जाति की वर्तमान दिशा में जो दूसरा रास्ता है – विचार व भावना की हिंसा, बदला लेने की व घृणा की भावना का बेबस चिंतन – वह बाहरी युद्ध से कही बुरा है । परन्तु हिंसा से कभी भी हिंसा का अन्त नहीं हो सकता । जब तक हम अपने हृदयों के पशुओं को कामना से लदा विचार खिला खिला कर पालते पोसते जायेंगे तब तक समय समय पर युद्ध भड़क उठना निश्चित है ।

वास्तव में शांति का उपाय इन्हीं आन्तरिक पशुओं को पालतू बनाना है । इन्हें हम ही ने जन्म दिया और हमारे ही रक्त, मांस, मज्जा से ये फले फूले । अब हमें ही इन्हें भूखा रख कर अशक्त करना होगा और फिर से अपने उस चेतन स्वत्त्व में घुला मिलाकर शामिल करना होगा जहाँ से हमने डर के कारण इन्हें निकाल बाहर किया था और फिर आत्मा की रसायनी से इनका तत्त्वांतरण ही कर देना होगा । यही योग है और योग में ही शांति है ।

"संसार केवल मनुष्य का विचार है, इसलिए प्रयास कर प्रत्येक को उसे शुद्ध करना चाहिए । जैसा किसी का विचार होता है वैसा ही वह बन जाता है । यही सनातन रहस्य है"[3] । जो शांति चाहते हैं और युद्ध से घृणा करते हैं उन्हें अपने विचारों व मनोरथ सृष्टि पर सामान्यकाल से अधिक निगरानी रखनी चाहिए । शत्रु (यदि मनुष्य का उसके हृदय के अन्दर रहने वाले शत्रु के अलावा और कोई शत्रु होता हो) के नष्ट होने पर प्रत्येक उल्लासमय विचार, "अपनी" क्षति होने पर प्रत्येक

---

[3] *मैत्रि उपनिषद* ।

विषाद, और युद्धवार्ता सुन उत्तेजना का एक एक स्पन्दन, मानव जाति के लक्ष्य के साथ विश्वासघात होता है । जो युद्ध से दूर हैं उनके पास एक ऐसा अवसर है जिसे पुण्य धरोहर कह सकते हैं । यदि जग मानस के उस भाग में जिस से उन का वास्तविक सम्पर्क है, यानि अपने हृदय में, वे इस अवसर का फ़ायदा उठा कर शांति स्थापित नही करते, और इस से भी बढ़ कर, यदि वे जानबूझ कर अपने पशुओं को किसी एक पक्ष के काल्पनिक हित में छोड़ इस मौके का ग़लत इस्तेमाल करते हैं तो वे मानव जाति के लिए ग़द्दार हैं । इसलिए वे कर्म के उस जाल में फँसेंगे जिसे वे स्वयं बुन रहे हैं, और यह जाल अगले संघर्ष में ऐसा खेल खिलाएगा कि उन्ही पर सब दुःखों का पहाड़ टूट पड़ेगा । ऐसे सब लोगों के बारे में कहा जा सकता है कि जो अपने विचार और मनोरथ सृष्टि में तलवार उठाता है वह वाकई तलवार से मारा जाता है ।

यह है वह महान उत्तरदायित्व जो हम सब का है, विशेष तौर पर उनका जिनके पास भौतिक संघर्ष से दूर होने के कारण कुछ निरपेक्षता के साथ अपने अन्दर की दुर्भावनाओं से लड़ने का, और इस तरह इस संसार से घृणा व अमंगल की लपटें कम करने का मौका है । बच तो कोई नहीं सकता क्योंकि समस्त जीवन एक है । जीवन की पारस्परिकता से निकल भागने की सम्भावना वैसी ही है जैसी एक उँगली की ज्वरग्रस्त शरीर को छोड़ने की । चाहे शस्त्र न उठाने की शपथ खाने वाला हो, चाहे गृहस्थ, चाहे संसार त्यागी संन्यासी; कोई भी व्यक्ति उस स्थिति के प्रति ज़िम्मेदारी का अपना हिस्सा चुकाने से बच नही सकता जिसे बनाने में स्वयं उस ही के विचारों ने सहायता की है । न भौगोलिक दूरी, न तटस्थ रहने का सरकारी ऐलान, और न ही शस्त्र न उठाने का वैयक्तिक निर्णय एक भाग को उस सम्पूर्ण से अलग कर सकता है जिसमें उसका आधार है ।

युद्धों का आरम्भ कामनाओं के आन्तरिक संसारों में होता है और उन्ही संसारों में वे फलते फूलते हैं । जिन्हें हम इस भौतिक स्तर पर युद्ध के रूप में देखते हैं वे इन आन्तरिक संघर्षों की छाया मात्र होते हैं – ऐसे छाया चित्र जो उन घटनाओं को रूप देते हैं जो आन्तरिक जगतों में पहले ही घट चुकी हैं, दावानल के रास्ते में बिखरी राख, नौका के पृष्ठभाग का अपरिवर्तनशील अनुजल (wake), जो जलराशि को चीर निर्दिष्ट दिशा में बढ़ते अग्रभाग का सिर्फ़ पीछा करता होता

है । युद्ध व शांतिकाल, दोनों में ही हम उन घटनाओं की छाया वाले जगतों में रहते हैं जिन्हें हम "भविष्य" कहते हैं क्योंकि जब वे घटती हैं तब तो वे हमें दीखती नही, और उन्हें हम तब ही जान पाते हैं जब उनका "अनुजल" हमारी चेतना के स्तर पर पहुँचता है ।

कुरुक्षेत्र के युद्ध से पहले कहे गए श्रीकृष्ण के ये शब्द, "*मयैवैते निहताः पूर्वमेव*– वे सब मेरे द्वारा पहले ही मारे जा चुके हैं" किसी दैव निर्धारित भाग्य को नही बल्कि इसी तथ्य को इंगित करते हैं । ये शब्द उन पर भी उतना ही लागू होते हैं जो आगामी वर्षों में मारे जायेंगे जितना उस प्राचीन युद्ध में लड़ने वालों पर ।

जब तक हम इस आधारिक बात को समझ और मान नही लेंगे तब तक युद्ध होते रहेंगे और स्वयं अपने बनाए तूफ़ानी पानियों में डूबते उतरते, स्वयं अपनी बनाई छायाओं से लड़ते भिड़ते हम एक शत्रुवत और आततायी भाग्य का रोना रोते रहेंगे, या फिर, अगर हम अधिक दब्बू स्वभाव के हुए तो ईश्वर से प्रार्थना करते रहेंगे कि उस भाग्य से हमारी रक्षा करे । लेकिन प्रार्थनाएँ और रोना धोना दोनों व्यर्थ होते हैं ः "न तो अन्तरिक्ष में, न समुद्र की गहराइयों में, न पर्वत कन्दराओं में, न पृथ्वी पर कही भी ऐसी जगह है जहाँ मनष्य अपने कुकृत्यों के फल से बच सके" । आन्तरिक संसारों में हमने युद्ध छेड़ा, उन्ही आन्तरिक संसारों में हमें शांति स्थापित करनी होगी क्योंकि "मन सब का पूर्वगामी होता है, मन से ही सब कुछ बनता है । जो कामना प्रदूषित मन से कुकृत्य करता या सोचता है दुःख उसका ऐसे पीछा करता है जैसे बैल के पैर का पीछा पहिया करता है"[4] ।

---

[4] धम्मपद ।

9

धर्म और फ़िलॉसफ़ी

फ़िलॉसफ़ी (Philosophy) अंग्रेज़ी का एक ऐसा शब्द है जिसका उपयोग पहले समय में, आज के मुक़ाबले, कहीं बृहत्तर अभिप्राय से किया जाता था, और "प्राकृतिक फ़िलॉसफ़ी" (Natural Philosophy) शीर्षक के अन्तर्गत वह सब कुछ आता था जिसे हम आजकल "विज्ञान" कहते हैं। परन्तु धीरे धीरे अब इस शब्द का अर्थ विश्व के मूलभूत स्वभाव के विभिन्न पहलुओं के बारे में विचार विमर्श तक ही सीमित रह गया है। यह सत्य है कि इस प्रश्न का उत्तर कि "फ़िलॉसफ़ी क्या है?" हेगल के अनुयायी बरट्रंड रसल के अनुयायियों से भिन्न देंगे परन्तु सामान्य तौर पर हम कह सकते हैं कि यूरोप में "फ़िलॉसफ़ी" का अर्थ होता है विश्व के बारे में विचार विमर्श – या तो ऐसे उसूलों के आधार पर जो स्वयंसिद्ध माने जाते हैं, या देखे सुने तथ्यों के आधार पर, और यह तार्किक मीमांसा द्वारा विश्व को समझने का प्रयास होता है।

भारतीय फ़िलॉसफ़ी की शास्त्रीय पद्धति एक बिल्कुल ही अलग आधार से आरम्भ होती है। जिस संस्कृत शब्द का अँग्रेज़ी अनुवाद प्रायः "फ़िलॉसफ़ी" किया जाता है वह है *दर्शनम्* जिसका शाब्दिक अर्थ "देखना" है। भारतीय पद्धतियाँ न तो स्वयंसिद्ध सिद्धान्तों से और न साधारणतया देखे सुने तथ्यों से शुरु होती हैं। वे किसी ऐसे अलौकिक अनुभव पर आधारित होती हैं जिसमें विश्व के स्वभाव की प्रत्यक्ष अनुभूति होती है। जिसे फ़िलॉसफ़ी या दर्शन कहा जाता है वह इस प्रकार अनुभूत संसार का, ऐसे शब्दों में जो किसी विशेष श्रोता को मतिसंगत व युक्तियुक्त प्रतीत हों, एक सूत्रबद्ध और तर्क संगत विवरण प्रस्तुत करने का प्रयास होता है। वह मूल ऋषि या द्रष्टा द्वारा देखे गए सत्य का तर्कसंगत निरूपण होता है और उसके साथ ही एक ऐसा व्यावहारिक अभ्यास सिखाया जाता है जिसके द्वारा शिष्य उन निरूपित सत्यों का स्वयं अनुभव कर सके।

गुरु के प्रत्यक्ष अनुभव का दावा और शिष्य के लिए उसकी सम्भावना ही भारतीय और योरोपीय पद्धतियों के बीच की सब से बड़ी

खाई है । पाश्चात्य पद्धति के शिष्य को इस बात की कोई आशा नही दी जाती कि वह सत्य को थोड़ा बहुत समझने के अतिरिक्त और कुछ प्राप्त कर सकेगा । चाहे कोई बर्कली के समान यह माने कि कोई फावड़ा ईश्वर के मन का एक विचार है या मॅकटैगर्ट के समान यह कहे कि वह आत्माओं का उपनिवेश है, व्यावहारिक रूप से दोनों का परिणाम वही है जो बड़े से बड़े वास्तविकतावादी के समान यह कहने का कि फावड़ा तो बस फावड़ा होता है । परन्तु जब *भगवद्गीता* के रचयिता कहते हैं कि "सब कुछ वासुदेव है", यानि अन्तर्यामी आत्मा है, तो वे अपेक्षा करते हैं कि उनके श्रोतागण स्वयं इसका सत्यापन कर सकें और उसके आधार पर अपने पूरे जीवन व संसार के प्रति दृष्टिकोण को ढाल सकें ।

प्राचीन काल में फ़िलॅासफ़ी व धर्म में अलगाव नही था । धर्म का चरमोत्कर्ष फ़िलॅासफ़ी में था, और फ़िलॅासफ़ी की जड़ें धर्म में बहुत गहराई तक पहुँची थी । दोनों में निरन्तर संसर्ग होता था ताकि फ़िलॅासफ़र धार्मिक सत्यों का जन साधारण के लिए वर्णन कर सकें, और साधारण लोग फ़िलॅासफ़रों से उन सत्यों को ठीक से समझने की अपेक्षा कर सकते थे जो अधिकांश के लिए प्रतीकवाद में छिपे होते थे । यह बात यूरोप तक में सच थी जहाँ प्लेटो व प्लॅाटाइनस देवताओं की बात करते शर्माते नही थे । यद्यपि वे तत्कालीन धर्म की बहुत सी बातों का खण्डन करत थे – उदाहरणार्थ, मूढ़ाग्रह, जिनसे कोई भी ज्ञानी पुरुष सहमत नही होगा – उनकी फ़िलॅासफ़ी धर्म पर आधारित थी, ठीक उसी तरह जैसे भारत में शंकराचार्य का दर्शन । और इस से उनकी फ़िलॅासफ़ी को कोई हानि नहीं होती थी क्योंकि व्हाइटहॅड जैसे विख्यात आधुनिक फ़िलॅासफ़र तक का कहना है कि पूरी यूरोपीय फ़िलॅासफ़ी को प्लेटो की कृति की पादटीकाओं की सूचि कहा जा सकता है । इस टिप्पणी से ही पता चलता है कि प्लेटो का दार्शनिक विचार कितना खरा व स्थायी था ।

भारत में तो यह समझने के लिए कि धर्म और दर्शनशास्त्र में कितना घनिष्ट सम्बन्ध है केवल शंकराचार्य, नागार्जुन, वसुबन्धु और रामानुज जैसे महान नामों को ध्यान में रखना ही काफ़ी है । ये सब, महान धर्माचार्य और साथ ही महान दार्शनिक भी थे । बाद में पश्चिम में, और भारत के उस भाग में जो पश्चिम के पदचिन्हों पर चलता है, यह सब बदल चुका है और यह कहना मुश्किल है कि यह बदलाव

शुभ है । धर्मच्युत फ़िलॉसफ़ी बस पाण्डित्यपूर्ण पारिभाषिकताओं की ढेरी बन गई है और फ़िलॉसफ़ी से कट कर धर्म अधिकतर बचपने और मूढ़ाग्रह का फीका सा मिश्रण बन कर रह गया है । यह बीमारी धीरे धीरे भारत में भी फैल रही है और आजकल कितने ही लोग समझते हैं कि दर्शनशास्त्र पर लिखने का ठीक तरीक़ा अनुभूति के *वैभाषिक* सिद्धान्त या अनुमिति के *द्वैत-अद्वैत* वाले मत के बारे में विचार पर पाण्डित्यपूर्ण तकनीकी ग्रन्थ की रचना करना है । ये विषय ऐसे ही अन्य विषयों की तरह विश्वद्यालयों के विशेषज्ञों के खिलवाड़ के लिए तो बिल्कुल उपुक्त हैं, परन्तु जो दर्शनशास्त्र से उस ज्ञान को पाना चाहते हैं "*यस्मिन् विज्ञाते सर्वमिदं विज्ञातम् भवति* – जिसे जान कर सब कुछ जाना जाता है" उन्हें वह इन नीरस बारीकियों में वैसे ही अप्राप्य है जैसा रुढ़िवादी धर्म के खोखले पूजापाठ व बचकानी भावुकता में । यह कुछ कम खेद की बात नहीं कि दर्शनशास्त्र निरा किताबी मामला बन कर रह जाय, परन्तु इस से भी कई गुना बुरा यह है कि धर्म अश्रुपूर्ण उन्मादियों, बातून पोंगों और मातृबन्धन ग्रस्त विक्षिप्तों का प्रिय विहार स्थल बन जाय । हमने तो ऐसे भी लोग देखे हैं जो एक "महात्मा" का, जो असल में नितांत जड़मति बकवासी था, पीछा इस आशा से कर रहे थे कि शायद उसकी बकवास से उन्हें किसी गड़े धन का पता मिल जाय ।

ये सब विकार उस दर्शनशास्त्र की अवज्ञा करने के कारण होते हैं जो अपने शुद्ध शैल समीर द्वारा ग़लतियों व मूढ़ाग्रहों के कोहरे को हटा कर हमें अपने लिए, अपने प्रयास द्वारा, अपने ही अन्दर सत्य को खोज निकालने का स्फूर्तिप्रद प्रयत्न करने को प्रोत्साहित करता है । परन्तु ऐसा कर सकने वाली फ़िलॉसफ़ी सच्ची फ़िलॉसफ़ी होनी चाहिए (यानि *दर्शनशास्त्र*), मतवादों का शब्दजाल नहीं जो केवल देखने में ही सुन्दर होता है । यदि कोई शब्दों से यह सिद्ध कर भी दे कि वास्तविकता विचारों से बनी होती है, या मेज़ कुर्सियाँ आत्माओं के उपनिवेश हैं, परन्तु विचारों को रखने वाला मन पहले जैसा अड़ियल और अनियंत्रित ही रहे, तथा मेज़ कुर्सियाँ उतनी ही जड़ बनी रहें जितनी यथार्थवादियों की होती हैं, तो उसे इस से लाभ क्या हुआ?

ईश्वर के लिए, शब्दों को छोड़ हृदय कूप की गहराइयों में गोता लगाइए जिस के तल में, जैसा कि प्राचीन प्रतीकवाद कहता है, सत्य गड़ा है । फ़िलॉसफ़ी हृदय को तभी भायेगी जब वह हृदय से निकली

हो; बाकी सब शब्द मात्र है, "एक मूर्ख की कही कहानी, शोरगुल से भरी, अर्थहीन" ।

हम उस खाई को पाटने की आशा रखते हैं जो आजकल धर्म और फ़िलॉसफ़ी के बीच बढ़ती जा रही है । इसमें हम कितना सफल होते हैं यह हमारे योगदान पर निर्भर है, परन्तु लगता है कि यदि यह काम सम्भव है तो यहाँ भारत में ही है, जहाँ अभी महान परम्परा पूरी तरह समाप्त नही हुई है ।

यदि फ़िलॉसफ़ी को केवल बाल की खाल निकालना नही बल्कि ज्ञान का सच्चा प्रेम बन कर रहना है तो उसे जीवन के उस व्यावहारिक व भावनात्मक अनुशासन से, जो धर्म का प्राण है, अलग नही होना चाहिए । परन्तु इतना ही काफ़ी नही है । यदि फ़िलॉसफ़ी को प्रभावहीन नही होना है तो उसे पूरी कोशिश कर उन आम तर्कसंगत विश्वासों की पद्धतियों से बचे रहना चाहिए जो इस या उस सामाजिक-राजनैतिक व्यवस्था का समर्थन करती है ।

हम देखते हैं कि हर तरफ़ फ़िलॉसफ़ी को राजनैतिक व धार्मिक मतवादों की लक्ष्यसिद्धि के लिए इस्तेमाल किया जा रहा है । इन मतवादों में एक समान लक्षण पाया जाता है । इनके अनुयायी, चाहे वे कम्युनिस्ट हों या फ़ाषिस्ट, साम्राज्यवादी हों या (जब कभी और जहाँ कही भी संघठित धर्म सबल हो) साधारण धर्म में विश्वास रखने वाले, सब और सदा, अन्य लोगों के मन व शरीर के प्रति हिंसा कर उन्हें ज़बरदस्ती अपना मतावलम्बी बनाने को तैयार रहते हैं । मन का मर्म, उसका स्वतंत्र विचरण, स्थानीय देवता के सामने बलि चढ़ा दिया जाता है, और इस बात से कोई फ़रक नही पड़ता कि वे उसे महान देवता स्तालिन कहते हैं या महान देवता हिटलर या महान देवता माओ त्से तुंग या किसी रुढ़िवादी धर्म का महान देवता । नतीजा एक ही होता है । हिंसा सदा वही होती है, और जो फ़िलॉसफ़र बनना चाहता है उसे सब प्रकार की हिंसा को त्यागना होगा, हमेशा के लिए और पूरी तरह ।

किसी दर्पण को वक्र और विकृत कर, उसके द्वारा, अन्तरिक्ष में बहुत दूर स्थित बिन्दुओं के प्रतिबिम्बों को निकट लाया जा सकता है, और निकट स्थित बिन्दुओं के प्रतिबिम्बों को दूर । परन्तु इससे हासिल होता है केवल एक विकृत व झूठा प्रतिबिम्ब जो असलियत का रास्ता नही दिखा सकता । ऐसा करने से वास्तविक तथ्य बिल्कुल नही बदलते ।

इसी तरह कामना की भूमिगत शक्तियों को खुली छूट देकर यह सम्भव ही नही बल्कि बहुत सरल है कि मन के दर्पण को ऐसा विकृत कर दिया जाय कि मिथ्या वस्तुएँ सत्य नज़र आने लगें । जब हम अक़्ल का इस्तेमाल किसी प्रस्तावना को सिद्ध करने के लिए करते हैं तो यही होता है, हालाँकि सच तो यह होता है कि हम उसपर विश्वास करने को तुले होते हैं । इस विचार को सत्य प्रमाणित कर देना, और उस से प्रतीयमानतः अपने आप को संतुष्ट कर लेना, हमेशा सम्भव है और यह कि वैयक्तिक कल्याण ही नही बल्कि समस्त मानवीय मान्यताएँ, किसी देव तुल्य राष्ट्र अथवा सैद्धान्तिक रूप से मानी गई सामाजिक व्यवस्था के हित में अर्पित किए जा सकते हैं । परन्तु ऐसे प्रमाण, जो मन के प्रति की गई हिंसा से प्राप्त होते हैं, अपने साथ मुआवज़े के तौर पर एक अविश्वास लिए रहते हैं जो चमकते मानसिक दर्पण की सतह के नीचे दबे अधोमुखी प्रतिबिम्ब के समान होता है । इस ही से आती है वह हिंसा जिस से लोग दूसरों पर अपने विश्वास थोपने के लिए तत्पर रहते हैं । चन्द्रमा का ठंडा अधोमुखी प्रतिबिम्ब, किसी डूबे हुए व्यक्ति के चेहरे के समान, उनके हृदय की लहरों के नीचे से सदा उनकी हँसी उड़ाता, नाचता रहता है ।

यह विचार कि हिंसा से किसी भी समस्या का हल हो सकता है सरासर अदार्शनिक है, परन्तु फिर भी संसार की इतनी विचार प्रणालियाँ, चाहे वे आदर्शवादी हों, भौतिकवादी अथवा धार्मिक, हिंसा पर अवलम्बित होती हैं भले ही वह हिंसा अभी न हो कर सम्भावित हो, और शारीरिक न हो कर मानसिक हो । और इसीलिए हम पाते हैं कि सब देशों के वासी अपने अपने विशेष हितों की रक्षा के लिए एक दूसरे को मारने काटने को तैयार रहते हैं और यह भूले होते हैं कि जीवन का जाल तो एक ही और सार्वभौमिक होता है । अपनी स्त्रियों और बच्चों की विदेशी दानवों से रक्षा करना हमारा पावन कर्तव्य हो जाता है और इसे निभाने का सब से अच्छा तरीक़ा यह होता है कि शत्रु की स्त्रियों और बच्चों पर वही अत्याचार किए जाँय जिन्हें अपनों पर हम इतना घोर अमानवीय मानते हैं ।

दार्शनिक में ऐसा बेतुका दृष्टि वैषम्य नही होना चाहिए । जो एक ओर सच है वही दूसरी ओर भी सच होता है । जो दार्शनिक दृष्टिकोण की अपनी जन्मजात सीमाओं से ऊपर नही उठ सकता वह दार्शनिक ही नही है । यदि बिना इस बात की चिन्ता किए कि किसी विश्वास या

कर्म से उसके "अपने" देश को, यानि उस देश को जिसमें वह पैदा हो गया था, कोई लाभ होता है या नहीं, वह उनकी सच्चाई को तोल सकने की शक्ति नही रखता तो उसका सारा अध्ययन बेकार हुआ ।

विचार स्वातंत्र्य को नष्ट करने और लोगों के मन को पूर्वनिर्धारित लकीरों पर चलाने की कुचेष्टाएँ की जाती हैं । परन्तु ऐसी चेष्टाएँ निश्चित रूप से असफल रहेंगी क्योंकि मानव साइकी अनिश्चित काल तक हिंसा व तनाव सहन नही कर सकती । सब हृदयों में स्वतंत्र व अमर *आत्मन्* का निवास होता है – उस सागर के समान अप्रतिरोध्य जिसके आगे लोग व्यर्थ ही अपने छोटे मोटे बाँध बनाया करते हैं । *आत्मन्* ऐसे लोगों के हृदय व मस्तिष्क के माध्यम से काम करता है जो अपने को उसकी सेवा में अर्पित करते हैं । इस वर्तमान युग में हमारे सब से पवित्र कर्तव्यों में से एक यह है कि अपने पूर्वजों से प्राप्त विचार स्वातंत्र्य की रक्षा करें, अपनी सामर्थ्य के अनुसार उसकी परिधि को बढ़ाने का भरसक प्रयत्न करें, और अडिग होकर संसार के इस सब से अमूल्य रत्न, मनुष्य के अजेय मन की स्वतंत्रता और शक्ति, को नष्ट करने के सब प्रयासों से संघर्ष करें ।

जो यह मानते हैं कि धर्म का वास्तविक तात्पर्य मनुष्य जाति में झगड़े नहीं एकता लाना है, उन सब के लिए, हिन्दू-मुस्लिम दंगों के वृतांत पढ़ना बहुत अवसादजनक होता है । यह सच है कि इन दंगों के निरे धार्मिक कारणों के अलावा अन्य बहुत से कारण होते हैं, परन्तु इतिहास साक्षी है कि मानव जाति की नीच भावनाओं को पैना करने के लिए इस मूर्खतापूर्ण विश्वास से अधिक कारण और कुछ नही कि ये भावनाएँ किसी देवता की सेवा में उपयोग की जा रही हैं । कट्टरवादी धर्मगुरु की निर्दय अमानुषिक क्रूरता से बढ़ कर और कोई क्रूरता नही, और मूढ़ विश्वास करने वालों की मूर्खता से बढ़ कर कोई अन्य मूर्खता नही होती । कोई आश्चर्य नहीं कि कितने ही लोगों ने धर्म को मानव दुःखों का मुख्य मूल मान कर उसके उन्मूलन का आग्रह किया है ।

परन्तु धर्म का उन्मूलन किया नही जा सकता । उसका स्रोत तो मनुष्य के हृदय की गहराइयों में होता है, और यदि उसे एक रूप में नष्ट कर दिया जाय तो वह तुरंत दूसरे रूप में उठ खड़ा होता है । रूसी साम्यवाद और जर्मन नात्सीवाद ने ईसाई धर्म के विरुद्ध युद्ध छेड़ दिया था, परन्तु ऐसा करने में उन्होंने स्वयं ही अपने देव स्वरूप बनाए

गए नेताओं, देवग्रंथ स्वरूप बनाई गई पुस्तकों, और विवेकहीन कट्टर उत्साहों से लैस हो स्वयं धर्म का रूप ले लिया ।

धर्म वस्तुतः भावनापरक होता है, मति पर आधारित नही । धर्म की पैरवी करने वाले लेखक, अक़्ल का उसके स्तर पर प्रयोग न कर ऐसी धारणाओं को अक़्ल के आधार पर सत्य सिद्ध करना चाहते हैं जिनका आधार कहीं और ही होता है, इसीलिए, उनकी पैरवी इतना मुँह का ज़ायका बिगाड़ देने वाली सी लगती हैं । इस ज़ोर ज़बरदस्ती में अक़्ल का जो निष्प्रभावीकरण होता है वह एक बुनियादी बेईमानी की भावना पैदा करता है, और यही ऐसे लेखों को पढ़ने पर हमारे सामने आती है ।

दूसरी ओर जब अक़्ल को अकेले ही अपने स्तर पर अलग कर काम करने दिया जाता है तो हाथ आती है ऐसी शुद्ध दिमाग़ी सच्चाई वाली फ़िलॉसफ़ी जिसका बाकी मानव मानस पर प्रभाव ही नही होता । यह तो कहावत है ही कि फ़िलॉसफ़र महोदय ख़ुद अपनी फ़िलॉसफ़ी को व्यवहार में नही ला सकते, और इसका कारण यही है कि मानस का भावनात्मक पक्ष, जिसका इस फ़िलॉसफ़ी को बनाने में कोई हाथ नही होता, अपनी शक्तियों को जीवन में उसका समर्थन नही करने देता । फलस्वरूप, अपने सारे उच्च विचारों के बावजूद प्रायः फ़िलॉसफ़र महोदय व्यवहार में उन सहज भावना प्रेरित कार्यों का सहारा लेते हैं जो उनकी फ़िलॉसफ़ी के बिल्कुल विपरीत होते हैं । इसीलिए जन साधारण फ़िलॉसफ़ी पर निस्सारता का आरोप लगाते हैं ।

साधारणतया रूढ़िवादी धार्मिक व्यक्ति जो भी अर्ध-बौद्धिक प्रारूप निर्मित करता है वह तो स्पष्ट रूप से झूठा होता है क्योंकि उसके कर्म धार्मिक कही जाने वाली भावना से प्रेरित होते हैं । परन्तु यही उसकी कठिनाई है । जैसा कि युंग ने कहा है, धार्मिक भावना उन स्रोतों से निकलती है जो गँदले और साफ़ देनों ही हैं । एक स्रोत मन के पार बुद्धि[1] के स्तर पर होता है और दूसरा उपमानसिक कामना भाव के स्तर पर । पहली भावनाएँ एकता व अपने पार ले जाने वाली होती हैं, और दूसरी मनुष्य को केवल पाशविक जीवन के दलदल में घसीट ले जाती हैं । इसीलिए कितने ही धार्मिक व्यकितयों का चरित्र

[1]उच्चस्तरीय मति (अक़्ल) जिसे कभी कभी अन्तःप्रेरणा भी कहते हैं । (सम्पादक)

इतना विरोधाभासी होता है – एक पल तो भक्ति व आत्मोसर्ग की ऊँचाइयाँ और दूसरे पल अमानुषिक स्तर की क्रूरता व पाशविकता की गहराइयाँ ।

इन भावनाओं के प्रति नीर-क्षीर विवेक इनके बीच के तटस्थ बिन्दु, मन, में ही होता है । यदि अनुशासित मन का ठीक उपयोग किया जाय तो वह इन भावनाओं को एक दूसरे से अलग कर सकता है, एक प्रकार की भावनाओं को इच्छाशक्ति की अनुमति देने से इंकार और दूसरी प्रकार को खुली छूट दे सकता है । पशु अथवा नर बलि की क्रियाओं से उत्पन्न पाशविक (परन्तु निश्चित रूप से "धार्मिक") भावना का परित्याग और प्रेम, करुणा व आत्मोसर्ग की उच्च धार्मिक भावनाओं को बढ़ावा दे सकता है ।

परन्तु अपने मन को प्रत्येक ऐसी भावना का समर्थन करने पर मजबूर कर, जिसे परम्परा का धार्मिक समर्थन प्राप्त हो और जो "हमारे पवित्र धर्म शास्त्रों" द्वारा अनुमोदित हों, साधारण धार्मिक व्यक्ति अपनी विवेक क्षमता खो बैठता है और उच्चतर के बजाय निम्नतर भावनाओं के कहे पर चलता है क्योंकि ऐसा करना अपेक्षाकृत सरल होता है । यह बात विशेष तौर पर उन धार्मिक जन समूहों में देखी जा सकती है जिनकी "पवित्र" भयानकता के कारण ऐसे वीभत्स कर्म किए जाते हैं कि करने वाले भी बाद में उनसे दूर भागना चाहेंगे । और अन्त में जब पुरोहित वर्ग को यह भान होता है कि ऐसी धार्मिकता बनाए रखना उनके स्वार्थी हित में है तो हमें कही जुल्मों और धार्मिक दण्डों की अमानुषिकता देखने को मिलती है और कही "दुष्टों का विनाश करो"(ecrasez l'infame) ऐसा नारा सुनाई देता है ।

कठोपनिषद् में मनुष्य के शरीर का रथ के रूपक से वर्णन किया गया है । बुद्धि इस रथ की सारथी है । मन लगाम और इन्द्रियाँ (व उन्हें ऊर्जा देने वाला कामना-स्वभाव) घोड़े हैं । रथ ठीक से तब ही चलेगा जब ये सब ठीक से इस्तेमाल किए जाएँ, बुद्धि-निर्देशित मन घोड़ों की उद्दाम शक्ति को रोक उसे ठीक रास्ते पर लगाए । साधारण धर्म लगाम को फेंक देता है और बुद्धि तथा कामना-स्वभाव पर आधारित भावनाओं में या तो कोई भेद ही नही करता या बहुत कम भेद करता है । जब कभी कामना प्रेरित भावनाओं को विशेष रूप से "धार्मिक" या "पुनीत" परम्परा का सहारा मिला तब मन की लगाम की जगह परम्परा ले लेती है, और घोड़े रथ को ले भागते हैं ।

दूसरी तरफ़ किताबी फ़िलॉसफ़ी अमूर्त सिद्धान्तों की दुनिया में जा बैठती है और भाव तत्त्व को शुद्ध ज्ञान का शत्रु ठहराती है । यह ठीक वैसा ही है जैसे लगाम को तो हाथ में लिए रहना लेकिन घोड़े के मुँह से दहाने को निकाल देना । रथी अपनी यात्रा के बारे में स्वप्न देखने में मग्न हो जाता है जब कि घोड़े अपने ध्यान मग्न यात्री को लेकर या तो सड़क के किनारे घास चरने लगते हैं या खेतों में निरंकुश दौड़ते फिरते हैं ।

इसलिए, जिन्हें साधारणतया धर्म या फ़िलॉसफ़ी कहा जाता है, ये दोनों ही अपने आप में अपर्याप्त होते हैं; धर्म इसलिए क्योंकि वह मन को आँख बन्द कर भावना के – या परम्परा के जो उस ही का दूसरा नाम है – आधीन कर देता है, और फ़िलॉसफ़ी इसलिए क्योंकि उसकी मानसिक क्रियाएँ जीवन की महान नैसर्गिक चालक शक्तियों से विमुक्त होती हैं । इसीलिए धर्म व फ़िलॉसफ़ी का संयोग इतना आवश्यक है ताकि फ़िलॉसफ़ी का मानसिक अनुशासन धर्म की नैसर्गिक परम्परागत भावनाओं को शुद्ध व नियंत्रित कर सके और धर्म फ़िलॉसफ़ी के नीरस दिमाग़ी ढाँचों मे प्राण फूँक सके । ऐसा कर सकने पर ही हमें वह फ़िलॉसफ़ी मिल पाएगी जो सचमुच जीवन को प्रभावित करती है, और वह धर्म जो न तो "पवित्र" इन्द्रिय विषय भोग में डूबा होता है और न ही ईश्वर की सेवा के नाम पर क्रूर कृत्य करता है ।

धार्मिक जगत के बहुत बड़े फन्दों में से एक है, रूढ़िवादिता का भ्रांत आदर्श । अरूढ़िवादी हिन्दू, बौद्ध, मुस्लिम व ईसाई, धार्मिक क्षेत्र में भी आपस में मित्रता व पारस्परिक सम्मान के साथ मिल सकते हैं । वे न केवल जीने व जीने देने को तैयार होते हैं बल्कि एक दूसरे के धर्म के प्रति सद्भावना भी रखते हैं, एक दूसरे को समझने की और एक दूसरे से सीखने तक की कोशिश करते हैं । परन्तु जैसे ही रूढ़िवादिता का राक्षस अपना सिर उठाता है यह सामञ्जस्य समाप्त हो जाता है । इससे कोई फ़रक नहीं पड़ता कि कोई व्यक्ति इन महान धर्मों में से किस का है, जैसे ही उसे रूढ़िवादी बनने का शौक चर्राया उसने अपने व अपने बन्धुओं के बीच दीवार खड़ी की । यह सच है कि कुछ रूढ़िवादियों की दीवारें औरों से अधिक डरावनी व काँटेदार होती हैं, परन्तु वास्तव में सब होती एक जैसी ही हैं । बिरादरी के, "अपने" लोग, असली धार्मिक, और बाक़ी *इनफ़िडिल*, म्लेच्छ, *हीदन*, क़ाफ़िर, या तीर्थक हुए ।

अन्य धर्मों के साथ ही नहीं, रूढ़िवादिता तो अपने ही धर्म के अन्दर दीवारें बना कर वैमनस्य उत्पन्न कर देती है । जितना ही अधिक रूढ़िवादी कोई रोमन कैथोलिक होगा उतना ही वह प्रोटेस्टेंटों से नफ़रत करेगा और जितना ही रूढ़िवादी कोई वैष्णव होगा उतना ही वह शैवों से दूर रहेगा । इस तरह प्रत्येक धर्म अनेक परस्पर विरोधी सम्प्रदायों में बँट जाता है, यद्यपि सब को यह स्पष्ट समझ में आ जाना चाहिए कि इस प्रक्रिया से किसी सम्प्रदाय में सत्य को पाने की सम्भावना कम हो जाती है, क्योंकि जितना ही छोटा सम्प्रदाय होगा उतना ही कम यह सम्भाव्य है कि सच्चाई उस ही के दायरे में हो व बाकी सब बेकार ही फिर रहे हों ।

मानव और मानव के बीच दीवारें खड़ी करने वाली रूढ़िवादिता से बचना बहुत ज़रूरी है क्योंकि मानव जाति की एकता को खण्डित करने वाली सब बातें आत्मा को उस महान विभाजक, यानि *प्रकृति*, के जाल में और अधिक फँसाती चली जाती हैं । जो आध्यात्मिक जीवन यापन करना चाहता हो उसे आत्मा के मूलभूत स्वभाव, एकता, में घुल जाना सीखना होगा ।

यदि हम उन परिस्थितियों को देखें जिनमें कोई भी महान रूढ़िवादिता उत्पन्न हुई है तो समझ जाएँगे कि इस कथन की पुष्टि के अन्य बड़े अच्छे कारण हैं कि जिस बात में रूढ़िवाद हो वह कभी सत्य नहीं हो सकती, और सत्य में कभी रूढ़िवाद नहीं हो सकता । आख़िर वह प्रक्रिया है क्या? कोई महान द्रष्टा जन्म लेता है जिसका ज्ञान साधारण लोगों के ज्ञान से इतना अधिक होता है कि अन्य व्यक्ति उसे देवता मानने लगते हैं । वास्तव में वह औरों की ही तरह मानव होता है, बस अन्तर यही होता है कि वह एक पृथक अहंभाव में न रह कर उस दैवी सर्वव्यापक *आत्मन्* में रहता है जो सर्वस्व का अमर हृदय है और इस तरह वह इस *आत्मन्* के ज्ञान का अवतार हो जाता है ।

ऐसा दैवी द्रष्टा सब मनुष्यों को, जो कुछ वे उसके ज्ञान से सीख सकते हैं, सिखाता है । परन्तु, क्योंकि सब की ग्रहण करने की शक्ति भिन्न होती है, वह सब को एक ही तरीके से नहीं सिखाता । सब शिक्षण प्रतीकों के द्वारा होता है, और प्रत्येक श्रोता के लिए अलग प्रतीकों का इस्तेमाल ही आवश्यक नहीं होता बल्कि एक ही प्रतीक के अर्थ विभिन्न श्रोताओं को उनकी अन्तर्दृष्टि के अनुसार अलग अलग स्तर पर समझ में आते हैं । उदाहरण के लिए, कहते हैं कि जब

भगवान बुद्ध किसी जन समूह के सामने प्रवचन करते थे तो प्रत्येक व्यक्ति को लगता था कि उनके शब्द विशेष तौर पर उस ही के लिए कहे जा रहे हैं । ऐसा इसलिए होता था क्योंकि इस प्रकार के आचार्य के शब्द, सार्वभौमिक *आत्मन्* की गहराइयों से निकले होने के कारण, प्रत्येक व्यक्ति के हृदय की गहराइयों को छू जाते थे, और वे उसकी अपनी समस्याओं और कठिनाइयों के लिए ही कहे गए लगते थे । जिस किसी को भी किसी सच्चे द्रष्टा, चाहे वह ईसा अथवा बुद्ध से कम ही महान रहे हों, के वचन सुनने का सौभाग्य प्राप्त हुआ हो उसे इस चमत्कार का अनुभव हुआ होगा जो अन्तर्दृष्टि की प्रकृति पर आधारित है, और इसलिए नितान्त सार्वभौमिक है ।

परन्तु बाद में द्रष्टा अपने वैयक्तिक अहंभाव को छोड़ सदा के लिए उस नैरात्मिक *आत्मन्* में चला जाता है जो *एकम् एव अद्वितीयम्* है । भोंडे शब्दों में उसकी मृत्यु हो जाती है और शिष्य अब उसे नही देख पाते । गुरुदेव के जो शब्द उन्होंने सुने थे उनका संग्रह कर वे उन्हें कण्ठस्थ या लिपिबद्ध कर लेते हैं । यह नही भूलना चाहिए कि हमारे पास मूल धर्म प्रवर्तकों की वास्तविक शिक्षाएँ नही होती, बस उतनी ही होती हैं जो उनके अनुयायियों द्वारा इकट्ठा कर धर्मशास्त्रों के रूप में रक्खी गई हैं । बस यहीं से कठिनाई आरम्भ होता है । गहन आध्यात्मिक अन्तर्दृष्टि वाले लोग कम ही होते हैं, और जितने ही गहरे उतने ही कम । शिष्यों में से अधिकांश साधारण अन्तर्दृष्टि वाले होते हैं और धर्म स्थापना करने वाली परिषदों में उन्ही का बोलबाला होता है । बौद्ध व ईसाई दोनों ही धर्मों के इतिहास में हम देख सकते हैं कि ऐसी परिषदों की बैठकों में जो लोग सामने आते हैं, और जिनकी बातें चलती हैं, उनमें औसत से अधिक चरित्रबल व बुद्धिमत्ता तो होती है परन्तु आध्यात्मिक अन्तर्दृष्टि साधारण शिष्य के बराबर ही होती है । इसलिए ऐसे लोग किसी साधारण शिष्य की भावनाओं को वह सुगढ़ता तथा बारीकी देकर उसे सन्तुष्ट कर सकते हैं जो वह स्वयं नही कर पाता । ईसा के आन्तरिक शिक्षण के उत्तराधिकारी नॉस्टिक ईसाइयों (Christian Gnostics) ने मनुष्यों को तीन वर्गों में बाँटा जिन्हें वे भौतिकवादी (*hylic*), भावुक-मानसिक (*psychic*) और आध्यात्मिक (*pneumatic*) कहते थे । किसी भी शिष्य समूह में भावुक-मानसिकों का बाहुल्य रहेगा और यह बात आज के किसी गुरु के शिष्यों के बारे में भी उतनी ही सच है जितनी प्राचीन काल में थी ।

गहन आध्यात्मिक दृष्टि रखने वाले बिरले व्यक्तियों (*pneumatikoi*) का मत परिषदों में इसलिए अधिक नही सुना जायेगा क्योंकि एक तो बहुतों की भोली नासमझी, और दूसरे ईर्ष्या की शक्तियाँ, उनके अवमूल्यन में साथ देंगी। निश्चित फल यह होगा कि जिनकी आचार्य के शिक्षण में गहनतम अन्तर्दृष्टि होगी वे या तो चुप करा दिए जाएँगे या नास्तिक (heretical) कह कर संगठन से निकाल दिए जाएँगे। नॉस्टिकों के साथ यही हुआ। उन्हें बहिष्कृत किया गया, सताया गया, और अन्त में उन्हें कैथलिक रूढ़िवाद द्वारा समाप्त ही कर दिया गया। यह सब इसलिए, क्योंकि धर्म के बारे में उनकी समझ साधारण पादरी से कही अधिक थी। ऐसा ही द्वितीय बौद्ध परिषद में हुआ प्रतीत होता है जहाँ ऐसा लगता है कि जो बुद्ध के मर्म को सबसे अधिक समझते थे उन्हें अलग होने को विवश कर दिया गया और फिर उन्होंने परम्परा को अलग शिक्षा के रूप में चलाया जिसे कालान्तर में *महायान* कहा गया। (रूढ़िवादी वृत्तान्त के अनुसार विभाजन संघ के अनुशासन के बारे में किसी छोटी सी बात पर हुआ, परन्तु यह रूढ़िवादी वृत्तान्त ही तो है।) यह मानने का तो पर्याप्त कारण है ही कि ऐसा हुआ, इस विश्वास का भी पर्याप्त कारण है कि ऐसा अवश्य ही हुआ होगा, और सदा होगा, क्योंकि यह प्रक्रिया मानव स्वभाव के सार्वभौमिक लक्षणों पर आधारित है।

यहाँ कुछ चुने हुए शिष्यों द्वारा दिए जाने वाली किसी आन्तरिक गुप्त क्रिया का प्रश्न नही है। यह तो आगे का प्रश्न है जिससे हमें इस समय कोई मतलब नही है। यहाँ तो केवल यही बात ध्यान देने योग्य है कि आध्यात्मिक अन्तर्दृष्टि अनिवार्य रूप से गुप्त व विशिष्ट होती है जब कि रूढ़िवाद को निर्धारित करने वाली परिषदें जनतान्त्रिक और लोकप्रिय होती हैं। कोई यह आपत्ति उठायेंगे कि बौद्ध परिषदों के सदस्य तो अर्हत, ज्ञानी द्रष्टा, होते थे। ठीक है आपका कहना, और ईसाई परिषदों के सदस्य संत थे, परन्तु छोड़िए इस पचड़े को। जो नही देखना चाहते वे कभी नही देखेंगे परन्तु किसी भी मेधावी व्यक्ति के लिए स्पष्ट है कि जब तक मानव स्वभाव वैसा है जैसा वह है तब तक उपरोक्त प्रक्रिया ही काम करेगी और नतीजा अनिवार्य रूप से यह होगा कि रूढ़िवादी सिद्धान्तों का ऐसा संकलन होगा और ऐसे अर्थ निकाले जाएँगे जो मध्यम स्तर की आध्यात्मिक अन्तर्दृष्टि वालों के लिए सन्तोषजनक होंगे क्योंकि वे ऐसे ही लोगों द्वारा ऐसे ही लोगों के लिए किए जाते हैं।

यह भी कुछ कम स्पष्ट नही है कि गहनतम आध्यात्मिक सत्यों को इन संस्थापित धर्मों में पाने की आशा रखना बेकार है । ऐसे धर्म उन साधारण धार्मिक व्यक्तियों के लिए सहनीय होते हैं जो धर्म का उपयोग मुख्यतः जीवन की खुरदुराहट को चिकना करने के लिए तेल की तरह करते हैं । इससे अधिक इन धर्मों का उपयोग कम ही है, अलावा इसके कि उनकी पूजा, विधि विधानों और प्रतीकों में अनजाने ही प्राचीन और विस्मृत परम्पराएँ ऐसे सुरक्षित रहती हैं जैसे प्राचीन काल के लुप्त जीवों के फ़ॉसिल चट्टानों में सुरक्षित रहते हैं । उनका यह दावा झूठा होता है कि उनके पास सत्य है और उनके आपसी झगड़े वैसे ही बचकाने होते हैं जैसे छोटे लड़कों के आपस में अपने पिताओं के बड़प्पन के बारे में झगड़े, जिसके बारे में उनमें से किसी को भी कुछ मालूम नही होता । खुरदुरे जीवन को चिकना करने वाला जो तेल वे देते हैं उसकी कीमत भी पुरोहित वर्ग की दकियानूसी व स्वार्थी चालाकी के कारण पूरी तरह चुकानी पड़ती है क्योंकि जब उनकी आराम की ज़िन्दगी ख़तरे में पड़ती है तब ये वर्ग "हमारा पवित्र धर्म ख़तरे में है" का नारा लगाते हैं ।

आध्यात्मिक ज्ञान को पाने की चाह रखने वाला, वास्तविक आन्तरिक पथ पर चलने वाला, यदि अपने को रूढ़िवाद के पलँग पर लेटा हुआ पाए तो उसे आँखें फाड़ फाड़ कर अपने चारों ओर देखना आरम्भ कर देना चाहिए क्योंकि प्रायः वह उन मध्यकालीन सरायों के पलँगों की तरह कुटिल बनावट का होता है जिसका भारी मण्डप रात को गिर कर बेचारे पथिक का दम घोट देता था । इस पथ के यात्री के लिए एकमात्र सुरक्षित मार्ग हृदय की खुली सड़क है, और एकमात्र सुरक्षित सिर छिपाने का स्थान निस्सीम आकाश । इस तरह सच्चे संन्यासी की तरह, बिना सामान, अपने *आत्मन्* के अलावा और किसी सुरक्षा को न चाहते हुए, न देवताओं और न मनुष्यों से कुछ माँगते हुए और जो मिल जाय उस से सन्तुष्ट, गुज़रे कल के विश्राम स्थल पर रुक समय नष्ट न करते हुए, और जन समूह से बचते हुए इस तरह सदा आगे बढ़ते हुए, उत्तर दिशा की ओर जाते हुए, ध्रुव तारे के प्रकाश से दिग्दर्शित, वह निश्चय ही अटल धाम पहुँच जाएगा और अन्धकार में चमकने वाले मध्यरात्रि के सूर्य को देखेगा । वही और केवल वही उसे वह सच्चा धर्म मिलेगा जिसके प्रतिबिम्बित प्रकाश में ही उन मतवादों को, जिन्हे वह पीछे छोड़ आया है, थोड़ा बहुत प्राण मिला था । यही

धर्म, जिसमें न मन्दिर न पुरोहित न देवता ही हैं, पृथ्वी पर मनुष्य के आने से पहले विद्यमान था क्योंकि बाहर की दिशा में जिस की ओर भी पूजा के लिए मुखान्वित हुआ जा सकता है वह उस का सच्चा मूल नही हो सकता "जो है" ।

मानव की चरम सीमा को ईश्वर का अवसर कहा गया है । यदि यह पूरी तरह सच होता तो धार्मिक नैतिकता का महत्त्व काफ़ी सन्देहास्पद होता क्योंकि वह कारागार के पुरोहित की नैतिकता होती जो वह किसी एकान्त कारावास के दण्ड भुगतने वाले को सिखाता है । परन्तु यह भी सच है कि जब परिस्थितियाँ चरम सीमा पर पहुँच जाती हैं तो मनुष्य धर्म की ओर मुड़ते हैं, भले ही यह उस छोटे बच्चे की तरह हो जो डर कर माँ की गोद की ओर सान्त्वना पाने और यह सुनने के लिए जाता है कि सब कुछ ठीक हो जाएगा ।

दूसरी ओर दाँत के दर्द से त्रस्त फ़िलॉसफ़र की कहावत भी मशहूर है । उसकी फ़िलॉसफ़ी उसे छोड़ देती है या यह कहिए कि वह अपनी फ़िलॉसफ़ी को छोड़ देता है और सारे घर को सिर पर उठा लेता है । अपने दर्द में वह उस साधारण आदमी से भी कम आत्मसंयम दिखाता है जिसने कभी ऐसे विचारों से खेल नही किया था कि सुख व दुःख केवल इन्द्रियों की भ्रान्तियाँ हैं । कठिनाइयों के काल में धर्म क्यों अधिक सुदृढ़ हो जाता है और जन साधारण को क्यों बड़ा श्रेयकर बल प्रदान करता है (भले ही वह अधिकतर मूढ़ाग्रही हो, जब कि फ़िलॉसफ़ी ज़रूरत के वक्त हाथ में टूट जाने वाली खोखली डण्ठल सी सिद्ध होती है?

कारण यह है कि जहाँ अधिकांश लोगों के लिए फ़िलॉसफ़ी केवल अक़्ल का विषय है, धर्म की जड़ें हमारे नैसर्गिक जीवन में बहुत गहरी चली जाती हैं । क्या मनुष्य अपना धर्म अपनी माँ की गोद में नही सीखते, और क्या यह स्वाभाविक नही कि भीषण और शत्रुवत संसार इन मनुष्यों को सुरक्षा के किए फिर उसी गोद में ढकेल दे?

परन्तु फ़िलॉसफ़ी के पास ऐसे आसानी से मिलने वाले शरणस्थल नही हैं, केवल वस्तुस्थिति का सामना करने का कठोर आदेश है । यहाँ भाग्य के "विचित्र खेलों" की बात नही बल्कि दुःख के कारणों की जाँच, उनकी जड़ों को अपने हृदय में पहचानना और, यदि फ़िलॉसफ़ी को सिर्फ़ आजकल की किताबी फ़िलॉसफ़ी ही नहीं रहना है तो, इन जड़ों को नष्ट करने का निरंतर यत्न करना है । यह काम वयस्क

व्यक्तियों का है और हमारे स्वभाव में अभी भी इतना बचपना है कि काम कठिन पड़ता है । इस बात को देखने के लिए हम सिर्फ़ इस बात पर ग़ौर करें कि, चाहे वह छोटा मोटा जुखाम ही क्यों न हो, बीमारी में हम कैसे एक डरे हुए, बेचैन, और लाड़ प्यार से बिगड़े हुए बच्चे की तरह व्यवहार करते हैं ।

उक्तलिखित तुलना को सुनाते धर्म प्रचारक नही थकते । परन्तु इसका जो निष्कर्श वे निकालते हैं वह हमारे निष्कर्श जैसा नही है । फिर भी एक बात तो पक्की है । अपनी कट्टरता के सहारे मृत्यु के मुख में जाते किसी भी शहीद ने वह शांत वीरता नही दिखाई जिसके साथ दार्शनिक सुकरात ने सहर्ष अपनी अन्यायपूर्ण मृत्यु को गले लगाया था, और जो भयावह वैतरणी में ऐसी शांत पुरुषोचित गरिमा से उतरे कि यदि दर्शक देख न पाए हों तो भी उन्हें महसूस तो अवश्य हुआ ही होगा कि वे सुरक्षित उस पार पहुँच गए थे ।

स्पष्ट है कि दोष फ़िलॉसफ़ी का नही फ़िलॉसफ़रों का है । हमारी फ़िलॉसफ़ी टूटे बाँस जैसी इसलिए है क्योंकि हमने उसे अपने दिमाग़ के हवाले कर दिया है, दिल के नहीं । हम "पद्धतियाँ" बनाते हैं या, इस से भी अधिक, दूसरों की पद्धतियों की आलोचना करते हैं । हम विचार कहे जाने वाले निष्प्रभ अमूर्तिकरण की तोड़फोड़ करते हैं, ऐलान करते हैं कि सत्य युक्तिमूलक है और जो युक्तिमूलक है वह सत्य है, कहते हैं कि हमारे चारों ओर की वस्तुएँ "केवल" विचार हैं, या फिर एकदम दूसरे छोर पर जाकर प्रत्येक उस वस्तु से इन्कार करते हैं जो इन्द्रियों का विषय नही बन पाती । परन्तु ऐसा है नही । सत्य उससे कही अधिक है जो युक्तिमूलक है, संसार "विचारों" से कही बड़ा, और इन्द्रियज्ञान समुद्र की सतह पर तैरते एक छोटे से तिनके के बराबर है । विचार पूर्ण सत्य नही होते जैसे कि रेलवे का टाइम टेबल रेलवे नही होता, और इन्द्रिय अनुभव पूरा संसार ऐसे नही है जैसे समुद्र की तरंगों पर तैरते तिनके पूरे समुद्र के वस्तु विषय नही होते । इन तरंगों से बचने के लिए कोई भावुक धर्म की बाँहों का सहारा ढूँढते हैं ः "ईश्वर अपने स्वर्ग में, संसार में सब ठीक ठाक"(God's in his heaven, all's well in the world) । शुद्ध दिमाग़ी फ़िलॉसफ़ी की किताबी मनोवृत्ति वाले कहते हैं ः "ये खंदकें तो मेरे नक्शे में नही हैं । ये असली नही हो सकतीं" (These trenches are not on my map – they can't be real) । दोनों ही उन राक्षसों के सताए हैं जिनका सामना

करने से वे डरते हैं। पहले तो इन छिपे संशयों से कि अभय दान करने वाले दैवी हाथ आख़िर "मानवीय – बहुत मानवीय होते हैं", दूसरे उन तरंगों की गर्जना से जो आधिकारिक अलमनाक में नही लिखी हैं।

भावनात्मक या दिमाग़ी सुरक्षातंत्र के पीछे भी हमें सुरक्षा नही मिल सकती। हमें अपने शत्रुओं से खुले मैदान में टक्कर लेनी होगी। मनुष्य की शक्ति आत्मा में है और जो भय व दुःख के तूफ़ान में अडिग खड़ा रहना चाहता है उसे इस आत्मा तक पहुँचने का मार्ग खोज निकालना होगा। यदि धर्म और फ़िलॉसफ़ी को किसी वास्तविक महत्व का होना है तो उन्हें ऐसा होना चाहिए कि हमारे पैर इस मार्ग पर जमा दें, और ढाढ़स दिलाने वाले विश्वास, दिमाग़ी रायें या अटल धारणाएँ देने के बजाय वे हमें केवल वह आन्तरिक व निश्चयात्मक ज्ञान दें जो दुःख को ऐसे जला देता है जैसे आग घास फूस को। आत्मा का वह दैवी ज्ञान वस्तुओं की वास्तविक रूपरेखा देख सकने वाली व उनके आविर्भाव तथा तिरोभाव को समझने वाली वह पैनी अन्तर्दृष्टि, आज भी सदा के समान मौजूद है। प्राचीन समय के ही समान आज भी ऐसे व्यक्ति हैं जिन्होंने उस ज्ञान को पूरी तरह प्राप्त किया है, और सदा के ही समान आज भी ऐसे लोग हैं जिनकी आँखें उसके दैवी प्रकाश में बड़े कष्ट के साथ खुलना सीख रही हैं। जो धार्मिक परम्पराएँ या दार्शनिक दिलेरियाँ हमें इस पथ की ओर ले जा सकती हैं वे मानव जाति की सबसे बहुमूल्य सम्पदाएँ हैं। इनका अध्ययन ही नही केवल सुरक्षण भी बहुमूल्य मानवीय कर्म है। बाकी वे फ़िलॉसफ़ियाँ और धर्म जो केवल वास्तविकता से छिपने के बहाने हैं, वे धर्म जो केवल भयभीत बच्चों के सिर थपथपाना हैं, और वे फ़िलॉसफ़ियाँ जो केवल किताबी अखाड़े हैं, उनका इस पथ से कम ही मतलब है। वे तो केवल मानव व्यक्तित्व की क्रियाएँ या प्रतिक्रियाएँ हैं और उनका महत्त्व इतना ही है जितना तुर्की स्नानागारों का और शब्द पहेलियों का।

आइए अपने हृदय में देखें कि हमारी अपनी फ़िलॉसफ़ी और धर्म किस काम आते हैं।

फ़िलॉसफ़ी और धर्म वे दो विधियाँ हैं जिनसे मानव साइकी विश्व का ज्ञान प्राप्त करती है। वैचारिक और भावनात्मक वृत्तियों की वे सब से विस्तृत प्रव्यक्तियाँ हैं, और यदि इनके द्वारा प्राप्त ज्ञान को एक स्वस्थ एवं सामञ्जस्यपूर्ण विकसित शिशु बनना है तो इन्हें विवाह के बन्धन में बाँधना ही होगा।

आप देखेंगे कि हम फ़िलासफ़ी व धर्म का अर्थ आजकल समझे जाने वाले अर्थ से अधिक व्यापक रूप में ले रहे हैं । उदाहरण के लिए विज्ञान का सार मानसिक ज्ञान प्राप्ति है परन्तु हमने इस बात को अलग से नही कहा है । यह हाल ही की बात है कि हमारे युग के एकपक्षीय मानसिकवाद ने विज्ञान को यह छूट दे दी है कि वह अपने आप को *scientica* यानि "परमोत्कृष्ट ज्ञान" की उपाधि दे डाले और अपना अलग घर बना ले । इससे पहले प्राकृतिक फ़िलॉसफ़ी के नाम से वह संयुक्त परिवार में रहता था, और उसका अलग होकर जाना हमारे युग के विच्छिन्नवाद का एक दुर्भाग्यपूर्ण दृष्टान्त है ।

यदि विज्ञान अपने आप को ज्ञान की एक बिल्कुल स्वतंत्र विधि घोषित करने के लिए इतना उतावला न होता तो हम वैज्ञानिकों द्वारा "पदार्थ" और "कारण" (matter & causation) पर धड़ाधड़ छपते लेखों का खेदजनक तमाशा न देखते; गोया ह्यूम व अन्य विचारकों ने इन धारणाओं की आलोचनात्मक समीक्षा की ही न हो । वास्तव में हमें पराभौतिकी (metaphysics) के प्रति उतनी अज्ञानपूर्ण हीन भावना न होती क्योंकि "कोई भी पराभौतिकी केवल बुरी पराभौतिकी नही होती" । इसके अलावा यदि विज्ञान आज के युग के विच्छिन्नवाद (separatist spirit) के सामने हार न मान लेता तो राष्ट्रवाद के लिए भाड़े का टट्टू बनने के लिए इतना तैयार भी न होता जितना आजकल है, और मानव जाति के दुःख कम होते तथा उसकी ग्लानि और भी कम । मुख्य वृक्ष से अपने को अलग कर विज्ञान ने अपने अहंभाव के अतिरिक्त और सब कुछ को दुर्बल कर दिया है ।

जैसे सामान्य फ़िलॉसफ़ी कहे जाने वाले मानसिक अभिज्ञान की एक विशेष शाखा को विज्ञान अथवा प्राकृतिक फ़िलॉसफ़ी कहा जाता है वैसे ही दूसरी तरफ़ सत्य व सामञ्जस्य को क्षति पहुँचा कर अपना अहंभाव इतना ही बढ़ा लेने वाली "कला" भावनात्मक अभिज्ञान यानि धर्म की एक शाखा है । यहाँ भी पैतृक रूढ़िवादिता ही विच्छेद का मूल कारण है । जो धर्माधिकारियों की कुर्सी पर बैठते थे उनके पास न तो "पवित्र" और न ही अन्य कुछ दिखाने के लिए था, और जो कलाकार भारत, मिस्र, चीन व मध्ययुगीन यूरोप के मन्दिरों में सुख से काम करता था वह नीरसता से बचने को एक नया सम्प्रदाय खोलने को विवश हुआ ।

जहाँ तक फ़िलॉसफ़ी व धर्म के उन ठेकेदारों का सवाल है जो आज ऊँची गद्दियों पर विराजमान हैं, और जिनके मुँह हज़ारों किताबों की धूल फाँकते रहने से सूख गए हैं, उनके दिन अब गिने चुने ही हैं। युंग का कहना था कि विश्वविद्यालय अब प्रकाश स्तंभ नहीं रह गए हैं, और धार्मिक विद्वानों से तो आवश्यक विषयों पर अब कम ही लोग राय लेने की सोचते हैं। दोनों प्रकार के इन महंतों की विद्वान कट्टरता ने ही ज्ञान वृक्ष की एकता भंग की है, और साइकी की जागृत गहराइयों में इस समय भी वह आँधी उठ रही है जो उनको उखाड़ फेंकेगी और उनकी राख को चारों दिशाओं में बिखरा देगी। जब यह हो जाएगा तब ही फिर से असली धर्माचार्य जीवन मरण के पावन रहस्यों का उद्घाटन कर सकेंगे और अपनी गहराई में दबी, परन्तु अमर, जड़ों से ज्ञान वृक्ष फिर अपनी एकता की पत्रराशि निकाल सकेगा।

साइकी में विखण्डन का दण्ड मनस्ताप है, और जैसे वैज्ञानिक अलगाव की कीमत इस युग का फीका व मृत भौतिकवाद है वैसे ही कला के अलगाव का फल आजकल के सम्प्रदायों की मनोरथ रचना रूपी मनस्ताप है। साइकी एक होती है और यद्यपि उसे विभाजित किया जा सकता है, विभाजन की भी एक सीमा है। पूरी साइकी को विश्व का जो अखण्ड बोध होता है उस आनन्द का स्थान विश्व के बारे में नीरस विचार विमर्श या गुनगुनी, पर निरी वैयक्तिक, भावनाओं में डूबे रहने का सुख नहीं ले सकता।

आवश्यक है कि हम थोड़ा रुक कर अपने को याद दिला दें कि संसार का, अपने आप में, कुछ अस्तित्त्व नहीं होता। कहने का तात्पर्य यह है कि पृथ्वी कोई ठोस गोले के समान ऐसी वस्तु नहीं है जो सूर्य नामक गोले के चारों ओर एक निश्चित मार्ग पर अनासक्त, स्वचालित व अवैयक्तिक रूप से घूम रही हो। वैज्ञानिक इस मामले में जो कुछ भी लिखते रहें ऐसी कोई चीज़ है ही नहीं।

जिसे पृथ्वी कहा जा सकता है वह तो वास्तविकता पर एक विशेष प्रकार से दृष्टिपात करने का नाम है। यह वास्तविकता का एक विशेष अपूर्ण एकीकरण है जो कामना की शक्ति के प्रभाव, और इसलिए अज्ञान, पर आधारित है। इसे अण्डाकार वृत्त में चलने वाला गोला बताना एक सुविधाजनक रूप से अपने अनुभव का वर्णन करना है, और वर्णनों को इससे अधिक नहीं समझना चाहिए। क्योंकि ये वर्णन अज्ञानजन्य हैं, इन पर अज्ञान की छाप लगी होती है।

हमारे पैरों तले की धरती हमें अपनी किसी ऐसी विशेषता के कारण आधार नही देती जिसे ठोसपन कहा जा सकता हो, बल्कि इसलिए कि वह सर्वाधार *ब्रह्म* के बारे में एक भ्रान्ति है। *कठोपनिषद्* के रहस्यमय यक्ष (*परब्रह्म*) ने देवताओं को यही सबक़ सिखाया था। उस की अदृश्य शक्ति के बिना *अग्नि* तृण को जला न सका और *पवन* उसे उड़ा न सका। "उन्होंने अपना पूरा बल लगाया" पर कुछ कर न पाए।

हमें बताया जा चुका है कि *आत्मन्* के कारण ही पृथ्वी आधार देती है, जल गीला करता है और आग जलाती है। बचपन से हमें यह बताया गया है इसलिए बड़ी श्रद्धा से हम उचित अवसरों पर इस बात को दोहराते हैं, परन्तु विश्वास नही करते, और जहाँ मौका मिला इसे भूल जाते हैं। हाँ इसके लिए भूलना शब्द ही उचित है। सब भूलना लगभग जानबूझ कर ही किया जाता है। हम किसी चीज़ को भूलते इसलिए हैं कि उसे याद नही रखना चाहते। यानि भूलना कामना के कारण होता है।

कौन सी कामना? इस मामले में वैयक्तिक सुरक्षा की कामना, अपने झूठे वैयक्तिक अहंभाव को दृढ़ता से स्थापित करने, ऐसी जगह स्थापित करने की कामना जो चारों तरफ़ बदलती परिस्थितियों में अचल रहे। यही कामना हमें वास्तविकता के एक अविच्छिन्न परिधान को धज्जियों में बँटा दिखाती है। प्रत्येक धज्जी स्थायी, या तुलना में औरों से अधिक स्थायी, दिख पड़ती है और अपने बने रहने से हमें आश्वासन देती है कि हम भी बने रहेंगे। इसीलिए हम अपने चारों ओर जानी पहचानी वस्तुओं को इकट्ठा कर लेते हैं और जितना ही वृद्ध होते जाते हैं उतना ही उनका बदलना या टूटना नापसन्द करते हैं। उनकी नश्वरता हमें अपनी मूलभूत नश्वरता की दर्द भरी याद दिलाती है।

परन्तु ऐसी स्थायी वस्तुएँ तो होती ही नही हैं। न पृथ्वी है न जल, न वायु न अग्नि। जिस फ़र्श पर हम बैठे हैं, जिस कागज़ पर लिखते हैं, लिखने वाले हाथ, हाथों को निर्देशित करने वाला पृथक जीवात्मा, कुछ भी नही है। न फ़िलॉसफ़ी है न कविता रस, बस सत्य है। ये सब वस्तुएँ स्थायीपन की कामना से उत्पन्न हुई हैं और यह कामना अज्ञान से उत्पन्न हुई है क्योंकि केवल *ब्रह्म* ही स्थायी (*ध्रुव*) है और केवल उस *ब्रह्म* में ही वह अटल धाम पाया जा सकता है जो हम अज्ञान के कारण और व्यर्थ ही अन्य जगहों में ढूँढते फिरते हैं।

हमारे अन्दर बहुत गहराई में वह है जो यह सब कुछ जानता है। इस सत्य से हमारी बाहरी अनभिज्ञता "एक नीद और विस्मृति" ही है, और हम भूलते इसलिए हैं क्योंकि हम पृथक स्वार्थ का जीवन जीना चाहते हैं। ऐसी सब कामनाएँ अन्ततः विफल ही रहेंगी क्योंकि वे वास्तविकता के स्वभाव के प्रतिकूल हैं और यह स्वभाव है *एकमेवाद्वितीयम्*। यदि हम एक पृथक प्राणी के रूप में रहने का आग्रह करते हैं (और ऐसा कर सकना इसीलिए सम्भव है क्योंकि हमारे अन्दर अपने मर्म *आत्मन्* की पूरी शक्ति व स्वतंत्रता होती है) तो इसकी कीमत यह देनी होगी कि हम भाग्य के रथ के पहियों पर कस कर बँधे रहें। जैसा कि ईसा ने पीटर से कहा था, हम जहाँ जाना चाहते हैं वहाँ की तैयारी करते हैं परन्तु अन्त में कोई और हमें वहाँ खीच ले जाता है जहाँ हम जाना नहीं चाहते।

पृथक जीवन की धूपभरी हवा में हम लापरवाही से कूदते तो हैं परन्तु पलट कर वापस ज़ोर से मृत्यु की काली जलराशि में आ गिरते हैं। यही है "थकाने वाला दुःख भरा"[2] चक्र। परन्तु जैसा कि आर्नल्ड की कविता में भगवान बुद्ध कहते हैं : वास्तव में हम बन्धन में नही हैं चक्र की कोई असलियत नही है, सच तो यह है स्वयं अलगाव ही मिथ्या है।

अपनी कामनाओं द्वारा हमने ही वह दुःखमय चक्र बनाया है जिस पर स्वयं हमारी ही हड्डियाँ तोड़ी जाती हैं। इस चक्र को हम "संसार" कहते हैं परन्तु है यह कुछ भी नही, कामना के जादू की छड़ी से बनाया गया मायावी दृश्य मात्र है। और जब तक यह बना रहता है – और यह याद रखने लायक महत्त्वपूर्ण बात है – तब तक यह दृश्य इसे बनाने वाली कामनाओं के अनुकूल होता है।

आज का संसार उस संसार से सर्वथा भिन्न भले ही प्रतीत होता हो जिसमें हम रहना चाहते हैं, परन्तु बात ऐसी है नहीं। हम अपनी कामनाओं के उज्ज्वल और धूपभरे अग्रभाग को ही देखते हैं, उनके कलुषित व अँधेरे पृष्ठभाग से फ़ौरन भाग खड़े होते हैं। परन्तु सब वस्तुएँ दोहरी होती हैं। यदि उन का आगे का हिस्सा अच्छी तरह प्रकाशित है तो पीछे का हिस्सा उतना ही अँधेरा होगा। यह प्रव्यक्ति का अटल स्वभाव है। बिजली की कृत्रिम जगमग से छाया नहीं हट

[2] **आर्फिक लेखों** (Orphic Tablets) **का** "the weary, the misery laden."

सकती । उदाहरण के लिए रंगमंच के चमक दमक वाले सीनों का पिछवाड़ा ख़ासा कुरूप होता है ।

इसीलिए हम कहते हैं कि, यदि हम अपनी पूरी कामनाओं को एक साथ देखें तो पता चले कि, जिस संसार में हम इस समय रह रहे हैं वह हमारी कामनाओं के ठीक समरूप है । यदि हमारी कामना हिंसात्मक हो, चाहे केवल मानसिक रूप से ही सही, तो हमें अपने ही बनाए मायावी प्राणियों में वह हिंसा अवश्य वापस मिलेगी । सब संसार किसी न किसी रूप में दुःख के संसार होते हैं क्योंकि वे स्वयं कामना द्वारा निर्मित होते हैं । हमारा आज का संसार, हत्याओं और तोड़फोड़ के कारण विशेष रूप से इतना वीभत्स, हमारे आधुनिक जीवन के अतिशय खेदजनक असंतुलन का अनिवार्य परिणाम है । दीमक की भोंडी बाँबियों जैसे हमारे बड़े नगरों में हिंसात्मक तोड़फोड़ जिस तरह सब से अधिक पाई जाती है, उससे यह बात साफ़ नज़र आ जाती है कि उन नगरों में जीवन का असंतुलन सबसे अधिक होता है ।

अपने को निर्दोष बताना और, अपनी आदत के अनुसार, दूसरों को दोष देना भी बेकार है । जिसको बनाने में हमारा कोई हाथ न रहा हो वह हमें ज़रा भी प्रभावित नही कर सकता । यह सच है कि इस मामले में कुछ हद तक वैयक्तिक उत्तरदायित्व होता है परन्तु इसी प्रकार कुछ हद तक पैदा होने वाली स्थिति हमें प्रभावित करती है । इस प्रक्रिया में भाग्य या "चांस" कुछ नही होता, केवल कर्म का अचूक हाथ होता है । जो जैसा करता है वैसा भरता है और जो अपने विचारों में हिंसा की तलवार चलाता है वह उसी तलवार को बाहरी दुनिया में अपनी ओर आते देखता है क्योंकि पूरी बाहरी दुनिया हमारे ही उभरे हुए छायाभासों से बनती है ।

"तदेतत् सत्यं
यथा सुदीप्तात्पावकाद्विस्फुलिङ्गाः
सहस्रशः प्रभवन्ते सरूपाः ।
तथाऽक्षराद्विविधाः सोम्य भावाः
प्रजायन्ते तत्र चैवापि यन्ति" ॥[3]

अर्थात, "सत्य यह है, जैसे दहकती आग से हज़ारों चिंगारियाँ निकलती हैं वैसे ही अविनाशी से सब प्राणी निकलते हैं और वही वापस चले जाते हैं" ।

---

[3] **मुण्डकोपनिषद** ।

कौन है वह पवन जो इन चिनगारियों को उड़ा कर बाहर लाता है? कामना का पवन है वह । इस पवन व इसके परिणामों से बचने के लिए किसी भी मायावी संसार में कोई आसरा नही है । आसरा उसी में है जिसके बारे में गौडपाद ने लिखा है ः "न कोई विनाश है न सम्भूति, न कोई बन्धन में है न कोई साधक, न कोई मुक्ति की चेष्टा करता है न कोई मुक्त होता है । यही सर्वोच्च पद है" ।

पैरासेल्सस महान ने कहा था, "जो कोई भी व्यावहारिक दार्शनिक बनना चाहता है उसे पिण्डाण्ड में स्वर्ग और नरक को पहचानना आना चाहिए, और मानव में वह प्रत्येक वस्तु देखने की क्षमता होनी चाहिए जो स्वर्ग में या पृथ्वी पर है । ऐसे व्यक्ति में बाहर को भीतर में बदल देने की क्षमता होनी चाहिए । लेकिन यह ऐसी कला है जिसे वह केवल अनुभव द्वारा, और उस प्रकाश द्वारा प्राप्त कर सकता है जो प्रत्येक मनुष्य की आँखों के सामने चमकता है पर जिसे कुछ ही मर्त्य देख सकते हैं" ।

द्रष्टाओं के सार्वभौमिक शिक्षण से औपनिषदिक लेखक, और वे तांत्रिक सम्प्रदाय भी जिन्होंने सात संसारों और उनके वासियों को छह फुट के मानव शरीर में रखा था, भली भाँति परिचित थे । परन्तु यह ऐसा शिक्षण है जिससे आधुनिक मानव भागने की कोशिश करता है । यदि वह फ़िलॉसफ़र हुआ तो इसे न-मालूम-किस दकियानूसी मूढ़ाग्रह का अवशेष मानता है और इन्द्रिय न्यास की प्रकृति अथवा तर्कसंगत कथनों की व्यवस्था आदि की औपचारिक जाँच में व्यस्त रहना पसंद करता है । उससे यह पूछिए कि मनुष्य के अन्दर क्या है और लगभग एक घण्टे तक "अन्दर" के अर्थ में बाल की खाल खींच कर वह कहेगा कि जहाँ तक अनुमान है, और प्रोफ़ेसर ट्वीडलडी के मतानुसार, वहाँ एक ऐसी अमूर्त चीज़ है जिसे मन कहते हैं, परन्तु यह भी हो सकता है कि प्रोफ़ेसर ट्वीडलडम का यह विचार सही हो कि तथाकथित मन केवल प्रतिबद्ध पुनरावर्तनों का पुंज है । इसके अतिरिक्त यदि अन्दर की और कोई बात जानना चाहें तो वह आपको शिष्टतापूर्वक डाक्टर के पास भेज देगा ।

धार्मिक व्यक्ति भी कुछ अधिक काम का साबित नही होगा । चाहे अवचेतन रूप से ही सही, परन्तु युगों पुरानी पुरोहित और जादूगर की दुश्मनी अभी भी बनी हुई है और वह महसूस करता है कि धर्म तो किसी करुणामय ईश्वर पर सीधा विश्वास करने की बात है, जिसे बल

देने के लिए शायद हल्का सा दिमाग़ी आस्तिकता का पुट देना चाहिए। स्वर्ग और नरक? अरे हाँ, मृत्यु के बाद होते हैं ये, निश्चितरूप से – मेरे लिए स्वर्ग और आपके लिए नरक। यह सब ठीक है परन्तु हमें ऐसे अवसादपूर्ण विषयों पर बात नही करनी चाहिए। मनुष्य के अन्दर क्या है? उसकी अमर आत्मा, रूह और क्या क्या। क्या होती है वह आत्मा? जी, यह तो हम ठीक से नही जानते पर होती वह बड़ी आध्यात्मिक चीज़ है, इतनी आध्यात्मिक कि उसका वर्णन करना सम्भव नही। और साक्षात्कार समाप्त होने पर वह भलामानस अपना प्रिय धर्मशास्त्र हमें पढ़ने के लिए उधार देने को तत्पर लगेगा।

जहाँ तक व्यावहारिक व्यक्ति का प्रश्न है वह सत्य को खोजता है दूरबीनों और खुर्दबीनों में, करोड़ों में और करोड़वें हिस्से में, तथा सामान्य प्रयोगशाला के आश्चर्यों में। यह पूछने पर कि मनुष्य के अन्दर क्या है वह तो सीधा ही हमें उस डाक्टर के पास भेज देगा जो अपने अहंभाव से भरपूर एक हाथ में छुरी और दूसरे में आला लिए हमें वही जवाब देगा जो अन्त में बच्चों के उन स्कूली गानों की तरह होगा जिनमें कीड़े मकौड़े और कुत्तों की दुम की बात होती है[4]। पैरासेल्सस? हाँ वह हमारी वृत्ति का सदस्य था और अपने समय का महान पुरुष – उसने रक्त प्रवाह या पित्त रुक जाने के बारे में कुछ खोज की थी, मुझे ठीक से याद नही पड़ता – और जहाँ तक स्वर्ग और नरक की बात है वह इन्हें अवश्य ही स्वास्थ्य और रोग के समरूप मानता है।

लगता है कि कोई भी पैरासेल्सस को गम्भीरता से नही लेता। परन्तु उसने ऐसे सत्य को वाणी दी है जिसका अत्याधिक व्यावहारिक महत्त्व है, और जिसे एक समय सब देशों के ज्ञानी लोग समझते थे। इस सत्य से अनभिज्ञ होने के कारण ही आधुनिक शिक्षा के ऊपर असारता का कोहरा छा गया है। जिसे पैरासेल्सस ने प्रकृति का प्रकाश कहा था वह उसके समय के बाद पुस्तकों की दीवारों के पीछे और भी आग्रह के साथ छिपा दिया गया है, और उसी के सामने बैठा आज के युग का पुरोहित – वैज्ञानिक – अपनी दूरबीन से ऊपर के अर्थहीन तारों और खुर्दबीन से नीचे के अर्थहीन परमाणुओं को आँखें फाड़ फाड़ कर देखने की चेष्टा करता रहता है, जब कि उसके कन्धों

[4] "Slugs and snails and puppy dog tails."

पर दो उल्लुओं की तरह बैठे धर्म व फ़िलॉसफ़ी बड़ी अक्लमन्दी से मूढ़ हिलाते रहते हैं ।

परन्तु पैरासेल्सस बिल्कुल सही था । एक सूर्य होता है हमारे ऊपर के आकाश में, और दूसरा हमारे इस मर्त्य शरीर के अन्दर । सूर्य, चन्द्र और ग्रह अपना जटिल साज़ हमारे ऊपर आकाश में बुनते हैं, और वैसे ही वे हमारे शरीर और मानस के तन्तुओं में भी बुनते हैं ... । हमारे ही भीतर सब देवता गण हैं और उनकी शक्ति के बिना हमारे हाथ की छोटी उँगली भी नहीं हिल सकती, और न कोई बड़े से बड़ा प्रतिबद्ध परावर्तन ही काम कर सकता है । हम फिर दोहराते हैं, देवता हमारे ऊपर आकाश में चमकते हैं और वे ही हमारे अन्दर हृदयाकाश में भी । जैसे टेल्स (Thales) ने कहा, "सब वस्तुएँ देवताओं से भरी हैं", और सब सच्चे विशाल ज्ञान, सब सच्ची कलाएँ, सब फ़िलॉसफ़ी, और सब धर्म उनकी श्रेणियों के ज्ञान पर आधारित होनी चाहिएँ । देवताओं से ही शरीर का निरोगण होता है और इन्हीं देवताओं से आत्मा का निरोगण । उन्हीं से अतीत व भविष्य का ज्ञान और उन्हीं से प्राणमय वर्तमान को ढालने की शक्ति मिलती है ।

बहुत पहले यह सत्य सब मनुष्यों को ज्ञात था, ज्ञानियों को सचेत रूप से और अधिकांश को नैसर्गिक रूप से । हम इसे भूल गए हैं और यह विस्मृति ही हमारी सारी आधुनिक अशांति की गहरी जड़ है । अपने अन्दर के देवताओं को फिर से प्राप्त करने के बाद ही हम उन्हें फिर से बाह्य जगत में भी देख पाएँगे । तब जाकर ही हम वह बन सकेंगे जिसे पैरासेल्सस ने व्यावहारिक फ़िलॉसफ़र कहा है और तब ही हम आन्तरिक और बाह्य अस्तित्त्व का वह सामञ्जस्य प्राप्त कर सकेंगे जो हम इस समय खो बैठे हैं । तब जाकर ही धर्म-विद्या आज के समान खोखले शब्दों का जाल न होकर फिर से विज्ञान की साम्राज्ञी बन जाएगी – उन दीप्त शक्तियों का ज्ञान जिनका जीवन इस विश्व में व्याप्त होता है । उनके ऊपर और उनके नीचे शून्यता है; ऊपर दैवी अन्धकार की शून्यता और नीचे जड़ता की प्रतिबिम्बित शून्यता । इस दो शून्यताओं के बीच दैवी शोभावस्त्र का पूरा प्राणमय जाल फैला है । यही विश्व का ताना बाना है, दैवी लीला का दिव्य परिधान, शाश्वत तारों की पृष्ठभूमि पर चक्कर लगाते सदा गतिशील ग्रहों का सुवर्ण साज़ ।